Inge Kirsner / Michael Wermke (Hg.)

Passion Kino

Existenzielle Filmmotive im Religionsunterricht und Schulgottesdienst

Mit 5 Abbildungen

Vandenhoeck & Ruprecht

Bibliografische Information der Deutschen Nationalbibliothek

Die Deutsche Nationalbibliothek verzeichnet diese Publikation in der
Deutschen Nationalbibliografie; detaillierte bibliografische Daten
sind im Internet über http://dnb.d-nb.de abrufbar.

ISBN 978-3-525-58004-2

Druck und Bindung: ⊕ Hubert & Co, Göttingen.

Gedruckt auf alterungsbeständigem Papier.

Inhalt

Vorwort

Auf tragische, heitere, ernste und unterhaltsame Weise werden im Film spielerisch existenzielle Wendepunkte verhandelt, die das menschliche Leben nachhaltig bestimmen.

Solche *turning points* werfen immer wieder neu die Frage auf: Wer bin ich? Was oder wer bestimmt mein Leben? Wie soll ich weiter leben? Wie verhalte ich mich angesichts der Endlichkeit des/meines Lebens?

Für die traditionellen Fragen der Religion findet der Film eine zeitgemäße Sprache, die interkulturell und (oft) generationenübergreifend verstanden wird. Er bietet also zahlreiche Anknüpfungspunkte für den Religionsunterricht und für den Gottesdienst, deren Aufgabe es ist, immer wieder gegenwärtig zu machen, was in biblischen Geschichten verhandelt wurde und nun zum Praxisfeld dieses Buches wird.

Inge Kirsner und Michael Wermke stellen im ersten Abschnitt *Grundlegende Reflexionen* religionsphänomenologische Betrachtungen über die Behandlung von *Reise*, *Glück* und *Tod* in wichtigen cineastischen und literarischen Werken an. Im zweiten Abschnitt führen Rolf Sistermann und Jörg Schmitter in den religionsdidaktisch versierten Umgang mit Kinofilm ein. Anschließend gehen Stefan Geil, Thomas vom Scheidt, Stefanie Schäfer-Bossert, Andreas Mertin, Hans-Martin Gutmann, Thomas Heller und Michael Wermke sowie Jörg Herrmann den existenziellen Motiven Reise, Glück und Tod anhand ausgewählter Filmbeispiele nach. Sie bieten Analysen, Anregungen und Materialien für deren Aufbereitung im Religionsunterricht in der Schule und der Gemeinde. Im dritten Abschnitt liefert Inge Kirsner Anregungen und Beispiele für schulgeeignete Kinogottesdienste.

Den Autorinnen und Autoren gebührt der Dank der Herausgebenden, ebenso Judith Jebsen, die das Filmverzeichnis erstellt hat. Mit ihrer Hilfe ist es gelungen, ein religionspädagogisches und -phänomenologisches Buch zu ‚machen‘, das Lust und Interesse wecken möge, Filme nicht nur als thematische Aufhänger für die jeweiligen Lehreinheiten zu benutzen, sondern sich – in Kommunikation mit anderen – auf sie einzulassen und Dinge/ Menschen/Themen neu sehen zu lernen.

Die Herausgeberin / Der Herausgeber   Inge Kirsner/Michael Wermke

Inge Kirsner / Michael Wermke

Das Glück & die Reise & der Tod

> Die „Reise" ist ein altes Bild für die
> Erfahrungen der Seele auf dem Weg
> zu sich selbst. Die „Hinreise", die in
> Meditation und Versenkung ange-
> treten wird, ist die Hilfe der Religion
> auf dem Weg der Menschen zu ihrer
> Identität. Christlicher Glaube akzen-
> tuiert die „Rückreise" in die Welt
> und ihre Verantwortung. Aber er
> braucht eine tiefere Vergewisserung
> als die, die wir im Handeln erlangen:
> eben die „Hinreise".
> *Dorothee Sölle (1929–2003), Die*
> *Hinreise. Zur religiösen Erfahrung.*
> *Texte und Überlegungen, Stuttgart*
> *1975*

Das Glück

Glück und Streben

„Wer aber einen gnädigen Gott hat, ist glücklich. Also ist der glücklich, der
sucht. Jeder Suchende hat noch nicht, was er begehrt", schreibt Augustinus
in *De beata vita* und beschreibt so den eigentümlichen Schwebezustand des
Glücks: haben und doch auf der Suche danach sein. Es ist die eigentümliche
Zwischenphase des Nicht-Mehr und Noch-Nicht, das auch das (Kommen
des) Reich(es) Gottes kennzeichnet.[1] Es ist gegenwärtig und steht noch aus;
ein Schwanken zwischen Melancholie und Sehnsucht ist die Folge.[2] Es ist
der Zustand der Erinnerung an ein verlorenes Paradies und der Erwartung
des verheißenen himmlischen Jerusalems. Die Christen müssten erlöster,
also glücklicher aussehen, so Nietzsche, denn sie haben bereits ihren gnädi-

---

1 Etwas profaner hat diesen Sachverhalt der paradoxen Glückssuche Salcia Landmann
formuliert: „Warum hat der Mensch nie, was er will? Der Mensch will nicht, was er hat;
also hat er nie, was er will."
2 Siehe dazu auch: Werner Schneider-Quindeau, Sehnsucht und Melancholie. Über verlorenes und erwartetes Glück in Film und Bibel, in: Alles wird gut. Glücksbilder im Kino,
Arnoldshainer Filmgespräche 20, Marburg 2003, S. 91–99.

gen Gott – doch diese Gnade, die sich jetzt in Augenblicken offenbart, wird sich in ihrer Fülle am Ende der Zeiten erst ergießen.

Vom Glück selbst ist in der Bibel nur sehr sporadisch die Rede (eher geht es hier um die Vermeidung des Unglücks), und eine protestantische Erfindung ist das Glück auch nicht gerade; hier gibt es eher eine lange Tradition des Verdachts gegen das Glück, wie im abendländischen Denken überhaupt.

In den Losungen der Herrnhuter Brüdergemeine finden sich unter den täglichen biblischen Losungen immer kleine Lehrtexte, Gebete und Lieder. Am 6. August 2003 stand hier in der Tradition protestantischer Entsagungsethik zu lesen:

„Ich bat Gott um Stärke, aber er machte mich schwach, damit ich Bescheidenheit und Demut lernte. Ich erhielt nichts von dem, was ich erbat – aber alles, was gut für mich war."[3]

Es seien mehr Tränen über erhörte Gebete als über unerhörte vergossen worden, das sagte einmal Theresa von Avila. Es ist, als ob der menschlichen Suche nach Glück etwas Unerhörtes anhaftet, als wäre es etwas Unverschämtes, glücklich sein zu wollen – oder sogar dieses die tiefe Ursache allen Unglücks. Aber totzukriegen ist dieses Streben aller vernünftigen Einsicht entgegen offensichtlich nicht; und Proteste gegen das tiefe Misstrauen dem Glück gegenüber wurden nicht nur bei den französischen Existenzialisten laut – so z. B. bei Albert Camus, der gesagt hat: „Il n'y a pas de honté à préferér le bonheur" (sinngemäß: Es sei keine Schande, das Glück vorzuziehen!)

Glück und Leid: Rückblenden und Standbilder

> Man muss wie Pilger wandeln,
> frei, bloß und wahrlich leer;
> viel sammeln, halten, handeln
> macht unsern Gang nur schwer.
> *Gerhard Tersteegen (1697–1769),*
> *Kommt,Kinder, lasst uns gehen, EG 393, 4*

Theologiegeschichtlich ist die Frage nach dem Glück mit der Theodizeefrage (griech. ‚Gottesrechtfertigung', populär als Frage: Wie kann Gott das Leid in der Welt zulassen?) eng verbunden. Die Theodizee ist eine Geburt der Neuzeit; im 18. Jahrhundert formulierte Gottfried Wilhelm Leibniz (siehe auch seinen *Essai de théodicée sur la bonté de Dieu, la liberté de*

---

3 Das Zitat wird einem unbekannten Soldaten aus dem amerikanischen Bürgerkrieg zugeschrieben.

l'homme et l'origine du mal von 1710) den Begriff der ‚besten aller möglichen Welten‘, den Voltaire populär missverstand und in *Candide* ad absurdum führte. Er warf Leibniz vor, sich der Frage nach dem Leid nicht zu stellen und ließ seinem Candide, der als Lehrer und Mensch an der Vorstellung, in der besten aller möglichen Welten zu leben, zunächst festhält, alle möglichen Unglücksfälle widerfahren, bis er sich, arm geworden, am Ende an seinem verbliebenen Stückchen Land festhält und dem Gedanken, seinen Garten zu bestellen – das ist es, was dem Menschen bleibt. Leibniz' Begriff bezieht sich aber wohl eher auf die Einsicht, dass die Schöpfung die besten ihrer Möglichkeiten bereitgestellt habe, also die optimalen Voraussetzungen bestehen, um glücklich sein zu können. Seine in der Folge heftig angegriffene Behauptung lautet: Alles ist gut! Er verlagert das Glück nicht in ein Jenseits, sondern behauptet seine Möglichkeiten im Hier und Jetzt.

Die Theodizeefrage wird in der Folge zur Anthropodizeefrage – und zur Einsicht, dass letztlich der Mensch sich selbst auf dem Weg zum Glück entgegen steht. Das Streben nach Glück steht in keinem Verhältnis zur Fähigkeit, es zu sein; und es gibt nach der Aufklärung keinen Richterstuhl mehr, vor dem er die Möglichkeit zum Glück einklagen könnte.

> 3. Juli 2001 – Astorga
> …
> Meine Erkenntnis des Tages kann
> ich erst morgen formulieren.
> Denn eigentlich ist sie unsagbar.
> Ich habe Gott getroffen!
> *Hape Kerkeling, Ich bin dann mal*
> *weg. Meine Reise auf dem Jakobsweg,*
> *München 2006, 238*

Im geläufigen Sprachgebrauch bedeutet ‚glücklich sein‘ mehr oder weniger das Gleiche wie ‚mit dem Leben zufrieden sein‘, das Gefühl gelingenden Lebens zu haben. In dem Dokumentarfilm *Dem Tod ins Angesicht sehen* (CH 2002) fordert Elisabeth Kübler-Ross die in einem Hörsaal Anwesenden auf, die Hand zu heben, wenn sie sagen würden, dass sie ein glückliches Leben führen – es blieben alle Hände unten. „Dann müssen Sie ihr Leben ändern!", sagt sie angesichts des negativen Befundes.

Lebenszufriedenheit kann die Gestalt eines kurzlebigen Gefühls haben (‚sich glücklich fühlen‘) oder die einer Wertung, die nicht notwendigerweise einen bestimmten Gemütszustand einschließt (‚das Gefühl, ein gelingendes Leben zu führen‘), unabhängig von zeitweiligen ekstatischen Glücksmomenten. Glücklich sein und sich glücklich fühlen gleichen sich darin, dass das damit angesprochene Glück in doppelter Hinsicht subjektiv ist: Jeder Mensch muss für sich selbst entscheiden, was die Maßstäbe für Glück sind, und niemand kann besser als er selbst beurteilen, ob er glücklich ist.

Theologisch wie philosophisch wird der Begriff ‚Glück' bzw. ‚Glückseligkeit'[4] (lat. *beatitudo, felicitas*, traditionell in objektivem Sinn als Entspre-
chung zum aristotelischen *eudaimonía*) verwendet – heute spricht man eher
von der Realisierung der eigenen Möglichkeiten oder Selbstaktualisierung.
Die christliche Tradition folgte dem griechischen Eudämonismus, indem sie
das Glück mit dem objektiv höchsten Gut gleichsetzte, bestritt aber, dass
Selbstaktualisierung dieses Glück sei (nach Augustin und Thomas von
Aquin ist das Glück, als natürliches und als höchstes Gut nur bei Gott zu
finden.

Das dem Menschen offenstehende Glück ist nicht in der Entfaltung an-
geborener Möglichkeiten zu finden, sondern in einer Schau der mit Gott
gleichgesetzten Wahrheit. Eine völlige Vereinigung mit Gott ist erst nach
dem Tod möglich: Dann werden die Seligen im Himmel das höchste der
menschlichen Natur zugängliche Glück schmecken.

Seit der Reformation verlor der Begriff Glück(seligkeit) jedoch seinen objektiven Bedeutungsgehalt: ‚Glücklich sein' wurde mit ‚befriedigt sein'
gleichgesetzt. Diese Entwicklung erreicht ihren Höhepunkt in der von Immanuel Kant erhobenen Kritik des Strebens nach Glück; er stellte Pflicht
und Glück einander als Gegensätze gegenüber und setzte Glück mit Vergnügen und Befriedigung gleich. Ordnet der Mensch sein Glücksstreben
dem der Pflichterfüllung unter, so ergibt sich seine Glückseligkeit als Ne-
benprodukt aus dem ‚richtigen Leben'. Aus der Vernunft entspringt für
Kant die Idee einer nach ihren Prinzipien vollständig geordneten Welt, in
welcher der Mensch als moralisches Wesen zugleich glückselig werden
kann und das in seinem Wollen verankerte Maximum an Befriedigung
erreicht. Eigentliches Ziel des Handelns bleibt die nur als Wirkung durch
die Vernunft zu erlangende Glückswürdigkeit. Er kritisiert jedoch das Bestreben der evangelischen Theologie dieser Zeit, die einerseits dem tugend-
haften Leben Glückseligkeit im Sinn von (Selbst-)Zufriedenheit in Aussicht
stellt und sich andererseits das äußere Glück möglichst vieler Menschen zur
Aufgabe macht. Die Orientierung an eigener Glückseligkeit lasse einen
Menschen „klug und auf seinen Vortheil abgewitzt" statt gut werden (so in:
Grundlegung zur Metaphysik der Sitten, 4, 442). Auch das Glück anderer
dürfe, sofern es nicht aus dem kategorischen Imperativ abgeleitet ist, keine
handlungsleitende Maxime sein (*Kritik der praktischen Vernunft*, 5, 34).

Dass Glück als Empfindung nicht direkt intendiert werden kann und
auch kein mögliches Handlungsziel bildet, betont auch Arthur Schopenhauer in seinem Hauptwerk *Die Welt als Wille und Vorstellung* (1819).

---

4 Dietz Lange, Art. Glück/Glückseligkeit, in: Religion in Geschichte und Gegenwart (RGG)
   Bd. 3, Tübingen 4 2000, Sp. 1015–1021, benutzt diese Begriffe synonym.

In der Folge dieses Bedeutungswandels verliert der Begriff des Glücks allmählich seine zentrale Stellung in der Theologie – an seine Stelle treten Begriffe wie ,Heil und Erlösung' sowie (seit dem 19. Jahrhundert) ,Sinn des Lebens'.

In seinem Ethik-Artikel in der RGG zum Begriffspaar ,Glück / Glückseligkeit' schreibt Dietz Lange abschließend:

Zweifellos können bestehende Wünsche nach Glück nicht automatisch Grundlage sittlicher Forderungen werden. Das liefe auf die tendenziell asoziale Ideologie der Selbstverwirklichung hinaus. Andererseits wäre es im Blick auf das menschliche Subjekt unredlich, im Blick auf andere unmenschlich, sie zu ignorieren (vgl. auch den christlich inspirierten Satz der amerikanischen Declaration of Independence, der Unabhängigkeitserklärung, Gott habe den Menschen ,certain inalienable Rights' verliehen, u. a. ,the pursuit of Happiness'). Christliche Ethik darf nicht übersehen, dass dem Menschen nicht nur das Heil, sondern als eschatologisches Gut auch ,Satt-werden' verheißen ist (siehe Seligpreisungen). Dabei bleibt mit Schleiermachers Formulierung das Maß für die ,werdende Seeligkeit' (also die Glückseligkeit) die ,absolute Seeligkeit' der Gottesgemeinschaft.[5]

Glück heute – Episches

> Er muss wachsen, ich aber muss
> abnehmen.
> *Joh 3, 30*

Das Glück als unverdiente Gabe Gottes zu genießen, setzt für den Einzelnen voraus, sich andererseits auch dem Unglück als Gottes Fügung ganz auszu-setzen. Ein Vorbild dafür ist Hiob, biblischer Vorläufer des Voltaireschen Candide. Er verweigert sich den theologischen Modellen seiner Zeitgenos-sen, dem Ursache-Wirkungs- bzw. Tun-Ergehen-Zusammenhang, den Got-tesbeweisen und auch der Resignation, die sich aus einem herausgelösten ,Shit just happens' ergeben könnte. Vielmehr klagt er Gott an und konfron-tiert ihn mit der Tatsache, dass er die Menschen doch geschaffen habe – und nun dieser hieraus wachsenden Verantwortung gerecht werden müsse. Er macht seine Dinge mit Gott persönlich ab, und Gott gibt ihm am Ende Recht, offenbart sich ihm ,von Angesicht zu Angesicht', nachdem er die unendliche Unterschiedenheit der göttlichen und menschlichen Welt und Wirklichkeit noch einmal klargestellt hat. Die Gnade und das (Un-)Glück erscheinen hier analog; und der Begriff der Gnade kann Hiob auch von dem menschlichen Anspruch entlasten, sich bestmöglich zu den Dingen verhal-ten zu müssen, die ihm zustoßen.

---

5 Ebd., Sp. 1020f.

Die Möglichkeit, Gott von Angesicht zu Angesicht zu begegnen, jene *u-nio mystica* – das absolute Glücksmoment der Mystiker – gibt es noch heute, zumindest in der Literatur.[6]

Gleissendes Glück, so der Titel des 2000 in Deutschland erschienenen Romans der schottischen Autorin A.L. Kennedy, das hört sich verheißungsvoll an.[7] Auf den ersten Seiten stoßen wir auf eine Beschreibung jenes ‚Original Bliss‘ (so der englische Originaltitel des Romans: ‚Bliss‘ wie Seligkeit, Wonne, und ‚Original‘ auf etwas anderes hinweisend, vielleicht ‚Original sin‘ – Erbsünde; haftet dem Glück möglicherweise immer etwas ‚Sündiges‘ an?).

Irgendwo in ihren zehntausend Millionen denkenden Zellen war die Erinnerung an die Zeit, als Einsamkeit ein leicht zu behebendes Mißverständnis war, weil Jemand Anderer immer da war, nur knapp außer Reichweite. Er hatte sich mal mehr, mal weniger offenbart, aber er war doch immer, absolut, ewig da gewesen: Gott. Ihr Gott. Unendlich zugänglich, ein Trost ihres Fleisches. Er war ihre schönste Liebe. Er war ihr gern ein Gefährte, ein Vater, ein Freund gewesen und Er hatte ihr etwas geschenkt, das sie bei anderen Menschen nur selten entdeckte: eine Seele voller Vertrauen. Denn für Mrs. Brindle war kein Gebet unbeantwortet geblieben. jahrzehntelang war sie niedergekniet, hatte die Augen geschlossen und gespürt, wie sich ihr Kopf an das heiße Herz der Welt lehnte. Das Herz hatte sie umhüllt, hatte ihr alles gegeben, hatte sie emporgehoben, sie gewiegt, hatte ihr die Unruhe genommen und ihr Schönheit geschenkt. Mrs. Brindle war makellos schön gewesen.[8]

Diese hier beschriebene *unio mystica*, die durchaus auch erotische Konnotationen hat, erinnert an Visionen, die unter dem Begriff der mittelalterlichen Brautmystik schriftlich fixiert wurden; es ist eine bloße Erinnerung – Mrs. Brindle fühlt sich als Witwe Gottes. Doch findet sie am Ende, nachdem ihr gewalttätiger, auf Gott und andere Nebenbuhler eifersüchtiger Ehemann sie fast umgebracht hat, wieder zu ihrem ‚gleißenden Glück‘, Fleisch werdend in ihrer neuen Beziehung zu Edward Gluck:

---

6   Manchen Vorurteilen zum Trotz, siehe dazu Maximilian Dorner, Spuren zum Glück, in: Franz Josef Wetz (Hrsg.), Glück, Stuttgart 2002, S. 25–47, S. 30: „Der Unterhaltungsfilm drückt auch deswegen seine Protagonisten in ausgestanzte Passformen für jedermann, in unwahrscheinliche Klischees, um das „happy end" erträglich und somit überhaupt erst kommunizierbar zu machen. Diesen hohen Grad an Unverbindlichkeit kann sich die Literatur nicht leisten. Darum erlaubt sie sich die positive Schlusswendung nur selten – und wenn, dann unter ironischem Vorzeichen …" Dorner spricht hier wohl von ‚hoher Literatur‘ – und auch hier gibt es Gegenbeispiele – und er zieht zum Vergleich offensichtlich lediglich die Hollywood-Mainstream-Produktionen heran. Obsolet ist zunächst seine Unterscheidung von U- und E-Kunst, die er dann aber selbst unterläuft, indem er zwei verschiedene ‚Genres‘ miteinander vergleicht.

7   A.L. Kennedy, Gleissendes Glück, 3. Aufl. Frankfurt/M., 2002.

8   A.L. Kennedy, Gleissendes Glück, Berlin 2000, S. 18.

Sie ist hier, mit Edward, er legt sich um sie, und sie legt sich um ihn, und sie sind eine gemeinsame und vollständige Bewegung vor Gott, dem Geduldigen, Eifernden Liebhaber: der Eifernden, Geduldigen Liebe.[9]

Das Glück wird hier von der transzendenten zur immanenten Erfahrung; und während die Religionen die Erfüllung menschlichen Glücksverlangens in ein Jenseits entrückt haben, ist es – nicht nur im ,Happy End' – im Kino hier und jetzt zu haben, wenn auch in fiktiver Form.

In ähnlicher Weise deutet Jörg Lauster eine Szene aus dem Roman *Der menschliche Makel* von Philip Roth. Der Ich-Erzähler beobachtet in einem Promenadenkonzert die gut aufgelegten Besucher und stellt sich plötzlich vor, welche tödliche Krankheiten in ihnen bereits zu wuchern begonnen haben könnten und denkt:

Was für eine Vorstellung! Welch Wahnsinniger hat sich das ausgedacht? Und doch: Was für ein herrlicher Tag heute ist, ein Geschenk von einem Tag, ein perfekter Tag, dem es an diesem Ausflugsort in Massachussetts, so hübsch und harmlos wie nur einer, an nichts fehlt.

Lauster stellt fest, dass sich die Erfahrung der Wirklichkeit „als einer schönen und guten" sich kontrafaktisch ereignet, „sie bricht aller Erfahrung der Nichtigkeit zum Trotz in den Horizont menschlicher Wirklichkeitsdeutung ein. Offen für eine religiöse Deutung sind beide Erfahrungsmomente, die Nichtigkeit wie das Glück des schönen Tages."[10] Zum Spektrum religiöser Erfahrung gehöre nicht nur der beglückende Moment, sondern auch dessen Gegenteil. Religiös sei daran, so Lauster, das Ausgreifen auf einen „letzten, unbedingten Grund dieser Erfahrung". „In der Frage nach dem ,Wahnsinnigen, der sich das ausgedacht hat' klingt ebenso wie in der Erfahrung des geschenkten Tages – ein Geschenk bedarf ja immer eines Gebers – diese Suche nach einem letzten Grund an, hier freilich in einer negativ gebrochenen Weise."[11]

---

9 Kennedy, S. 180.
10 Jörg Lauster, Gott und das Glück. Das Schicksal des guten Lebens im Christentum, Gütersloh 2004, S. 158f., mit Bezug auf Philip Roth, Der menschliche Makel, Reinbek 2003, S. 236.
11 Ebd., S. 159f.

Alles wird gut: Glück und Glücksverlangen im Kino[12]

Haben Sie sie jemals genau betrachtet? Gestaunt, wie schön sie ist? Milliarden Menschen leben einfach so vor sich hin und haben keine Ahnung …

Wussten Sie, dass die erste Matrix als perfekte Welt geplant war, in der kein Mensch hätte leiden müssen? Ein rundum glückliches Leben … Es war ein Desaster!

Die Menschen haben das Programm nicht angenommen, es fielen ganze Ernten aus. Einige von uns glauben, wir hätten nicht die richtige Programmiersprache, euch eine perfekte Welt zu schaffen – aber ich glaube, dass die Spezies Mensch ihre Wirklichkeit durch Kummer und Leid definiert.

Die perfekte Welt war also nur ein Traum, aus dem euer primitives Gehirn aufzuwachen versuchte … “,

So lautet die Einschätzung der menschlichen Spezies durch Agent Smith, die er in dem amerikanischen Film *Matrix* der Brüder Larry und Andy Wachowski aus dem Jahr 1999 Morpheus mitteilt. Morpheus ist der Anführer der Rebellen, die die Menschheit von der Herrschaft der Maschinen befreien wollen. Smith ist ein Agent dieser Maschinen, die in die Köpfe der Menschen, die sie als Batterien züchten, ein Computerprogramm namens Matrix einspeisen, welches diese für die Wirklichkeit halten.

Da die Menschen eine perfekte Welt nicht aushielten, so fährt Smith fort, wurde die Matrix neu designed, zu dem, was sie heute ist, der Höhepunkt der Zivilisation. Nun aber sei die Zeit der Menschen abgelaufen …

Hat das drohende Aussterben etwas mit der mangelhaften Fähigkeit des Menschen zu tun, Glück zu ertragen? Ist das bloße Glück überhaupt auszuhalten? Und: Wäre ein Kinofilm, der uns eineinhalb Stunden lang das nackte Glück zeigte, nicht sterbenslangweilig?

Aber auch ausschließlich ‚Kummer und Leid‘, mit dem die Menschen Smith zufolge ihre Wirklichkeit definieren, wäre nur schwer erträglich. Es scheint auf die richtige Mischung anzukommen, auch bei den Illusionsspielen im Kino …

Es gibt mehrere Aspekte des Glücks im Kino, sowohl formaler wie inhaltlicher Natur.

---

12 So lautete das Thema der Arnoldshainer Filmgespräche, die im Mai 2002 in der Ev. Akademie Arnoldshain stattfanden. Ausgangspunkt war hier also eine Verheißung: „Alles wird gut“ deutet auf die Prozesshaftigkeit des Glücks hin. Denn „Alles ist gut“ wäre ja schon Glück, die Möglichkeit der Glückserfahrung hier und jetzt. Dem Glauben an eine solche Möglichkeit steht die lange Tradition des Verdachts gegen das Glück im abendländischen Denken entgegen. Während die Religionen die Erfüllung menschlichen Glücksverlangens in ein Jenseits entrückt haben, ist das Happy End (amerikanischer) Filme allerdings hier und jetzt zu haben – wenn auch in fiktiver Form. Aber was nicht ist, kann ja noch werden … „In einem elementaren Sinn ist das Kino auf Wunscherfüllung angelegt …“, heißt es im Programm.

Da wäre erstens *das Glück, im Kino zu sein,* diese Möglichkeit genießen zu können, auf legitime Weise dem Alltag zu entfliehen und an einem Geschehen *bigger than life* teilzuhaben. In seinem Roman *Der Kinogeher* porträtiert Walker Percy einen Mann, der sagt:

An den Abenden sehe ich gewöhnlich fern oder gehe ins Kino … Unser Kino in Gentilly hat eine Inschrift am Vordach: ‚Wo Glück so wenig kostet.' Ich bin tatsächlich ganz glücklich in einem Film, sogar in einem schlechten.[13]

Dieser Genuss ‚gemeinsamer Anonymität' ist Glück, der Genuss einer gewissen Verantwortungslosigkeit, einer freiwilligen Auslieferung auf Zeit, die einem Traum gleichkommt. Es st Glück, platonischer Höhlenbewohner zu sein, der sich durchaus bewusst der Dunkelheit aussetzt und gerne den Schatten an der Wand glaubt, die ihre Gegenstände und Sätze vorbeitragen. Der die Sonne, das Licht der Erkenntnis meidet, um einen Augenblick jene ‚provisorische Heimat' genießen zu können, die das Kino auch ist …

Der Pakt, auf den wir uns einlassen, wenn wir uns über die Schwelle in diese virtuelle Heimat begeben, bleibt nicht mehr, aber auch nicht weniger als das Versprechen eines provisorischen Glücks,

so schreibt die Kulturwissenschaftlerin Elisabeth Bronfen in *Heimweh. Illusionsspiele in Hollywood.*[14] Dieses provisorische Glück ist eine Seifenblase, schillernd, viel versprechend und Wünsche reflektierend, das Versprechen muss immer wieder erneuert werden …

Es ist das Versprechen eines außerordentlichen Ereignisses, eines Genusses für die Sinne. Das Kino bietet Nahrung für die Sehnsucht nach allem, was abstrakt-begrifflich, sprachlich nicht anders ausgedrückt werden kann. Es ist die physische Natur des Films, welche hier eine befreiende Funktion hat: So behält jeder filmische Mythos – zählen wir das Glück hier einmal dazu – ein konkretes Referenzobjekt – und dieser Konkretismus bleibt für die Wahrnehmung nicht folgenlos. So kann das Kino durchaus Mythen erzeugen bzw. reproduzieren, doch sind diese nicht vergleichbar mit begrifflichen Abstraktionen. Es sind vorsprachliche Zeichen aus einer sprachlosen Welt, die erst im Prozess der Deutung und Interpretation sprachlich zugänglich werden. Zunächst werden die Filmbilder jedoch sprachlos rezipiert: Sehen ist Wiedererkennen. Das Wiederzuerkennende wird dabei vom Subjekt selbst organisiert, es entsteht eine zweite Produktion, jede/r sieht seine oder ihre Geschichte. Möglicherweise entgegen den Intentionen ihrer Urheber lassen Filmbilder eine Bedeutungsvielfalt offen, welche die These erlaubt, dass Bilder in der Wahrnehmung funktionieren wie die Vexierbil-

---

13 Walker Percy, Der Kinogeher, Frankfurt/M. 1980, S. 15.
14 Elisabeth Bronfen, Heimweh. Illusionsspiele in Hollywood, Berlin 1999, S. 38.

der des Manierismus: Je nach Standort der Betrachtenden ergeben sich andere Motive, gewinnt das Bild eine andere Gestalt, eine andere Bedeutung.

Kino bietet Nahrung für die Sinne, für die Phantasie, und in seinem Werk *Die fünf Sinne* schreibt Michel Serres:

Diese so verbreitete Idee, daß alles gesagt werden muß und alles sich in der Sprache löst, daß jedes wahre Problem Stoff für Debatten gibt, daß die Philosophie sich auf Fragen und Antworten reduziert, deren man sich nur sprechend annehmen kann, daß Lehre allein über den Diskurs erfolgt, dieser geschwätzige, theatralische, schamlose Gedanke verkennt, daß es Wein und Brot, ihren sanften Geschmack und ihren Geruch wirklich gibt, er übersieht, daß kaum merkliche Gesten gleichfalls lehren können, er vergißt das stillschweigende Einverständnis und die Komplizenschaft, er vergißt, was sich von selbst versteht, ganz ohne Worte, das stille Bitten um Liebe, die Eingebung, die einschlägt wie ein Blitz, die Anmut einer Bewegung; ich kenne so viele Dinge ohne Text und Menschen ohne Grammatik, Kinder ohne Wortschatz und Greise ohne Vokabular, ich habe so lange im Ausland gelebt, stumm und verschreckt hinter dem Vorhang der Sprachen. Hätte ich wirklich vom Leben gekostet, wenn ich mich aufs Hören und Reden beschränkt hätte? Das Kostbarste unter allem, was ich weiß, bleibt umfangen von Stille.[15]

In diesem Sinn kann man vom Glück im Kino reden: Jede/r wird andere Glücksbilder entdecken, lässt sich anders entzünden von dieser Sinnenreizung, die damit spielt, dass alles, was wir sehen, nicht wirklich da ist, und sich doch so konkret dem Auge darbietet und sich verknüpft mit den anderen Wahrnehmungsorganen.

In seiner Filmtheorie *Die Errettung der äußeren Wirklichkeit* bezeichnet es Siegfried Kracauer als Aufgabe der Kamera, sich auf die Dinge zu richten, die wir schon gar nicht mehr wahrnehmen – und als Aufgabe des Films, uns wieder mit den Dingen bekannt zu machen, die wir längst übersehen.[16] Der Film macht uns wieder mit der Wirklichkeit bekannt, mit unserer Wirklichkeit, deren Dimensionen wir oft nur noch verkürzt wahrnehmen.

Der Himmel über Berlin (Wim Wenders, D 1987)

Das Medium des Films beschränkt sich auf das Sichtbare, auf das sinnlich Wahrnehmbare – und das ist zugleich seine große Möglichkeit, alles zu zeigen, was der Fall ist. Das ‚nur Geistige' wird im Film konkret: Gedanken, Worte werden Fleisch. Von einer solchen Inkarnation, dem Erwachen der

15 Michel Serres, Die fünf Sinne, Frankfurt/M. 1993, S. 137.
16 Siegfried Kracauer, Die Theorie des Films. Die Errettung der äußeren Wirklichkeit, Frankfurt/M. 2006.

Sinne erzählt in unvergleichlicher Weise die Geschichte des Engels in Wim Wenders Film. Das Entdecken der Sinne: Schauen, Riechen, Fühlen, Hören, als erlebe man dies alles zum ersten Mal, zeigt uns das Spiel von Bruno Ganz in *Der Himmel über Berlin*. Er verkörpert hier den Engel Damiel, der Sehnsucht bekommt nach einem ganz normalen irdischen Leben und Leiben.

Zu seinem Engelskollegen Cassiel sagt er eines Tages, nachdem sie ihre Erlebnisse mit den Menschen, an deren Leben sie unsichtbar und umsorgend teilnehmen, ausgetauscht haben:

Es ist herrlich, nur geistig zu leben und Tag für Tag für die Ewigkeit vor den Leuten rein, was geistig ist, zu bezeugen – aber manchmal wird mir meine ewige Geistexistenz zuviel.
Ich möchte dann nicht mehr so ewig drüberschweben, ich möchte ein Gewicht an mir spüren, das die Grenzenlosigkeit an mir aufhebt und mich erdfest macht.
Ich möchte bei jedem Schritt oder Windstoß ‚Jetzt‘, und … ‚Jetzt‘ und ‚Jetzt‘ sagen können und nicht wie immer ‚seit je‘ und ‚in Ewigkeit‘. Sich an den … freien Platz am Kartentisch setzen, begrüßt werden, auch bloß mit einem Nicken.
Die ganze Zeit, wenn wir schon einmal mittaten, war es doch nur zum Schein: haben uns im nächtlichen Ringkampf mit einem von denen zum Schein die Hüfte ausrenken lassen, haben zum Schein einen Fisch mitgefangen, haben zum Schein an den Tafeln gesessen, haben getrunken … und gegessen zum Schein, haben uns Lämmer braten und Wein aufwarten lassen … draußen bei den Zelten in der Wüste, nur zum Schein!
Nicht, dass ich ja gleich ein Kind zeugen oder einen Baum pflanzen möchte, aber es wäre schon etwas, beim Nachhausekommen nach einem langen Tag … wie Philip Marlowe die Katze zu füttern.
Fieber haben, schwarze Finger vom Zeitunglesen, sich nicht immer nur am Geist begeistern, sondern endlich an einer Mahlzeit, einer Nackenlinie, … einem Ohr.
Lügen! Wie gedruckt!
Beim Gehen das Knochengerüst an sich mitgehen spüren.
Endlich ahnen, statt immer alles zu wissen. ‚Ach‘ und ‚Oh‘ und ‚Weh‘ sagen können, statt ‚Ja und amen!‘

Es ist der Alltag, das ganz alltägliche Geschehen, das den Engel anzieht, das ihn wahrhaft begeistert und wo er sein Glück finden will, die Last des Alltags, dieses oft quälende Nicht-Geschehen, das uns doch am Leben hält und trägt. Es ist jedoch, im Gegensatz zu der schwarz-weißen Welt der Engel, eine farbige Welt – als Damiel sein Engelsdasein aufgibt und damit auch seine Unsterblichkeit, um zur geliebten Frau zu gelangen, wird ihm die Welt bunt.

Das Schmecken, Hören, Riechen, die Farben, die Luft – alles, was wir aus Gewohnheit schon kaum mehr wahrnehmen, weil es uns (zu) selbstverständlich geworden ist, sind dem Engel die Offenbarungen des Seins selbst, dessen Geheimnis sich ihm nun erschließt.

Stadt der Engel (Brad Silberling, USA 1998)

Was von Wim Wenders als ‚heilige Komödie' geplant war, wird im amerikanischen Remake *Stadt der Engel* zur Tragödie. Silberling verlegt das Geschehen nach Los Angeles, wo der (Todes-)Engel Seth (Nicolas Cage) einer
engagierten Ärztin (Meg Ryan) begegnet. Er verliebt sich in sie, erscheint
ihr, die ebenfalls fasziniert ist von diesem Mann, der nicht von dieser Welt
ist. Erst allmählich offenbart er sich ihr, und immer weniger befriedigt es
die beiden, einander nicht wirklich fühlen zu können. Schließlich wird Seth
sterblich, seine Menschwerdung ist der Preis für die Erfahrung der irdischen Liebe.

Wo *Der Himmel über Berlin* offen endet, wird in *Stadt der Engel* ein
Schlusspunkt gesetzt. Nach einer einzigen wunderbaren Liebesnacht stirbt
die Frau einen Unfalltod – doch der ehemalige Engel hat seine Lektion
gelernt. Am Morgen ihres Todes erprobt er seine neu erworbenen Fähigkeiten, lässt die Wahrnehmungen der Sinne – die Meeresbrandung, den Son-
nenaufgang – in sich eindringen und genießt das Glück der Erinnerung – er
fühlt, riecht, schmeckt, die Fähigkeit zu diesen Sinneswahrnehmungen
dauert an, auch wenn der ursprüngliche Grund für das Bestreben, sich jenes
anzueignen, verloren gegangen ist.

Das Ende wird als Happy End gezeigt – denn das Glück darf nur einen
Augenblick dauern, jede Institutionalisierung des Glücks wäre, diesem Film
zufolge, sein wahres Ende.

Cinema Paradiso (Guiseppe Tornatore, I 1988)

Aus lauter Happy Endings besteht die Schluss-Sequenz in Tornatores Film
Cinema Paradiso. Wir sehen hier einen Mann im Kino sitzen, allein. Er ist
ein erfolgreicher Kinoregisseur. Mit dem Film hat er in seinem Leben mehr
Glück gehabt als mit der Liebe, ein klassisches Kinogeherschicksal. Er sieht
jetzt im Kino den Film der Filme, einen Film, aus hundert Filmen zusam-
mengeklebt, ohne Titel, und hätte er einen, müsste er heißen: *Das Glück*. Es
ist ein Film nur aus Küssen, eine Sammlung der Umarmungen, eine Bilder-
galerie der Leidenschaften. Eine Expedition ins Paradies – weshalb das
Kino, in dem der Kussfilm entstand, und der ganze Film ja auch *Cinema
Paradiso* heißt. „Dies ist einer jener Filme", schreibt Benjamin Heinrichs,
„die so unwiderstehlich rührend sind, dass den Kinogeher die Frage, wie gut
sie sind oder auch nicht gut, tatsächlich überhaupt nicht interessiert."[17]

---

17 Benjamin Heinrichs, Wohin gehen wir? Bis ans Ende, SZ vom 27/28.12.2003.

Tornatore erzählt hier die Geschichte von Alfredo, dem Filmvorführer und Salvatore, dem Kind, das ihm zur Hand geht und sein Nachfolger werden wird. Salvatore, erwachsen geworden, verlässt, nachdem seine Liebste ihn verlassen hat (wie er denkt), das Dorf und wird ein berühmter Regisseur, kehrt nach dem Tod Alfredos aber zurück. Das alte Kino wurde in der Zwischenzeit gesprengt, der schöne sizilianische Dorfplatz, wo das erste Mal ein Open-Air-Kinoabend stattgefunden hatte, ist nun ein trostloser Parkplatz. Alles ist genauso traurig wie im wirklichen Leben, doch in der Kuss-Schluss-Szene wird es besser als das, nimmt es eine Wendung in das Wunderbare. Alfredo hat nämlich für Salvatore jene Zelluloidschnipsel gesammelt, die er auf Geheiß des sittenstrengen Pfarrers aus den Filmen herausschneiden musste.

The Hours (Stephen Daldry, USA 2003)

„Das Leben erkennen als das, was es ist; es lieben zu lernen – und es dann fortzugeben …", ist das auch Glück? So fragt für uns Virginia Woolf, die diese Worte in The Hours kurz vor ihrem Selbstmord spricht. Zuvor muss sie aber noch ein Ende finden, für ihre Romanfigur Mrs. Clarissa Dalloway, im Film verkörpert durch Meryl Streep, eine im heutigen New York lebende Lektorin.

„Sie sind eine glückliche Frau", sagt die Mutter eines Freundes, der sich kurz zuvor umgebracht hat. Das irritiert sie, hat sie doch gerade ihrer Tochter den einzigen glücklichsten Moment ihres Lebens genannt, der verbunden ist mit dem nun toten Freund, einen Augenblick ‚des wahren Glücks' mit ihm, als sie jung war.

„Warum muss jemand sterben?" fragt Mr. Woolf seine Frau. Sie antwortet: „Damit wir anderen das Leben wieder mehr schätzen."

Im Film beginnt Clarissa tatsächlich, ihr Leben neu zu sehen, den Tod des Freundes anzunehmen als etwas, das ihr – endlich – ein eigenes Leben ermöglicht. Dieses eigene Leben, das ihr meist trivial vorkam, das Glück nur in der Erinnerung kannte - anzunehmen und sich den Menschen zu öffnen, die da sind, der Tochter, der Lebensgefährtin.

Keine Resignation folgt, sondern ein Ergreifen dessen, was möglich ist – was einer Frau möglich ist, die nicht in den 1920er Jahren lebt wie Mrs. Dalloway, gefangen in den Schranken der Konvention. Dem Glück zu gestatten, sich zu offenbaren – indem man sich kein festes Bild davon macht – das macht frei für die eigene Lebensgestaltung.

The Matrix (Larry und Andy Wachowski, USA 1999)
Die Truman Show (Peter Weir, USA 1998)

Am schönsten ist es im Kino, wenn die Welt nicht vernichtet und nicht gerettet werden muss. Wenn die Welt einfach nur weitermacht. Wenn die Möglichkeit eröffnet wird, dass das Leben anders sein könnte, als das Leben ist: Das ist schon eine glückliche, eine Befreiungsgeschichte.

In *Matrix* und auf vergleichbare Weise in *Die Truman Show* werden solche Befreiungsgeschichten erzählt. Ihre politisch-soziale Dimension drückt sich darin aus, dass sie das Bewusstsein vermitteln, kein politisches System könne so total sein, dass es keine Schlupflöcher gäbe. Beide Hauptfiguren, Neo und Truman, entkommen der perfekten Manipulation, indem sie das Un-Mögliche, das Unerwartete tun. Sie sprengen den jeweils für sie gemachten goldenen Käfig – auch wenn der Verdacht genährt wird, da draußen – außerhalb des Systems, das sie bisher für die Welt gehalten haben – gäbe es ‚dieselben Lügen, denselben Verrat'. Aber diese Erfahrung können sie nun selbst machen, sie brechen wie Hans im Glück auf und machen – vielleicht – einen schlechten Tausch. Der temporäre Höhlenbewohner Kinobesucher hofft mit ihnen und für sich, dass ihnen wenigstens die Illusion des Glücks erhalten bleibt – in Form des Glaubens daran, dass ‚das Leben immer anderswo' und das Glück dort auffindbar.

Die Reise

Und wenn ihr in eine Stadt kommt und sie euch aufnehmen, dann esst, was euch vorgesetzt wird, und heilt die Kranken, die dort sind, und sagt ihnen: Das Reich Gottes ist nahe zu euch gekommen. Wenn ihr aber in eine Stadt kommt und sie euch nicht aufnehmen, so geht hinaus auf ihre Straßen und sprecht: Auch den Staub aus eurer Stadt, der sich an unsre Füße gehängt hat, schütteln wir ab auf euch. Doch sollt ihr wissen: das Reich Gottes ist nahe herbeigekommen.
Lk, 10,9–11

Pilger-Reisen oder: Fluchten und Erfahrungen

St. Jean-Pied-de-Port, ein kleines, mittelalterliches Dorf im französischen Baskenland, am Fuße der Pyrenäen, eine Altstadt mit schmalen, krummen Gassen, malerisch gelegen an einem kleinen Fluss. Verträumt, aber nicht verschlafen. Seit Jahrhunderten ziehen hier Pilgerströme hindurch, nach Santiago de Compostela im nordspanischen Galicien, zum Grabe des Jakobus, einem Apostel Jesu. Auf der Suche nach Verpflegung und Unterkunft ist das Örtchen für viele Pilger die letzte Station vor dem beschwerlichen Aufstieg in die Berge.

Der Zug der Pilger ist nie abgerissen. Nachdem die Jakobsmuschel fast nur noch mit einem der weltgrößten Mineralölkonzerne und Betreiber von Tankstellen in Verbindung gebracht wurde, markiert die Muschel heute wieder die uralten Pilgerwege quer durch Europa, ziert die Jakobus-Kirchen, die alten Wallfahrerstationen, und kennzeichnet den Jakobspilger. Ausgestattet mit der Muschel am Rucksack oder am Wanderstab und mit dem Pilgerpass drängeln sie sich heute wieder durch die schmalen Gassen von St. Jean-Pied-de-Port auf der Suche nach ihren preiswerten Schlafplätzen. Zwischen die jungen und alten Wanderer haben sich viele Touristen gemischt, die bequem mit ihren Autos bis vor die Stadttore gefahren sind und nun mit ihren Fotoapparaten auf der Suche nach denjenigen sind, die sich auf Wanderschaft begeben haben. Nicht jeder, so heißt es, sei eben ein echter Pilger. Aber wer ist schon ein echter Pilger?

Neben Französisch ist Deutsch die vorherrschende Sprache. Tanja, eine evangelische Berufsschullehrerin aus Norddeutschland, wandert mit ihrer Freundin Jahr für Jahr, immer in den Sommerferien ein Stück des Jakobsweges. „In zwei, drei Jahren haben wir es geschafft", sagt sie und fügt hinzu: „Gutes Schuhwerk braucht man." Der Weg ist das Ziel, erklärt sie; bei sich zu sein, etwas für sich zu tun, das eigene Leben zu spüren, etwas von der Unendlichkeit Gottes auf den Wegen, den Bergen und in den Gebetsstätten zu erahnen.

Die wieder entdeckte Lust am Gehen ist Ausdruck einer Gegen-Läufigkeit in mehrfacher Hinsicht. Sie ist Folge der Ohnmachtserfahrung des Individuums in einer zunehmend als fremdbestimmt wahrgenommenen Welt. Pilgern dient der Entschleunigung der modernen Zeiterfahrung, der Bewusstwerdung einer neuen Körper- und Raumdimension und schließlich als Ausdruck der Verweigerung des Einzelnen gegenüber einem auf Funktionalität angelegten Gesellschaftssystems. Der ‚Rückzug' in die mittelalterliche Welt des Pilgerns ist die Kehrseite gesellschaftlicher Modernisierung. Im Protestantismus geht die neue Lust an alten Ritualen einher mit der Entdeckung der sinnlichen Dimension des Glaubens, dem Erleben von Spiritualität. Pilgerten die Menschen früher aus Glauben, so jetzt, um unterwegs zum Glauben zu finden. Die Pilgerwege dienen als äußerer Strukturgeber; das Gehen auf ihnen ‚macht Sinn‘, selbst wenn ‚der rechte Glaube‘ fehlt (dabei sind die Klagen über pilgernde Wanderer ohne rechte Gläubigkeit so alt wie der Jakobsweg). Auch wenn hier der Weg das Ziel ist, so bestimmt doch das Ziel den Weg und das Erleben unterwegs ermöglicht, so zumindest die Erwartung, ein besonderes seelisches Erleben.

Das Reisen stellt seit jeher einen der großen kollektiven Träume der Menschheit dar. Zwar gab es immer gute Gründe, sich *nicht* auf den Weg zu machen. Vor allem die Gefahren und Anstrengungen des Unterwegsseins haben die Menschen vom Aufbruch abgeschreckt. Bis in die Neuzeit gestaltete sich das Reisen mühselig; in vielen Weltgegenden war man bereits im benachbarten Land oder Stammesgebiet seines Lebens nicht mehr sicher. Dennoch zieht sich das Reisemotiv machtvoll durch die Imagination aller Zeiten und Völker, von den schamanischen Stammesgesellschaften über das Gilgamesch-Epos, die alttestamentliche Exoduserzählung und die Odyssee bis zu den Phantasie-Wanderungen der romantischen Dichter. Der wirkmächtige Theoretiker des *mémoire collectiv*, Maurice Halbwachs (1877– 1945), hat in seiner Studie *Stätten der Verkündigung im Heiligen Land* die Erinnerungsorte an die Lebens- und Leidensstationen Jesu in Galiläa und Jerusalem als Konstrukt des kollektiven Gedächtnisses der Christenheit gedeutet, entstanden aus dem frommen Wunsch der Pilger, durch eine materiale Verbindung sich der Gegenwart Jesu Christi gewahr zu sein.

Es ist Gestalt dieser Gruppen, deren Abdruck man am wechselnden Erscheinungsbild der Heiligen Stätten im Laufe der Jahrhunderte wieder findet. […] Wenn es über alle Zeiten hinweg die Berufung der Menschheit gewesen ist, Götter zu schaffen oder wiedererstehen zu lassen, auf daß sie über sich selbst hinauswachse, dann bleibt dies zweifellos auch das Wesen jener religiösen Erscheinung, deren Spuren all die von so vielen Menschen und während so vieler Menschenalter aufeinander getürmten und sorgsam gehüteten Steine immer wieder erkennen lassen. Spuren nicht eines Einzelnen, ob nun Menschen oder Gottes, sondern eben jener Gruppen, die sich, beseelt von einem kollektiven Glauben, tief ergreifend, gleichwie die Natur des Verehrten auch immer beschaffen gewesen sein mag, seiner und all derer erinnerten, die ihm verbunden waren.[18]

Im Kino gibt es für die Daheimgebliebenen Filme wie *Saint Jacques – Pilgern auf Französisch* (Coline Serreau, F 2005).

Hier müssen sich drei Geschwister, die einander nicht (mehr) verstehen, miteinander auf den Weg machen und finden nach einigen Schwierigkeiten auch wieder zusammen: Ein ganzes Filmgenre könnte aus diesem Grundtopos entstehen, als da bereits wären: *Darjeeling Limited* (Wes Anderson,

---

18 Maurice Halbwachs, Stätten der Verkündigung im Heiligen Land. Eine Studie zum kollektiven Gedächtnis (F 1941), Konstanz 2003, S. 211.

USA 2007), *Brüder III – Auf dem Jakobsweg* (Wolfgang Murnberger, Österreich 2006) und eben *Saint Jacques – Pilgern auf Französisch*, der leider erst
zwei Jahre nach Fertigstellung in die deutschen Kinos kam, zu einem Zeitpunkt, als das Pilgerthema bereits durchkerkelisiert war.

Zumindest die Geschwisterpaare aus den beiden letzteren Filmen machen eine Erfahrung, die Hape Kerkeling in *Ich bin dann mal weg* so beschreibt: „Der Weg ist hart und wundervoll. Er ist eine Herausforderung
und eine Einladung. Er macht dich kaputt und leer. Und er baut dich wieder auf. Er nimmt dir alle Kraft und gibt sie dir dreifach zurück."[19]

Zeugt diese Aussage von einer gewissen spirituellen Grunderfahrung
bzw. -erwartung, so ist eine solche nicht mal annähernd bei Clara, Claude
und Pierre in Serreaus Film vorhanden. Diese drei unterschiedlichen Charaktere – die illusionslose Lehrerin Clara (Muriel Robin), die am liebsten
alle auf den Mond schießen würde, der Unternehmer Pierre (Artus de Pen-
guern), der ständig am Handy hängt und Claude (Jean-Pierre Darroussin),
bekennender Alkoholiker und immer auf der Suche nach einer Bar – wurden von ihrer frisch verschiedenen Mutter per Testament gezwungen, sich
auf den Weg nach Compostela zu machen, diesen Weg aller Wege. Ansonsten geht allen ihr Erbteil verloren, das sie jeweils bitter nötig haben: Claras
Mann ist arbeitslos, sie haben viele Kinder; Pierres Frau ist psychisch krank,
er steht kurz vor dem Ruin; Claude besaß nie etwas und geht auch jetzt
ohne irgendetwas los.

Die Reisebegleiter – zwei Freundinnen, zwei Freunde, eine krebskranke
Frau – lassen unterwegs immer mehr von dem zurück, was sie in ihren
Rucksäcken haben. Der Weg zwingt zu Konzentration und Beschränkung
auf das Allernotwendigste.

Nur einer – Ramzi – ist aus spirituellen Gründen unterwegs. Sein Freund
Said (Nicolas Cazalé, bekannt aus *Die große Reise*) hat ihm weisgemacht, sie
befänden sich auf einer Pilgerreise nach Mekka. Said brauchte das Geld
seines Freundes bzw. das Geld von dessen kranker Mutter, um diese Reise
machen zu können, die ihn seiner Freundin nahe sein lässt. Um sein
schlechtes Gewissen Ramzi gegenüber zu beruhigen, der nicht nur extrem
leichtgläubig, sondern auch Analphabet ist, versucht er jemanden zu finden,
der ihm Lesen und Schreiben beibringt. Bei der Lehrerin Clara beißt er auf
Granit; sie mache so etwas nicht mehr. Eine der Freundinnen springt ein;
und zu den schönsten Szenen im Film zählt, wie Clara, entsetzt über deren
(un)pädagogische Methoden, allmählich doch mit ihrem Unterricht beginnt. Grundlegend dafür ist, dass sie Ramzi zuerst so etwas wie Selbstver-
trauen beibringt.

---

19 Hape Kerkeling, Ich bin dann mal weg, München 2006, S. 343.

Einige Schlüsselszenen (darunter das gemeinsame Erlebnis, von einem jungen Typen als „Alte" bezeichnet zu werden) führen zu einem zunehmenden Einverständnis zwischen Clara, Pierre und Claude. Dieses lässt sie den Weg sogar weiter zusammen gehen als bis zur spanischen Grenze – nur bis dahin reichte der mütterliche Letzte Wille. So aber vertrauen sie sich weiter der Führung Guys an, der an seinen Pilgerschafen pastorale Dienste vollzieht.

Guy ist der Reiseleiter, Tröster, Einsammler, Antreiber. Was ihn in aller Herausgehobenheit menschlich macht, ist die Tatsache, dass er selbst (familiäre) Probleme hat und auch einmal die Contenance verliert. In seinem einzigen großen Ausbruch wirft er den Reisenden vor, sich in ihren übergroßen Problemen zu verlieren und dabei keine Augen für die grandiose Landschaft zu haben, die sie Tag für Tag durchwandern. Tatsächlich öffnen die auf dem Egotrip Befindlichen danach ihre Augen, und der Film, der keine sonderlich religiösen Ambitionen zu haben scheint, zeigt immerhin, wie aus einer Tortur einzelner eine gemeinsame Tour wird, die alle in aller Unterschiedlichkeit zusammenschweißt.

Sie kommen schließlich gemeinsam an – in der Kirche von Santiago de Compostela, wo sie staunend das Schwingen des riesigen Weihwasserkessels verfolgen und zusammen mit den anderen Pilgern willkommen geheißen werden. Es ist der erhebendste Augenblick in einem Film, der ohne große Worte und Erleuchtungen auskommt, aber in dem doch Alltagskomik und Spiritualität Hand in Hand gehen.

In den Alltag begleitet der Film am Ende die Ex-Pilger noch zurück, und siehe: Es wird alles gut.

Der Pilgerweg wird als äußerer Strukturgeber gezeigt; das Gehen auf ihm „macht Sinn", selbst wenn der rechte Glaube fehlt. Auch wenn hier der Weg das Ziel ist, so bestimmt doch das Ziel den Weg, und das Unterwegssein ‚dahin' ermöglicht ein besonderes seelisches Erleben.

Besondere historische Bedingungen – Wohlstand, relative Sicherheit, Transportmöglichkeiten – erlauben heute die massenhafte Verwirklichung eines uralten Traums vom Reisen als Wiedergeburt. Seine Wurzeln aber sind nicht mit diesen Faktoren zu verwechseln; sie liegen tiefer. Die Bewegung, die Reisen grundlegend charakterisiert, ist universell verbreitet und in allen Kulturen nachweisbar: der Impuls, die Ordnungsstruktur des Alltags zu verlassen und in andere Wirklichkeiten einzutreten. In diesem Zusammenhang ist die Faszination des Reisens zu sehen: Es stellt eines der wirksamsten Mittel dar, der eingespielten sozialen Ordnung vorübergehend zu entkommen – nicht in blinder Flucht, sondern als produktive menschliche Leistung, die neue Erfahrungen ermöglicht. Insofern steht es den Ritualen und Festen, dem Spiel, dem Mythos und dem Theater nahe; es ist allen Formen menschlicher Symbolproduktion und Phantasietätigkeit verwandt, die aus der Gebundenheit ans jeweils Gegebene hinausführen. Der Tourismus übernimmt Funktionen der Religion. Besichtigen ist ein kollektiver Akt mit einer moralischen Struktur: Bestimmte Dinge *muss* man gesehen haben. In diesem Ritual wird die Zeichenfunktion der Sehenswürdigkeiten deutlich. Sie stehen für etwas anderes: für die Gesellschaft und ihre ‚letzten Werte'.

Reisen, Ritual und religiöse Erfahrung stehen in einer systematischen Beziehung. Sie rührt aus dem Bruch mit dem gewöhnlichen Leben her, der gleichermaßen die Reise wie das spirituelle Erleben kennzeichnet. In beiden Formen wird der Alltag transzendiert und im Licht einer anderen Weltsicht neu interpretiert. Die Phasen der Übergangsrituale lassen sich formal umstandslos auf das Reisen übertragen: Auf die Trennung folgen Übergang/ Umwandlung und Wiedereingliederung. Vor allem in der Umwandlungsphase sind die Regeln des normalen Alltagslebens aufgehoben; oft geht sie mit einer physischen Trennung vom gewohnten Ambiente einher. Sie ist die Zeit der grundlegend anderen, das gewöhnliche Leben übersteigenden Erfahrung – ein Zwischenstadium jenseits der üblichen Rollen, Normen und Identitäten. Es stellt sich größere Nähe und Gleichheit ein als in der Normalwelt; Statussymbole verlieren ihre Bedeutung. In dieser Periode des Rituals sind die Menschen befreit von den üblichen Verpflichtungen; es werden Faktoren oder Elemente neu kombiniert, die Menschen spielen mit Elementen des Vertrauten und verfremden sie.

In der Pilgerreise sollen der Bruch mit der Alltagswelt und das Erreichen eines heiligen Ziels eine innere Erneuerung und das ‚Heil' bringen. Im Begriff der *recreatio*, der Neu-Erschaffung, kommt diese Vorstellung klar zum Ausdruck. Aus der Betrachtung moderner Pilgerstätten kann der Appell zur grundlegenden Lebensveränderung kommen.

Als Rilke reiste und erstmalig den ärchäischen Torso Apollos sah, sagte er über ihn: „Da ist keine Stelle, die dich nicht sieht. Du musst dein Leben ändern."[20] Die betrachtete Kunst gewinnt im Schauen, im Angeschaut-Werden religiösen Gehalt.

Die sakralen Motive des modernen Tourismus sind unverkennbar. Auf individueller Ebene suchen viele Menschen immer noch jene ‚Erlösung', jene Transformation der Identität und innere Erneuerung, die auch das Ziel der Pilgerreise darstellte.

Goethe formulierte auf seiner Italienreise: „Gewiß, es wäre besser, ich käme gar nicht wieder, wenn ich nicht wiedergeboren zurückkommen

---

20 Erstdruck: Rainer Maria Rilke, Archaïscher Torso Apollos, in: Der Neuen Gedichte anderer Teil. Leipzig 1909.

kann."[21] Die Hoffnung auf Erneuerung gehört zum modernen Reisen wie zur Pilgerfahrt.

Bildung als Reise

> Folget mir nach.
> *Mt 4,19*

Wenn jemand eine Reise tut, dann kann er etwas erleben', sagt das Sprichwort. Wir formulieren es etwas um: ,... dann kann er etwas erfahren'. In unserem Wort ,Erfahrung' steckt nämlich das Erfahren. [...] Dass wir Erfahrungen machen, ist für unser Leben so entscheidend, dass das ganze Leben als Reise dargestellt wird. Im alten Griechenland als Schiffsreise, in christlichen Liedern als Pilgrimsreise, heute als Eisenbahn- oder Fluggleichnis. [...] Religion lehren heißt, zu einer Entdeckungsreise anstiften. Heranwachsende können selbst auf die Reise gehen und Entdeckungen machen. [...] Der Religionsunterricht ist der Ort, an dem wir gemeinsam Erfahrungen verstehen und deuten sowie durch Handeln und Gestalten gemeinsame Erfahrungen machen können.[22]

Spätestens mit Peter Biehl hat das Motiv der Reise Einzug in die didaktische Diskussion um einen erfahrungsbezogenen Religionsunterricht in Schule und Gemeinde gehalten. Der materiale Bildungsbegriff und mit ihm der Bildungskanon hat spätestens Mitte des 20. Jahrhunderts ausgedient. Es geht vielmehr um die gegenseitige Ermutigung zu einem Leben, das mehr den je von Prozesshaftigkeit, Auf- und Abbrüchen, Mobilisierung und Dynamisierung gekennzeichnet ist. Theologie, und hier besonders die praktische Theologie, muss ihre Aufgabe als Wahrnehmungswissenschaft gerade auf den Feldern der Religionspädagogik und -didaktik erproben und entwickeln. Biehl erklärt: „Der Religionsunterricht ist der Ort, an dem wir gemeinsam Geschichten und Symbole anprobieren, um zu sehen, ob sie zu unserer Erfahrung passen. Sinndefinition und Sinndeutung ist nicht mehr Aufgabe von Institutionen, sondern Aufgabe des Individuums. Es nimmt zur Lösung dieser Aufgabe von den Sinnangeboten der religiösen und kulturellen Tradition nur das in Anspruch, was von unmittelbarer Bedeutung zur Deutung der Biografie im Kontext von Umbrüchen, Übergängen und unvorhersehbarem, überraschendem Widerfahrnissen ist."[23]

---

21 Johann Wolfgang von Goethe, Italienische Reise, in: Goethes Werke Bd. 11, Autobiographische Schriften Bd. III, hg. v. Erich Trunz, 12. Aufl. München 1989, S. 217.
22 Peter Biehl, Didaktische Ansätze für den Religionsunterricht. Bestandsaufnahmen und Perspektiven, in: Michael Wermke (Hg.), Aus gutem Grund: Religionsunterricht, Göttingen 2002, S. 140–151, S. 143f., mit Bezug auf Erich Kästner, Das Eisenbahngleichnis.
23 Ebd., S. 145f.

Ein Bildungsbegriff, der sich am Motiv der Reise orientiert und danach fragt, wie es um die Kunst der (Lebens-)Reise bestellt ist, kommt einem Verständnis dessen näher, was griechische Philosophen mit ihrem Begriff der *eudaimonia*, der Entfaltung der Persönlichkeit, bezeichneten. Entwicklungstechnische Begriffe wie Erziehung, Entwicklung, Reifung werden damit in Frage gestellt und ihnen Reisemetaphern wie Aufbruch, (Grenz-)Übergang, Begegnung gegenübergestellt.

Bildung als Reise! – Exkursionen

> „Morgen reise ich, beschloß ich auf der Stelle. Ich will nicht länger Zögern, ich will so bald als möglich das Land sehen, das den trockensten Philister so sehr in Ekstase bringt."
> *Heinrich Heine (1997–1856) Italien. 1828, Frankfurt / M. 1988, S. 27.*

Nicht für die Schule, sondern für das Leben lernen wir. Doch wie hängen Leben und Lernen zusammen? Und wenn Lernen ein lebenslanger Prozess ist, ist das Leben dann eine lebenslange Schulung? Ist ‚Bildung' lediglich ein aus der ‚Erziehung' erwachsener Begriff?

‚Erziehung' – Ein Zögling wird von anderen gezogen. Er folgt den Wegen, die der Erzieher gewählt hat. lm Lateinischen wird der *educandus* nicht gezogen, sondern ‚herausgeführt vom Dunkel ins Licht' – vom Chaos zur Ordnung?

Erziehung ist die Basisarbeit, Bildung baut darauf auf, ist feiner. Etwas wird gebildet: Das Ich ist das zu schaffende Kunstwerk. Wer ist der Künstler, der dieses Werk schafft? Ist der Mensch sein eigener Künstler? Meint Bildung den Sonderfall des sich selbst produzierenden Kunstwerks? Autopoiesis?

In der aktuellen Diskussion um die Bildungsstandards zeigt sich immer wieder eine bedenkliche Nähe bildungspolitischer Konzepte zu bildungsökonomischen ‚Humankapitaltheorien' und die Risiken einer ausschließlich an messbaren Größen orientierten Outputsteuerung des Bildungssystems. Bildungsarbeit erscheint hier als betriebswirtschaftlicher Faktor, als Zulieferungsindustrie für Deutschland als Wirtschaftsstandort: Wenn Deutschland seine wirtschaftliche Position behalten wolle, müsse Bildung entsprechend gefördert werden. Im späteren Berufsleben seien vielseitige und musisch begabte Menschen erfolgreicher. Der Mensch soll demnach für eine immer kompliziertere und anspruchsvollere Welt brauchbar und kompatibel gemacht werden; so die gängigen Argumentationsmuster. Bert Brecht würde hier von einer Form der ‚Einbeutung' sprechen, die dem Menschen die ‚Ausbeutung' im Arbeitsleben erträglich macht.[24] Bildung, will sie staatlich gefördert werden, muss also gewissen Nützlichkeitskriterien entsprechen. Darin haben auch die Kultur und der Genuss an ihr ihre Funktionen.

In der Metaphorik der Gärtnerpädagogik wird nicht produziert, hier werden Pflanzen gehegt, gepflegt, kultiviert. Falsche Triebe der zarten Pflanze werden beschnitten und gute okuliert. Umpflanzen bekommt ihr nicht gut auf dem Weg zu Wachstum und Reife.

Der Terminus ‚Entwicklung' nimmt nicht nur die Gartenwelt, sondern neuerdings auch das Bild der Treppe oder Leiter auf. Es geht weniger um Entfaltung als um den Aufstieg von Stufe zu Stufe: Höherentwicklung und Fortschritt. Das Leben als Fortschreiten im Lebenslauf – doch wohin führt diese Treppe? „Das Grab ist jedenfalls unten, nicht oben, da sind Himmel und Wolken." [25]

Viele der ‚Zurüstungs- und Ausstattungspädagogik' verwandte Begriffe zeugen von diesem herkömmlichen Bildungsbegriff. Einige hat der 1991 gestorbene Marburger Theologe Henning Luther assoziativ untersucht und Ideen zu einer theologischen Revision der Bildungsbegriffs vorgestellt.[26]

Gegen die traditionellen Bildungsmetaphern setzt Henning Luther andere Bilder. „Bilder, die das, was ist, so ins Bild setzen, dass ahnbar wird, dass das nicht alles ist."[27] Das Leben als *Spiel*, durch Zweckfreiheit gekennzeichnet, der ständigen Veränderlichkeit des Lebens folgend. Aber auch ein Schauspiel mit verteilten Rollen – Schicksalsergebenheit mit leisem Protest gegen den, zu dessen Belustigung wir spielen und mit der Hoffnung auf das, was die Schauspieler nach der Vorstellung machen. Das Leben als *Traum*: doch ob Alptraum oder Wunschtraum, es wird ein Erwachen ge-

---

24 Brecht weist diese Funktion dem Kino wie all den Freizeitaktivitäten zu, die der Mensch als ‚zweckfrei' erlebt und die doch den allgemeinen gesellschaftlichen Herrschaftsprinzipien entsprechen: „Aber hauptsächlich der der kapitalistischen Produktionsweise eigentümliche scharfe Gegensatz zwischen Arbeit und Erholung trennt alle geistigen Betätigungen in solche, welche der Arbeit, und solche, welche der Erholung dienen, und macht aus den letzteren ein System zur Reproduktion der Arbeitskraft. Die Erholung darf nichts enthalten, was die Arbeit enthält. Die Erholung ist im Interesse der Produktion der Nichtproduktion gewidmet. [...] Wer sein Billet gekauft hat, verwandelt sich vor der Leinwand in einen Nichtstuer und Ausbeuter. Er ist, da hier Beute in ihn hineingelegt wird, sozusagen ein Opfer der Einbeutung." Bert Brecht, in: Gesammelte Werke, Bd. I7, Schriften zum Theater, S. 169.

25 Henning Luther, Das Leben als Reise, in: Wolfgang Erk, Radius-Almanach 1991/1992, Stuttgart 1991, S. 63–77, S. 66.

26 Ebd., S. 63–77.

27 Ebd. S. 66.

ben. Das ‚Wirkliche' ist anders. „Wer könnte das Leben ertragen, wenn es real wäre?"[28]

Am ergiebigsten für eine Revision des Bildungsbegriffs jedoch erweist sich für Luther das Bild der *Reise*: Aufbruch – Übergänge – Begegnungen:

Der Aufbruch ist nicht nur der Anfang der Reise, sondern etymologisch auch die Grundbedeutung von Reise und Reisen (*to arise* – sich erheben). Aufstehen und sich in Bewegung setzen; nicht Positionen beziehen, sondern beweglich werden, den Horizont erweitern, nach draußen gehen. Leben lernen – Abrahams Schüler und Schülerinnen werden abbrechen und aufbrechen, sich dem Anderen, dem Fremden aussetzen und anders als Odysseus, der nach Ithaka, in die Heimat, zurückkehrt, für immer das Vaterland verlassen, um nach einem noch unbekannten Land Ausschau zu halten.

Wer (weit) reist, gerät an Grenzen. Der Grenzübergang ist ein Merkmal der Reise. Regeln und kulturelle Codes ändern sich, das reisende Ich muss sich umstellen. Die Reisenden werden zu Passagieren; sie werden die Übergänge nicht nur hinter sich bringen, sondern sie leben lernen. Wer die Lebensreise lernt, wird zum Passagier, erfährt den Zustand des ‚Dazwischen'. Die Passage eröffnet einen Freiheitsspielraum; (sich selbst immer wieder) transzendierende Existenz heißt: abschiedlich leben, loslassen und Neues, ganz Anderes erwarten können. Das unverlässliche Leben annehmen lernen.

In der Reise tut sich die Welt auf. Welt und Ich begegnen sich. Welt wird in der Reise erfahren, nicht verwertet. Die Reisenden erleben Überraschungen, mit neuen Welten, Situationen, mit sich selbst. Erste Begegnungen mit anderen Menschen haben sowohl die Schwierigkeiten als auch den Charme des Anfangs: Keine eingespielten Erwartungen legen sie fest. Das Experiment der Identität beginnt neu. Erfahrungen der Reise machen Unterschiede zwischen den verschiedenen Welten deutlich und fördern das Unterscheidungsvermögen. Begegnungen können zu Wider-Sprüchen werden: Reisende lernen, Widersprüche erfahrend, zu widersprechen, was ihnen widerfährt.

Reiseziele

Evangelische Bildungsarbeit kann zur Orientierung in der gegenwärtigen Sinnkrise beitragen. In einer pluralen, multioptionalen Gesellschaft ist es ihr Anliegen, Anhaltspunkte für einen begründeten eigenen Standort zu liefern, der immer wieder in Frage gestellt werden muss. Mit dem Gewinn der Frei-

---

28 Émile Michel Cioran, Von Tränen und Heiligen, Frankfurt/M. 1988, zitiert nach Luther, S. 67.

heit, der Wahlmöglichkeiten ist der Begriff der Krise unvermeidlich verbunden. Sie gilt es einzuüben – mit all den Aspekten, die das Wort *krisis* dem griechischen Wortsinn nach beinhaltet (Zwiespalt, (Aus-)Wahl der Handlung, Entscheidung). So wird die Selbst- und Fremdwahrnehmung erweitert und vertieft.

Wird Theologie auch als Wahrnehmungswissenschaft verstanden, als Auseinandersetzung mit dem, ,was der Fall ist', so können die kirchlichen Bildungseinrichtungen hier zu Handlungsträgern werden. So werden sie ihrem Auftrag zur Mitgestaltung der Welt und zur Verkündigung der befreienden Botschaft Jesu Christi gerecht.

Die Ziele evangelischer Bildungsarbeit, mit denen sie auch ihrem öffentlichen Auftrag gerecht wird, können auf folgende Nenner gebracht werden:
– Erschließung von Möglichkeiten einer Weltorientierung; zur Auseinandersetzung mit der Ethik treten die mit der Ästhetik verbundenen Fragen nach der Wahrnehmung der Welt im Spiegel der Literatur, der Musik, der Bildenden Kunst und des Films,
– Erschließung von Möglichkeiten einer gemeinsamen Handlungsorientierung; Auseinandersetzung mit gesellschaftspolitischen Fragen,
– Begleitung in Fragen nach fremden und eigenen Identitäten,
– Suche nach einer Sprache für den Glauben heute; Sprachschule der Freiheit,
– Hilfe zur Klärung der Grundfragen christlichen Glaubens und Auseinandersetzung mit anderen Religionen.

Ein Bildungsauftrag ist demzufolge die Verwirklichung des Grundsatzes, dass Kirche, will sie lebendig bleiben, eine immer zu reformierende ist. Sie bleibt unterwegs, ist nicht in Institutionen, sondern in Zelten zuhause. Daraus folgt: Ziel kirchlichen Handelns kann nicht die Stabilisierung und selbstverständliche Pflege traditioneller Kirchlichkeit sein, sondern durch kritische Aufarbeitung der Glaubensüberlieferung hindurchgegangener bewusst übernommener eigener Glaube. Bildung ist die Befähigung zu bewusstem Glauben, zur Wahrnehmung sich ständig verändernder Entscheidungsspielräume und daraus erwachsender Ethik, die den Kriterien der Wahrhaftigkeit, Gerechtigkeit und Freiheit entspricht.

Evangelische Bildungsarbeit in Schule und Kirche fragt nach den Bedingungen einer überlebensfähigen Welt für alle. Sie wird so nicht mehr einfach Bildung im formalen, bildungsbürgerlichen Sinn bleiben können und ruft die revolutionären Impulse des Glaubens an Jesus Christus immer wieder wach.

Gegen eine Instrumentalisierung von Bildung und Lernen, wie sie oft mit den herkömmlichen Begriffen ,Erziehung' und ,Pädagogik' verbunden und wie sie in der Reform der allgemeinen und beruflichen Bildungssysteme (als

,Nutzung des menschlichen Potentials') deutlich wird, können in der Bildungsarbeit neue Metaphern zum Tragen kommen.

So beschreibt Henning Luther Bildung als Reise:

Die Reise hält Distanz zur Welt, ohne ihr zu entfliehen … Der Sinn der Reise ist – sie selbst. Sie befreit vom Leistungs- und Verwertungszwang. Sie gewährt nicht lineare, gestreckte, sondern erfüllte, qualitative Zeit. Die Welt breitet sich aus. Doch sie kann nicht Heimat werden. Die glücklichen Augenblicke der Reise geraten in Spannung zu dem, was ihnen grausam widerspricht. So entspringt der Reise bei aller Zeitlosigkeit vorwartsgerichtete Zeit, Geschichte. Die Reise geht weiter. Die Heimat liegt nicht hinter uns, sondern vor uns …"[29]

Der Tod

> „Spiel wohl! Das Leben ist ein Schauspiel."
> *Daniel von Czepko von Reigersfeld (1605–1660)*

Vorspann (ein Blick zurück)

Der müde Tod ist der siebte Film des Regisseurs Fritz Lang, mit dem ihm 1921 der internationale Durchbruch gelang. In Paris wurde der Film als Kunst gewürdigt und gefeiert, die deutsche Kritik attestierte ihm zunächst lediglich malerische Schönheit und poesievolle Bilder. Es gab auch viele negative Stimmen; eine Kritik war mit *Der ermüdende Tod* übertitelt, andere kritisierten, ein als deutsches Volkslied angekündigtes Werk habe nicht von Kalifen und Chinesen zu handeln, die entsprechenden Szenen seien effektvoll, aber unwahr, es sei bestenfalls Hintertreppenromantik. Wie schon beim *Das Indische Grabmal* (Joe May, D 1921), dessen Filmszenario er mit seiner Frau Thea von Harbou entwickelte, zeigte er die fernen Länder, „wie es sich der kleine Moritz vorstellt", so spottete ein Kritiker. Bei heutiger Betrachtung des Films überraschen tatsächlich die Episoden, die in fernen Ländern spielen, und die voll sind mit Klischees. Hier drängt sich die Frage auf, ob wir solche kruden Vorstellungen über Italien, die Türkei, China, wie sie in Langs Film gezeigt werden, nochmals anders sehen müssen, auf dem Hintergrund der Spannungen zwischen unterschiedlichen Gesellschaften und Kulturen?

Fritz Lang reiste durchaus in jungen Jahren nach seiner Flucht aus dem gutbürgerlichen Wiener Elternhaus, wo für ihn ein Architekturstudium

---

29 Luther, ebd., S. 76–77.

vorgesehen war, das er nach einigen Semestern abbrach. Einem autobiogra-
phischen Text von 1928 zufolge bereiste er die Mittelmeerländer, die afrika-
nischen Küstengebiete und später auch die Türkei und China. Erst danach
gab der Stadtbaumeister Anton Lang seinem einzigen Sohn die Erlaubnis
zum ersehnten Kunststudium.

Kann ein Film, bald 90 Jahre nach seiner Erstaufführung, für uns heute –
abgesehen von seiner filmhistorischen Bedeutung – noch interessant sein
und uns etwas Erhellendes zum Thema Tod sagen?

Fritz Lang wurde 1890 in Wien geboren. Seine Mutter war eine konver-
tierte Jüdin, Fritz Lang wurde römisch-katholisch getauft und erzogen.
Während des Kunststudiums wurde er in Paris vom Ausbruch des 1. Weltkriegs überrascht; es gelang ihm, rechtzeitig nach Wien zu gelangen, wo er
sich, angesteckt vom grassierenden Patriotismus, als Einjährig-Freiwilliger
zum Militärdienst meldete. Die Kriegsbegeisterung ließ jedoch schnell nach.
Den Krieg selbst hat er in keinem seiner Drehbücher bzw. Filme direkt
thematisiert, aber er rezipiert in *Der müde Tod* das traumatische Erlebnis
des Weltkriegs insofern, als er hier beschreibt, wie sein eigenes Handwerk
den Tod müde gemacht habe und er gern überwunden werden möchte:
„Ich bin es müde, die Leiden der Menschen mit anzusehen und hasse meinen Beruf", sagt er.

Deshalb lässt sich der von Bernhard Goetzke verkörperte Tod auch auf
das Begehren der jungen Frau (Lil Dagover) ein, die ihren Geliebten aus
dem Reich der Toten zurückholen möchte. Ausgangspunkt ist hier eine
Bibelstelle aus dem Alten Testament, wo es im Hohen Lied Kap. 8,6 heißt:
„Die Liebe ist stark wie der Tod." In ihrer Sehnsucht möchte die Frau glauben, die Liebe sei vielleicht sogar stärker als der Tod, und diese Hypothese
wird im Film in einigen Variationen desselben Themas geprüft. Doch alles,
was die Frau unternimmt, um den Mann zu retten, ruft seinen Tod hervor –
ein aussichtsloser Kampf gegen das Verhängnis, gegen das Schicksal. Also
ein zutiefst nihilistisches oder zumindest todesverliebtes Grundkonzept?

In ihrem Buch *Die dämonische Leinwand* schreibt die mit Lang befreun-
dete Filmkritikerin Lotte Eisner:[30]

„Was die Deutschen von anderen Völkern unterscheidet, ist ihr Hang zum Tode – die
anderen Nationen haben einen Hang zum Leben," sagt Clemenceau. Hat aber nicht
eher Hölderlin recht, der in seinem *Hyperion* schreibt, dass die Deutschen den
Tod so sehr fürchten und daher sinnen und sorgen, wie sie dem Schicksal entrinnen
können?
Die Themen von Langs Stummfilmen … vibrieren in Molltönen, handeln alle vom
erbarmungslosen Tod. Es ist das Leitmotiv seines *Müden Tod*, in dem ein Mädchen

---

30 Lotte Eisner, Die dämonische Leinwand, (1955) Frankfurt/M. 1980, S. 89.

den Geliebten zu retten sucht, ihn aber immer mehr in sein Geschick verstrickt und dem Verderben weiht.

Doch wird der Tod im Film nicht in gewisser Weise von der Liebe angesteckt? Fast zärtlich begegnet er dem Mädchen, führt es am Ende seinem Geliebten zu, gemeinsam betreten sie das Totenreich, hier für immer vereint. Vielleicht weist dieses Ende, das bei aller Unausweichlichkeit einen gewissen Erlösungscharakter hat, bereits über den sonstigen inhaltlichen Fatalismus heraus? Eisner schreibt weiter:

Lang hat sich weiter entwickelt: in einem Artikel über das ‚happy ending‘ betont er mehrmals, dass er nicht mehr Tragödien verfilmen will, ‚where one is trapped by fate‘. Er lehnt es ab, Filme zu drehen, in denen das unbarmherzige Schicksal, die ‚anake‘ der Griechen, das letzte Wort behält.

Stellen wir uns in die Filmaufführung in einer Kirche vor; durch die unmittelbare Umgebung werden die Bilder des Filmes in einen neuen Kontext gestellt, den von Leiden, Tod und Auferstehung, sichtbar in der Kreuzigungsgruppe und dem Auferstehungsbild nahe der Empore.

Im Film wird Gott nur ein einziges Mal erwähnt: beim Hinweis des Todes, wer ihm den zunehmend lästiger werdenden Auftrag erteilt hat. Gott und Schicksal gehen im Film ineinander, bilden eine unbarmherzige Allianz gegen die Menschen. Doch in der von der Frau entdeckten Bibelstelle und in dem Schlussintro wird eine andere Spur gezeigt, die über sich hinaus und in den Kirchenraum hinein zu weisen scheint, der seinerseits wieder Zeichen einer anderen Welt ist, hier bereits gegenwärtig und noch ausstehend.

Als der Tod von der Frau gefragt wird, ob es keine Möglichkeit gäbe, ihn zu überwinden, antwortet dieser: „Ist deine Liebe stärker als der Tod? Willst du mich überwinden, der ich ewig bin? Ich würde dich wahrlich segnen, gelänge es dir, mich zu besiegen.“

Am Ende stirbt die Frau, als sie ein anderes Leben rettet, anstatt es für ihren Geliebten einzusetzen; der Preis für den Tod dieses Kindes, so sagt sie, sei zu hoch. Ihre Liebe wird größer als die eine, auf den Geliebten fixierte; sie wird ihr zur Haltung der Welt gegenüber.

Als sie in den Flammen stirbt, aus denen sie das Kind geholt hat, führt sie der Tod zu ihrem Geliebten mit den Worten: „Wer sein Leben hingibt, der wird es gewinnen“, eine Stelle, die den Sinn einiger Passagen aus dem Johannesevangelium zusammenfasst.

Während sie sich über den Geliebten beugt, hält der Tod wie segnend seine Hand über ihrem Kopf – als gäbe er sich besiegt, überwunden durch den Mut, die Liebe und Opferbereitschaft der Frau, die offiziell die Wette verloren, eigentlich aber den Sieg über den Tod errungen hat.

Den moralischen Sieg gewissermaßen; ein anderer moralischer Aspekt
wird in einer Szene deutlich, in de die junge Frau vom Tod noch eine weitere Bewährungsprobe bekommt und versucht, andere zum Sterben zu überreden: einen Bettler, eine alte Frau, die klagt, wie ungerecht es doch sei, dass
der Tod ein so junges Leben hole und sie so lange schon ungeschoren lasse.
Als sie diese alten und kranken Leute um deren Leben bittet, erhält sie die
immer gleiche Antwort: Keinen Atemzug, keine Sekunde wollen sie von
ihrem Leben preisgeben. Es kann kein Leben gegen ein anderes aufgerech-
net werden, es gibt keine Abstufungen: Leben ist Leben, und es gibt auf
dieser Welt nichts Lebensunwürdiges.

Dieses klare Bekenntnis erscheint wie ein früher Einspruch gegen den
Euthanasiegedanken, wie er eineinhalb Jahrzehnte später in Deutschland
Gestalt gewinnen wird.

Aber nun lebt dieser Film nicht nur von der Rahmenerzählung, sondern
er verlässt die zeitlose Szenerie der Kleinstadt, um uns drei Episoden aus
dem Venedig der Renaissance, dem Bagdad der Kalifen und dem alten
China zu zeigen. Der Filmkritiker Herbert Jhering bemerkte, dass hier der
in der Rahmenhandlung angeschlagene Ton nicht eingehalten werde: „Die
Erzählungen sind kostümierte Detektivgeschichten, hineingesprengt in eine
lyrische Ballade." [31]

Lang scheint sich hier nicht für eine realistische Zeichnung von Land
und Leuten zu interessieren, vielmehr setzt er in diesen märchenhaften
Episoden alles an Filmtricks ein, was dem damals jungen Genre möglich
war. So erweist sich der Film in doppeltem Sinne als der expressionistische,
als der er immer bezeichnet wird.

Expressionistisch im Sinne der Stilrichtung, wie die Filme der Weimarer
Republik in einer Tradition mit Literatur, Theater und Malerei bezeichnet
werden; und expressionistisch im Sinne der anglo-amerikanischen Filmtheorie, wo der Begriff im Gegensatz zum Realismus benutzt wird, der sich
um eine möglichst präzise Abbildung des Gegenstandes ohne starke Ein-
griffe durch Kamera oder Schnitt bemüht und oft mit sozialkritischen und
politischen Themen verbunden ist.

Lang zeigt hier keine Abbildung der äußeren Wirklichkeit, keinen Spiegel der Gesellschaft in unmittelbarem Sinn; vielmehr verwebt er Erfahrungen, Träume und auch sehr unbekümmert landläufige Vorstellungen von
Sitten und Gebräuchen anderer Länder und Epochen ineinander und erschafft den Film als Kunst, die Wirklichkeit als Konstruktion noch einmal
neu. Er gebraucht alle technischen Möglichkeiten des Filmtricks und der

---

31 Herbert Jhering, Von Reinhardt bis Brecht, Bd. 1, Berlin 1961, S. 457, zit. nach Michael
    Töteberg, Fritz Lang, Reinbek 1985, S. 32.

Montage, doch er tut dies nicht im Sinne einer *l'art pour l'art*. Dazu noch einmal Lotte Eisner:

> Kann man also Fritz Langs *Müden Tod* einen expressionistischen Film nennen? Man ist heute allzu sehr geneigt, alle Werke der großen klassischen Ära deutscher Film-kunst mit der so bequemen, konventionellen Klassifizierung ‚expressionistisch' abzu-fertigen, ohne zu unterscheiden, wo der Einfluss von Max Reinhardt, dem ‚Drama-turgen des Lichts', sichtbar wird, und wo es sich um rein expressionistische Beleuch-tungseffekte handelt […]
> [Es] ist zu betonen, dass Lang niemals ausschließlich expressionistische Effekte ge-sucht hat. Sein Sinn für plastisches Herausarbeiten von Formen, sein Talent, Licht-quellen zu dirigieren und auszuwerten, gehen über den expressionistischen Stilwillen hinaus.[32]

Im Vergleich zum ein Jahr jüngeren *Das Cabinett des Dr. Caligari* (Robert Wiene, D 1920), für dessen Regie Fritz Lang ursprünglich vorgesehen war und der als erster großer expressionistischer Film gilt, lässt sich tatsächlich feststellen, dass Lang über die zur Flächigkeit neigenden, ornamentalen Strukturen der Bilder hinausgeht und durch den Gebrauch des Lichtes eine Raumtiefe schafft, die das ‚Filmquadrat' zu sprengen scheint bzw. in das Bild selbst tiefer hinein weist. Die architektonische Struktur wird besonders sichtbar an der Mauer, deren Öffnung nur der Tod kennt und deren Be-grenzung niemals sichtbar wird; sie öffnet sich erst beim Einzug der Toten. Wie eine Kathedrale öffnet sich die Mauer dann, dahinter das Licht, welches das Ende der Treppe verschwinden lässt – und wie in Boschs Aufstieg der Seelen zum Paradies einen Durchlass ahnen lässt, dessen Jenseits den Le-benden unsichtbar bleiben muss.

Blue (Derek Jarman, GB 1993)

Blue ist der letzte Film des 1994 an Aids gestorbenen englischen Malers und Regisseurs Derek Jarman. Er nimmt den nahenden Tod vorweg, indem er keine bewegten Bilder zeigt, sondern deren absoluten Stillstand. Wie er in einem letzten Interview sagt, habe der Film seine Wurzel in der Malerei (*Blau* von Yves Klein z. B.), es sei aber auch ein Film. Allerdings kein Expe-rimentalfilm – was man angesichts der 80minütigen bloßen Konfrontation mit der Farbe *Blau* zunächst vermuten könnte. Aus diversen Gründen sei er einfach die beste Lösung für das Thema gewesen – er sollte keine Bilder zeigen. „Dann könnte ich ihn mir nicht vorstellen", sagt er.

Die Bilderlosigkeit – aber ist sie das wirklich? – verweist auf ein ähnliches Thema: die Abbildung Gottes. Die Darstellung des Todes ist in seiner Abso-

---

32 Eisner, S. 91 f.

lutheit vergleichbar mit der Gottes. Wie könnte Absolutes (nicht-blas-phemisch) dargestellt werden? Doch nur als ‚Alles oder Nichts‘, vergleich-bar der Dunkelheit in der Mystik. Der Tod ist die schwarze Schnittstelle, die Trennung zwischen zwei Bildern auf einer Filmspule. Der Tod markiert die Stelle innerhalb eines Grenzüberganges zwischen zwei (dialektischen, nicht dichotomischen) Welten.

Nun wählt Jarman nicht die Farbe Schwarz, wodurch sein Film – im Kino aufgeführt – vielleicht den Charakter eines Hörspiels gewinnen würde. Sondern es ist ein Blau, das Blau eines Computerbildschirms in einer Ruhe-phase oder das Blau auf einem TV-Apparat während des Vor- oder Zurück-spulens einer Videokassette.

Dieses Blau entspricht vielleicht am ehesten den Anforderungen eines Zeigens des absoluten ‚Alles‘ oder ‚Nichts‘, zwei Größen, die sich im Un-endlichen treffen. Blau ist die Farbe des Wassers, also des (Grundstoffs allen) Lebens, und des Himmels, also der Unendlichkeit und des Nichts.

Der Film beginnt mit einzelnen Tönen, wie mit einer Klangschale er-zeugt. Der Ton erklingt, das Klingen hält sich eine Weile im Zeit-Raum, dann erlischt es – wie das menschliche Leben, zu dessen Beginn der Pfeil abgeschossen wird, der einen am Ende trifft.

Dann folgt eine Anrufung des Blau: „When you open your eyes, you will see the light …“ Es folgt die Einladung, in das lebendige Blau einzutreten, mit geöffneten Augen und Ohren.

Die kleinen Tonpfeile verbinden sich schließlich zu einer leisen Melodie, die eine sanfte Version der bombastischen Klänge des Beginns von Richard Strauss’ ‚Also sprach Zarathustra‘ wiedergeben, ein Opus, das als Filmmusik von Stanley Kubricks *2001 – Odyssee im Weltraum* (USA 1968) bis George Lucas’ *Star Wars* (USA 1977–2005) berühmt wurde. Es ist vielleicht so etwas wie eine ironische Abrechnung des Künstlers Jarman, der sich nach diesem letzten vergleichsweise kleinen Film aus der großen Welt des Film-geschäfts zurückzieht und sich bis zum Lebensende wieder der Bildenden Kunst widmet.

Nach diesem Intro hören wir aus dem Off Tagebuchaufzeichnungen Jarmans, lyrische, prosaische, aggressive und pathetische Passagen daraus. Halten wir die Augen die nächsten 75 Minuten lang offen, wird dieses Blau tatsächlich zu einem bewegten Bild.

Außerdem ermöglicht die Blue Screen ein Kino im Kopf, stärker noch als bei der herkömmlichen Filmprojektion. Wir sehen die Krankenhausflure, die Wartezimmer, die Straßencafés durch Projektion eigener Bilder. Der Tod kommt einem nah, wird fast vertraut, auch oder gerade durch seine äußerste Abstraktion.

Orphée (Jean Cocteau, F 1949)

Einen ganz anderen Weg beschreitet der Dichter, Maler und Filmemacher Jean Cocteau mit seiner Nacherzählung des griechischen Mythos von Orpheus, der in die Unterwelt des Todes hinabsteigt, um seine geliebte Eurydike wieder in das Reich der Lebenden zurückzuholen.

Es ist das Vorrecht der Legenden, zeitlos zu sein, heißt es im Vorspann, und so wird die Legende neu erzählt und in das Frankreich der 40er Jahre hinein versetzt.

In der ersten Szene des Films begegnet Orphée der Todin – es ist eine elegante, schwarz gekleidete junge Frau, die ihn in seinen Bann zieht und die offensichtlich ebenfalls von ihm angezogen wird. Sie, die ,Prinzessin' genannt wird, inszeniert den Tod des jungen Dichters Cégeste und nimmt Orphée auf die Fahrt ins Totenreich mit; sie fahren mit einer schwarzen Limousine und als sie einen Bahnübergang überqueren, wandelt sich die Aufnahme der vorbeieilenden Landschaft in ein Negativ. Seltsame Zeilen dringen aus dem Autoradio, die den Dichter faszinieren. Die Prinzessin nimmt ihn, der zu träumen glaubt, mit in ihr Zimmer. Der Spiegel darin erweist sich als Eingang in das Totenreich, doch Orphée kann der Frau und ihren Begleitern nicht folgen – er wacht auf, das Gesicht in einer Wasserpfütze liegend. Ihr Chauffeur, Grenzgänger zwischen Lebenden und Toten, fährt ihn mit dem ,Leichenwagen' wieder nach Hause, wo ihn Eurydike aufgeregt empfängt. Keiner kann sich seine Abwesenheit erklären, die in einer seltsamen Form von Distanz seinen Mitmenschen und besonders seiner bis dahin über alles geliebten Eurydike gegenüber andauert. Sie stirbt letztlich an den Folgen seiner Lieblosigkeit, er scheint sich nur noch für die Nachrichten aus dem Totenreich und diese seltsame Frau zu interessieren.

Sie kann ebenfalls nicht von ihm lassen – besucht den Dichter jede Nacht, während er schläft, und will ihn von seiner Frau befreien. Der Chauffeur Heurtebise, der sich zwischenzeitlich in Eurydike verliebt hat, versucht die Grenzüberschreitung der Todin, die hier gegen höheren Befehl handelt, zu verhindern, schafft es aber zunächst nicht.

Nun muss sich die Todin vor dem ,höchsten Gericht' verantworten; hier gibt es keine Lügen, vor dem gestrengen Komitee alter Herren gesteht sie Orphée ihre Liebe. Orphée, geführt von Heurtebise, dem Chauffeur, der ihn dazu bewegen will, Eurydike zurückzufordern, kommt dazu und hört das Liebesgeständnis. Die Richter geben ihm die Ehefrau wieder mit der strengen Auflage, sie fortan nicht mehr anzublicken. Zurück im Reich des Lebenden erweist sich diese Situation als derart quälend für alle Beteiligten, dass Eurydike ihre Rückkehr ins Totenreich inszeniert, indem sie Orphée zwingt, sie im Spiegelbild anzuschauen.

Eine aufgebrachte Menschenmeute, angeführt von den Bacchantinnen (deren Anführerin Aglaonice eine Freundin von Eurydike ist), schart sich um Orphées Haus; es kommt zu einem Handgemenge, in dessen Verlauf Orphée erschossen wird.

Im Reich der Toten erwartet ihn die Todin; sie hat, gemeinsam mit Heurtebise, dies alles inszeniert, um das ganze Geschehen rückgängig zu machen. Alles ist ‚in einem Augenblick‘ geschehen, vom Reich der Lebenden aus betrachtet; dieses Ungeschehen-Machen hat jedoch einen Preis: Der Tod des Orphée muss sich selbst opfern (es gibt, wie die Todin sagt, Schlimmeres als den Tod, sie nimmt ihre Strafe auf sich und wird abgeführt). Orphée kann ein neues Leben mit seiner Eurydike beginnen, ermöglicht durch Amnesie.

Im ‚Traum‘ siegt die *femme fatale*, immer in Schwarz gekleidet; in der ‚Realität‘ die femme normale, die blonde, klare, geheimnislose. Aber ist der Traum nicht der andere Teil der Wirklichkeit? (Einmal wirft Heurtebise Orphée vor, die eine mit der anderen betrügen zu wollen …)

Soweit der Film, zu dem Jean Cocteau folgendes notiert:

Der Tod in meinem Film ist nicht der Tod, der symbolisch durch eine junge, elegante Frau dargestellt wird, sondern der Tod des Orpheus. Jeder von uns hat seinen Tod, der sich von Geburt an mit ihm beschäftigt. Der Tod des Orpheus, der seine Befugnisse überschreitet, wird daher zum Tod des Cégeste, und wenn er Cégeste fragt: „Sie wissen, wer ich bin?“, wird Cégeste sagen: „Sie sind mein Tod“, und nicht: „Sie sind der Tod.“ Der Realismus im Irrealen ist in jedem Augenblick eine Falle. Man mag mir immerzu sagen: dies ist möglich und das ist unmöglich, doch verstehen wir etwas vom Mechanismus des Schicksals? Diesen geheimnisvollen Mechanismus will ich gestalten. Warum ist der Tod des Orpheus so oder so gekleidet? Warum fährt er einen Rolls, warum erscheint und verschwindet Heurtebise unter bestimmten Umständen, wie es ihm gerade gefällt, und warum benützt er unter anderem die menschlichen Regeln? Dieses ewige Warum beschäftigt die Denker, von Pascal bis zum kleinsten Dichterling. […]

Ich wollte die schwierigsten Probleme mit leichter Hand berühren, ohne ins Leere zu philosophieren. Der Film ist also ein Kriminalfilm, der einerseits in den Mythos und andererseits ins Übernatürliche eintaucht.

Ich habe stets dieses „nicht Hund, nicht Wolf“ gemocht, dieses Zwielicht, in dem die Rätsel blühen. Ich meine, daß sich der Kinematograph wunderbar dazu eignet – vorausgesetzt, daß er sich so wenig wie möglich zunutze macht, was die Leute das Wunderbare nennen. Je näher man dem Geheimnis kommt, desto wichtiger wird es, realistisch zu sein. Das Autoradio, die chiffrierten Botschaften, das Signal der Kurzwellen, der Stromausfall – lauter uns allen vertraute Elemente, die es mir erlauben, auf dem festen Boden des Alltags zu bleiben. […]

Eine der Ungenauigkeiten, die man über Orphée geschrieben hat, ist, von Heurtebise immer als von einem Engel zu sprechen, und von der Prinzessin als von dem Tod.

In meinem Film gibt es weder Tod noch Engel. Wie auch: Heurtebise ist ein jung Gestorbener im Dienst einer der zahllosen Untergebenen des Todes, und die Prinzessin ist ebensowenig der Tod, wie eine Stewardess ein Engel ist.
Niemals taste ich Dogmen an. Der Bereich, den ich zeige, ist eine Randzone des Lebens. Ein Niemandsland. Man treibt dort zwischen Leben und Tod. Das Gericht ist für das Hohe Gericht, was der Untersuchungsrichter für den Prozeß ist. Die Prinzessin erklärt: „Bei uns geht man von Gericht zu Gericht."
[…]
Die drei Grundthemen von Orphée sind:
1. Die unaufhörlichen Tode, durch die ein Dichter gehen muß, um – nach einem bewundernswerten Vers von Mallarmé – zu werden („Tel qu'en lui-même enfin l'éternité le change"! – etwa:) was er selbst ist und nur die Ewigkeit ändert.
2. Das Problem der Unsterblichkeit: die Person, die den Tod des Orpheus darstellt, opfert sich, gibt sich auf, um den Dichter unsterblich zu machen.
3. Die Spiegel: man sieht sich in ihnen älter werden. Sie bringen uns dem Tod näher.
Die anderen Themen sind eine Mischung aus dem orphischen Mythos und modernen Mythen: zum Beispiel die sprechenden Autos (das Radio in den Autos).
Ich mache darauf aufmerksam, daß die Szene der Rückkehr ins Haus eine komische Szene ist. Sie paraphrasiert, was die Männer sagen, die in eine andere als die eigene Frau verliebt sind: „Ich kann meine Frau nicht mehr sehen."[33]

An einer Stelle klärt Heurtebise den zögernden Orphée über das Wesen des Todes auf:

Die Spiegel sind die Pforten, durch die der Tod kommt und geht … Wenn Sie ihr ganzes Leben wie in einem Spiegel betrachten, so werden Sie den Tod bei der Arbeit sehen.

Eine andere Äußerung von Cocteau führt dies weiter: Filmen heißt, dem Tod bei der Arbeit zusehen.

Zeit lässt sich nicht aufhalten; aber der Film schafft einen Rücklauf, und als Rücklauf inszeniert Cocteau im Film auch die Bewegungen, die im Bereich zwischen Tod und Leben ablaufen (aufstehen; Handschuhe anziehen etc.) Mit einfachen filmischen Mitteln schafft er es, eine Sphäre des Wun-

derbaren und zugleich Realistischen zu erzeugen, die dem Film *Orphée* eine Poesie verleiht, die dichterische Sprache dem Tod schon immer zugeschrieben hat.

---

33 Jean Cocteau, Kino und Poesie. Notizen, ausgewählt v. Klaus Eder, Frankfurt/M. 1989, S. 61–67 (Auszüge).

Children of Nature (Fridrik Thor Fridriksson, Isl/N/D 1991)

Eine Reise, so heißt der deutsche (Unter-)Titel dieses Films von Fridriksson. Der Tod ist hier nicht abstrakt, nicht personifiziert dargestellt, sondern als Bewegung. Es ist die Beschreibung einer Reise als Kreislauf, in dem sich Anfang und Ende wieder berühren. So lässt sich auch der englische Titel erklären; der Film handelt von zwei alten Menschen, die am Ende ihres Lebens wieder zum Ort ihrer Kindheit zurückwollen. Die Erinnerung an die ersten Lebenserfahrungen und das Spüren des langsamen Erlöschens des Lebens kommen zusammen und werden in eine karge nordische Landschaft eingebettet.

Children of Nature ist ein Road-Movie ganz besonderer Art. Es geht gemächlich zu auf dieser Fahrt durch Island, entsprechend dem Tempo der beiden alten Leute, die sich in einem Heim treffen und beschließen, auszurücken. Und wenn einmal erhöhte Geschwindigkeit erforderlich ist, weil die beiden mit ihrem geklauten Jeep von einem Streifenwagen verfolgt werden, kann es schon mal vorkommen, dass sich ein Auto samt Inhalt in Luft auflöst.

Es gibt einige solcher surrealistischen Bilder in diesem isländischen Film, der zunächst wie ein Dokumentarfilm beginnt. Der alte Thorgeir, genannt Geiri, verlässt das Haus, in dem er allein gelebt hat und bringt vorher noch seine Angelegenheiten in Ordnung. Er verbrennt seine Fotos, gibt seinem gebrechlichen Hund den Gnadenschuss und trägt ihn zu Grabe. Ein letztes Mal spielt er ‚O Haupt voll Blut und Wunden‘ auf seiner Orgel. Das Grab und das Lied wird am Ende den Film beschließen: Rahmenhandlung ‚Abschied‘.

Im Haus seiner Tochter bei deren Familie in Reykjavik will er seinen Lebensabend verbringen; doch die Wohnverhältnisse sind beengt und die Enkeltochter hört lieber Björk als das Schmatzen des Großvaters am Frühstückstisch. Er wird in ein Heim gebracht, wo er Stella, eine Jugendfreundin, wiedertrifft. Die kalte Atmosphäre, die Entmündigung der alten Menschen lässt in beiden den Entschluss zur Flucht reifen. Ein Jeep, der am Eingang eines Friedhofs steht, ermöglicht die Realisierung.

Am Ende ihrer Reise gelangen sie nach Hornstrandir, eine Insel, die sie mit Jugenderinnerungen verbinden. Die Fahrt über das Meer ist wie eine Reise über den Totenfluss Styx, und hier schließt sich ihr Kreis. Bruno Ganz, den wir als Engel aus Wim Wenders *Der Himmel über Berlin* kennen, gibt Geiri in einer tempelartigen Fabrikruine das letzte Geleit. Der Film endet mit der Einstellung eines geöffneten Tores.

In allen Filmen Fridrikssons stehen die Liebe zum Leben und der Tod in direktem Zusammenhang miteinander. Er zeigt, wie neben der melancholischen Grundstimmung seiner Figuren ihre Freude und die Lust am Leben immer wieder siegen. So wird ein tragisches Sujet letztlich zu einer Einwilligung ins Leben, das zwangsläufig zwar mit dem Tod endet – aber wichtig ist die Gestaltung dieser Reise, die das Leben ist.

The End

‚Hier kommt niemand lebend raus.' Wie beglückend die Reise, wie ernüchternd die (vorläufige) Heimkehr, das ganze Leben ist nur eine Passsage, eine Einübung in das große Loslassen, zeitlebens. *De vita – Bestattungen* stand kürzlich auf einem Leichenwagen zu lesen. Doch „Liebe ist stark wie der Tod", glaubt das Mädchen, das eben seinen Liebsten verloren hat, mit den Worten aus dem Hohelied der Liebe in Fritz Langs *Der müde Tod* – eins der frühesten Beispiele für die Lust der Menschen, in Film/Literatur/Kunst mit dem Tod zu spielen, bevor dieser es mit ihnen tut. Das Mädchen macht sich auf, sucht die Herausforderung mit dem Tod, will ihn besiegen, doch er findet eine andere Lösung.

Das Einüben in das Sterben wird in unseren Filmbeispielen auf verschiedene Weise vorgestellt; das Ergebnis, könnte man sagen, ist zwar immer das gleiche; doch den (filmischen) Wegen dahin zu folgen ist spannend und durchaus lebensförderlich.

ROLF SISTERMANN / JÖRG SCHMITTER

Im unerbittlichen Takt der 45 Minuten –
Ein Plädoyer für die Arbeit mit Filmausschnitten
im Religionsunterricht

Filmdidaktische Grundsätze

Die Schule muss sich den Medienerfahrungen der Jugendlichen öffnen und Raum schaffen für den aktiven und kreativen Umgang mit Medien. Dabei dürfen die Medien nicht nur funktionalisiert und als ‚Aufmacher' im Unterricht gebraucht werden. Aufgabe der Religionsdidaktik ist es nicht, religiöse und theologische Inhalte mithilfe motivierender Medien raffinierter zu vermitteln. Vielmehr kann Religion mit ihren Traditionen durch die Konfrontation mit dem Alltag ins eigene Leben integriert und transformiert werden. [...] Dies führt zu einer nicht-affirmativen Bildungstheorie, die kein a priori setzt, also nicht an vorgegebenen Lernzielen orientiert ist.[1]

Diese Grundsätze der Reihe *Religion im Kino* wird man aus schulpraktischer Sicht differenzierter sehen müssen. Aus dieser Sicht ist gegen eine Vermittlung religiöser und theologischer Inhalte durch Spielfilme nichts zu sagen, wenn sie denn tatsächlich gelingen sollte. Das aber ist leichter gedacht als getan, wenn man sich die Bedingungen vor Augen hält, unter denen sie zu Stande kommen soll. Nehmen wir z.B. die 45 Minuten einer sechsten Stunde in einer Klasse 9. Dreißig Schüler, die im Religionsunterricht u.U. aus vier verschiedenen Klassen zusammenkommen. Die einen hatten vorher Sport, die anderen haben eine Klassenarbeit geschrieben. Für alle ist das, was in den Fünfminutenpausen geschieht und was wer über wen gesagt hat, wichtiger als die Unterrichtsstunden. Wie soll da Religion „durch die Konfrontation mit dem Alltag ins eigene Leben integriert und transformiert werden"? Ohne Orientierung an einem überschaubaren und nicht zu weit gesteckten Lernziel wird wahrscheinlich gar nichts passieren, was mit Religion zu tun hat.

Oft wird die Meinung vertreten, dass Filme auch im Religionsunterricht nur ganz gezeigt werden sollen: „Filme sind für den Religionsunterricht in der Sekundarstufe I und II das, was für den Primarbereich das Erzählen von

---

1 Inge Kirsner / Michael Wermke, Voraussetzungen und Bestimmungen, in: Inge Kirsner / Michael Wermke (Hg.), Religion im Kino: religionspädagogisches Arbeiten mit Filmen, Göttingen 2000, S. 10.

Geschichten ist." „Wenn Filme Geschichten erzählen, so ergibt sich von selbst, dass Filme auch im Ganzen gezeigt werden sollten. Geschichten haben einen Anfang und ein Ende, sie entführen den Zuschauer in eine fremde Welt [...]. Dazu nehmen sie sich Zeit für ihre Figuren und deren Geschichte, und dieser bedarf es auch, um sich in der Welt des jeweiligen Films zurechtzufinden. All dies gelingt nicht, wenn die Geschichten durch das Zeigen von Ausschnitten oder das Weglassen großer Teile fragmentarisiert werden." [2]

Rainer Goltz hat in einer Examensarbeit zur zweiten Staatsprüfung für das Lehramt wichtige Einwände aus der Praxis gegen diese gängige Meinung zusammengestellt:

In der Literatur überwiegt die Meinung, Filme könnten in ihrer ästhetischen Dimension nur hinreichend wahrgenommen werden und in ihrer tieferen Aussageinterpretation nur erfasst werden, wenn sie komplett geschaut werden. [...] Allerdings", so fährt er fort, „muss eine solche Aussage wohl bedacht sein. Zum einen lassen sich die meisten modernen Spielfilme selbst in einer Doppelstunde unter Einbeziehung der Pause kaum zeigen, und selbst dort, wo dies gelingt, bleibt kein Raum mehr, hinreichend ausführlich die ersten Äußerungen zum Film zu hören. Die Möglichkeit, den Film außerhalb der regulären Unterrichtszeit und ihrer Vorgaben zeigen zu können, wird sich nicht häufig ergeben und ihre Realisierung kann wohl nur als ein Glücksfall angesehen werden. Die SuS müssen ihre Eindrücke, Emotionen, Fragen und Sinnkonstruktionen bis zur nächsten Stunde „einfrieren". Dann sind sie meist erkaltet und nur noch eine fade Erinnerung an ihren ursprünglichen Zustand, der Erkenntnisgewinn droht die 95 oder mehr investierten Unterrichtsminuten nicht mehr zu rechtfertigen. Dagegen helfen auch die an dieser Stelle häufig empfohlenen Sequenzpläne oder Verlaufsskizzen nicht. Diese erinnern die SuS zwar an den *Inhalt* des Films – meist das geringste Problem eines medial erfahrenen Jugendlichen – die spezifischen Emotionen und Sinnzuschreibungen können sie aber nicht konservieren und wiederbeleben.

Zum anderen kann gerade das Unterbrechen eines Films lernwirksam werden, sei es als verfremdende Methode, sei es lediglich, um die „Konsum- und Berieselungshaltung" der SuS, die sich bei ununterbrochener Präsentation einstellen kann, zu verhindern, sei es, um den SuS – gerade bei emotional aufrührenden Filmen oder besonders komplexen Geschichten – mal eine ‚Verschnaufpause' zu gönnen. Schließlich kann angeführt werden, dass gerade das Erarbeiten der ästhetischen Dimension des Films und das ein-

---

2   Franz Günther Weyrich, „Orte Im Herzen". Die Arbeit mit Spielfilmen als Chance für den Religionsunterricht in den Sekundarstufen I und II, in: Religionsunterricht an höheren Schulen 42 (1999), S. 161; vgl. auch: ders., Mit mehr Sinn(en) erleben. Dreieinhalb W-Fragen zum Thema: „Mit Spielfilmen im Religionsunterricht arbeiten", in: Informationen für Religionslehrerinnen und Religionslehrer, Heft 3/1997, S. 4f.; Matthias Wörther: Spielfilm im Unterricht. Didaktik, Anregungen, Hinweise (muk-publikationen 29), München 2005, S. 3.

stimmende Nachzeichnen der Handlungsstränge – wichtige und notwendige – Themen des rezeptionsästhetischen Unterrichts im Schulfach Deutsch sind, der Religionsunterricht aber auf seine genuine Aufgabe konzentriert bleiben sollte."[3]

Aber auch bei der Erarbeitung der ästhetischen Dimension ist man inzwischen in der Filmdidaktik zu einem „Lob des Ausschnitts" gelangt und plädiert dafür, die Möglichkeiten der DVD zu nutzen: „Auf der DVD kann man sehr viele Bilder und Klänge speichern und ganz einfach vielfältige Verknüpfungen programmieren, dank denen diese Filmfragmente in ebenso vielfältige ‚denkende', zum Nachdenken über das Kino anregende Beziehungen gesetzt werden können." Dadurch ist ein „nicht mehr ausschließlich lineare[r], sondern tableau-artige[r] Zugang zum Film" möglich.[4]

Darüber hinaus kann man aber auch noch grundsätzliche Bedenken gegen die Vorstellung anmelden, man müsse einen Film im Unterricht „im Ganzen sehen", um daran lernen zu können. Die Vorstellung des Films als einer geschlossenen Geschichte wird weder dem Film noch den wirklichen Geschichten gerecht. Ein Film erzählt mit Bildern unterschiedlicher Art und versucht damit das offene, veränderliche, unabsehbare Ganze des Lebens zu fassen.

Gilles Deleuze unterscheidet in seiner Theorie des Kinos vier verschiedene Arten von Bildern:

Wir haben […] vier Arten von Bildern; zunächst die Bewegungs-Bilder, die sich […] in drei Varianten teilen: Wahrnehmungsbilder, Aktionsbilder und Affektbilder. Man hat allen Grund zu der Annahme, dass viele andere Arten von Bildern existieren können. Die Ebene der Bewegungs-Bilder ist ein beweglicher Schnitt durch das eine veränderliche Ganze, das heißt die eine Dauer oder das eine „universelle Werden". […] Wir können also mit Recht annehmen, dass es Zeit-Bilder gibt, die ihrerseits Varianten aller Art ausbilden können. Vor allem dürfte es indirekte Bilder der Zeit geben, insofern sie aus einem Vergleich der Bewegungs-Bilder untereinander oder aus einer Kombination der drei Varianten untereinander resultieren: Wahrnehmungen, Aktionen, Affekte."[5]

Deleuze orientiert sich bei seinem Begriff des Ganzen an Bergsons Theorie der Zeit. Für ihn ist „das Ganze nicht bestimmbar […] deswegen, weil es das Offene ist und die Eigentümlichkeit hat, sich unaufhörlich zu verändern

---

3 Rainer Goltz, Annäherungen an das Symbol „Sünde" mit Hilfe des Films Pleasantville in einem Grundkurs Jahrgangsstufe 11. Schriftliche Hausarbeit im Rahmen der Zweiten Staatsprüfung für das Lehramt für Gymnasien und Gesamtschulen, Leverkusen 2007, S. 12.

4 Alain Bergala, Kino als Kunst, Filmvermittlung an der Schule und anderswo, Aus dem Französischen von Barbara Heber-Schärer, Bundeszentrale für politische Bildung, Bonn 2006, S. 83.

5 Gilles Deleuze, Das Bewegungs-Bild Kino, Frankfurt/M. 1989, S. 100.

oder plötzlich etwas Neues zum Vorschein zu bringen, kurz, zu dauern: „Es muss also die Dauer des Universums eins sein mit der Breite von Schöpfung, die in ihr Raum findet." So, dass man jedes Mal auf die Existenz eines sich verändernden und irgendwo offenen Ganzen schließen kann, wenn man sich vor oder innerhalb einer Dauer befindet. Bekanntlich hielt Bergson die Dauer zunächst für etwas, das mit dem Bewusstsein identisch ist. Aber eine vertiefte Untersuchung des Bewusstseins brachte ihn zu dem Nachweis, dass es außer in der Öffnung auf ein Ganzes – in Koinzidenz mit der Öffnung eines Ganzen – nicht existiert." [6] Wenn Deleuze sich fragt, was denn die Welt ohne Totalität und Verkettung einer Gesamtheit aufrechterhält, gibt er zur Antwort „Es sind die Klischees, sonst nichts. Nichts als Klischees."[7]

Ein Umgang mit dem Ganzen als geschlossener Einheit steht bei Deleuze ebenso wie bei Bergson und Lévinas unter Totalitarismusverdacht. Was wissen wir schon vom Leben unserer Mitmenschen und unserem eigenen Leben? Sind es nicht immer nur Ausschnitte?

Vielleicht ist der Ruf nach ganzen im Sinne von abgeschlossenen Filmgeschichten nur eine verständliche, aber klischeehafte Totalitätsphantasie angesichts des Wissens um den Tod, in dem uns das Leben als Fragment bewusst wird?

Bei der Auswahl von Filmen kommt es weniger darauf an, ob der Film gut ist, sondern darauf, ob sich mit diesem Film guter Unterricht machen lässt. Ein Ausschnitt aus einem nationalsozialistischen Hetz- und Propagandafilm oder ein Film, der Gewalt zum Inhalt hat, kann im Unterricht zu einem wertvollen Medium werden, wenn er thematisch und didaktisch richtig eingesetzt wird.[8]

Genau um diesen thematisch und didaktisch richtigen Einsatz von Filmen im Religionsunterricht soll es im Folgenden gehen.

In theologischen und philosophischen Texten versucht man, allgemeingültige Aussagen über die wichtigen Fragen des Denkens, Handelns und des Lebens überhaupt zu machen. Sie sind deshalb notwendig abstrakt, d.h. losgelöst von den zugrunde liegenden Erfahrungen. Im Unterricht ist es aber sinnvoll, von einer konkreten Erfahrung auszugehen und dann zu fragen, inwieweit die daran zu machenden Einsichten verallgemeinert werden können. Da solche Erfahrungen in der Schule nur sehr sporadisch vorhanden oder machbar sind, kann man mit Filmen einen gemeinsamen Erfahrungsraum schaffen. Vor allem ethische Probleme bekommen eine konkre-

---

6 Ebd., S. 24.
7 Ebd., S. 279.
8 Wolfgang Matthes, Methoden für den Unterricht, 75 kompakte Übersichten für Lehrende und Lernende, Paderborn 2002, S. 67.

te Gestalt und lassen über mögliche Lösungen nachdenken. Allerdings sind die meisten Spielfilme so komplex und vielschichtig, dass man sich auf ein konkretes Problem konzentrieren sollte, über das man gemeinsam nachdenken kann. Deshalb empfiehlt es sich in der Regel im Religionsunterricht, mit gezielt ausgewählten Filmausschnitten zu arbeiten statt den ganzen Film zu zeigen. Anders als im Literaturunterricht geht es hier ja nicht um den Film als Gesamtkunstwerk, sondern als Medium, das Probleme anschaulich machen kann. Die Schüler möchten zwar gern den ganzen Film sehen und protestieren oft lautstark, wenn unterbrochen wird: „Gerade jetzt, wenn es spannend wird, schalten Sie ab!" Aber man kann dem vorbeugen, indem man die der Szene zugrunde liegende Story erzählt.[9] Dabei kann man auf Inhaltsangaben zurückgreifen, die man aus dem Internet leicht herunterladen kann. Die Szene, an der es spannend wird, ist meist auch die Szene, bei der ein Problem gelöst werden muss. Hier ist es sinnvoll, die Schüler selbst eine Lösung finden zu lassen, bevor man ihnen die im Film gefundene Lösung präsentiert. Diese sollte dann mit gezielt ausgewählten Textausschnitten aus der religiösen Tradition verglichen und vertiefend zur Diskussion gestellt werden.

DAS BONBONMODELL DES LERNPROZESSES

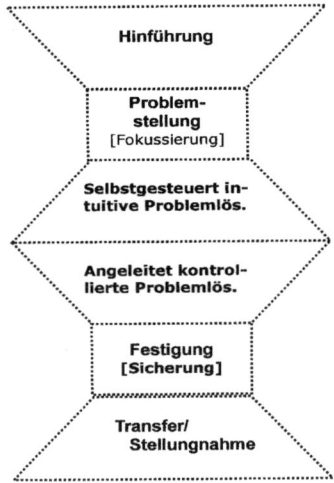

Um den Einsatz von Filmen im Religionsunterricht genauer bestimmen zu können, setzen wir ein Verständnis des Lernprozesses voraus, das man am besten in einem Bonbonmodell darstellen kann. Die Breite der einzelnen

---

9 Gerade in diesem Zusammenhang hat – gegen Weyrich – u. E. das Erzählen einen wichtigen Platz auch noch im Unterricht der Sekundarstufen.

Phasen deutet an, wo engere oder weitere Fragestellungen angebracht sind. Der Film wird in erster Linie in der Hinführungsphase seinen Ort im Unterricht haben. Die unmittelbare Anschauung bringt viele Aspekte ein, die die Schüler interessieren und die sie mit ihren Erfahrungen verbinden können. Dabei geht es nicht nur um einen thematischen Aufhänger, sondern um die anschauliche Hinführung zu einem Problem, das die Schüler nachvollziehen können und durch das sie angeregt werden, eigene Lösungen zu entwerfen. Sie haben damit die Möglichkeit, in einer selbstgesteuert intuitiven Problemlösungsphase eigene Antworten zu finden, die in der anschließenden angeleitet kontrollierten Problemlösungsphase in der Regel mit den Antworten des oft ohne Hinführung schwer verständlichen Arbeitstextes verglichen werden können.

Sie sind so eher in der Lage, die ihnen in den Arbeitstexten angebotenen Lösungen kritisch zu beurteilen. Es kann aber auch sein, dass ein weiterer Filmausschnitt an die Stelle des Arbeitstextes tritt, dessen Lösungen dann in ähnlicher Weise auf dem Hintergrund der eigenen antizipierten Lösungen kritisch bearbeitet werden können.

Wir können auch die Möglichkeiten des Videorecorders oder DVD-Players nutzen, indem wir in der Hinführung den Filmausschnitt ohne Ton zeigen und in der intuitiven Problemlösungsphase einen Text oder eine Filmmusik entwerfen lassen. Den vollständigen Ausschnitt mit Ton zeigen wir dann erst in der kontrollierten Problemslösungsphase und lassen ihn mit den Ideen der Schüler vergleichen. Das Gleiche geht auch umgekehrt, indem in der Hinführungsphase das Bild weggedreht wird und nur der Ton zu hören ist. Schließlich können Filmausschnitte auch in der Transferphase eingebracht werden, um vorher erarbeitete Positionen an neuen Situationen zu erproben.

Beispiele für die Arbeit mit Filmausschnitten im Unterricht

Es ist zum Beispiel durchaus nicht nötig, *Matrix* (USA 1999) in ganzer Länge zu sehen, damit Schüler nicht nur eine Aktualisierung von Platons Höhle, sondern auch eine Jesusgeschichte im Science-Fiction-Format erkennen können. Dazu ist allerdings ein gezieltes Medienarrangement nach dem Bonbonmodell nötig. Nach unserer Erfahrung haben nur wenige Schüler die Parallelen von sich aus erkannt, selbst wenn sie den Film mehrere Male ganz gesehen haben. Die Actionfilmelemente wirken zu sehr ablenkend.

Wenn sie jedoch in der Hinführung die Geschichte von Jesu Taufe durch Johannes gelesen haben und in der Problemstellungsphase mit der Aufgabe konfrontiert werden, wie eine solche Szene in eine moderne Umwelt umgesetzt werden könnte, reicht es, wenn man im Unterricht nur den Ausschnitt von der Einweihung Neos durch Morpheus bis zum Sturz aus der Zelle in die Abwässer und der Rettung durch das Hovercraftschiff zeigt. Die Schüler werden, nachdem sie sich selbst an eigenen kreativen Ideen und Entwürfen versucht haben, ohne Schwierigkeiten in diesem Ausschnitt eine interessante Umsetzung der Jesusgeschichte erkennen. Nach der Festigung der wichtigsten Vergleichspunkte in der Festigungsphase können sie dann in der Transferphase darüber diskutieren, wieweit Neo wirklich mit Jesus vergleichbar ist.

In dem Film *Der König der Löwen* (USA 1994), reicht die Szene, in der Simba durch Rafiki mit dem Geist seines Vaters Mufasa konfrontiert wird. Wir lassen die Schüler überlegen, welche Bedeutung die übernatürliche Stimme und das Bild des Vaters haben, die Simba an dem Teich zur Rache an dem betrügerischen Onkel Scar aufrufen. Wenn man ihnen dann in der kontrollierten Problemlösungsphase einen Text mit dem Mythos von Osiris, Seth und Horus gibt, erkennen sie schnell, wie antike Mythen in diesen und ähnlichen Filmen weiterleben.

Selbstbehauptung oder Teilhabe?

In dem Monumentalfilm *Troja* (USA 2004 Regie: Wolfgang Petersen / mit Brad Pitt in der Rolle des Achill) reicht eine Szene, um eine unübertreffliche Anschauung zu bieten für das, was Werner Becker unter heroischer Selbstbehauptung im Unterschied von religiöser Teilhabe versteht. Als Hinführung erzählen wir die Vorgeschichte:

Achill vor der Entscheidung: Nachdem Paris, einer der Söhne des Königs von Troja, Helena, die Frau des Spartanerkönigs Menelaos, entführt hat, sieht sein Bruder Agamemnon eine Chance, seine Macht über die ganze Agäis auszudehnen, indem er ein Heer aller Griechen gegen den alten Rivalen Troja führt. Aber der Seher Kalchas macht ihm klar, dass sie ohne den stärksten Krieger Achill und seine Männer keine Chance haben.
Odysseus besucht Achill in Pthia und versucht ihn zur Teilnahme am Krieg gegen Troja zu überreden. Achill will nicht einsehen, warum er gegen Troja kämpfen soll: „Die Trojaner haben mir nichts getan." Odysseus: „Sie haben Griechenland verhöhnt." Achill: „Sie haben einen Griechen verhöhnt, einen Mann, der seine Frau nicht halten konnte. Was interessiert mich das?" Nur dadurch, dass Odysseus die Sprache auf Hektor bringt, den stärksten Krieger und Prinzen von Troja, kann er ihn interessieren. „Manche sagen, er sei stärker als alle griechischen Kämpfer", sagt er listig. Als er schließlich hinzufügt: „Weder wird dieser Krieg in Vergessenheit geraten, noch die Helden, die in ihm kämpften", wird Achill nachdenklich. Er sucht Rat bei seiner

Mutter Thetis. Diese stellt ihm zwei Lebenswege vor. „Wenn du in der Heimat bleibst, wirst du eine Frau und eine Familie bekommen und Frieden finden. Aber, wenn deine Kinder und die Kinder deiner Kinder tot sind, wird dein Name vergessen sein. Wenn du nach Troja gehst, wirst du Ruhm ernten. Viele tausend Jahre lang wird man Geschichten über deine Wege schreiben. Aber, wenn du nach Troja gehst, kehrst du nie wieder heim, denn deine ruhmreichen Taten gehen Hand in Hand mit deinem Untergang, und ich werde dich nie wiedersehen."

Daraus ergibt sich die Problemstellung: Was würdet ihr Achill raten?

In der intuitiven Problemlösungsphase setzen sich die Schüler in Gruppen zusammen, in der entweder nur Mädchen oder nur Jungen sind und diskutieren darüber. Nach unserer Erfahrung unterscheiden sich die Ratschläge der Jungen von denen der Mädchen in signifikanter Weise. Die Mädchen entscheiden sich für die Familie und die Namenlosigkeit, die Jungen für den Weg des Ruhms. Man könnte hier weitreichende evolutionspsychologische Überlegungen (z. B. nach Geoffrey Miller) anschließen.

In der kontrollierten Problemlösungsphase lernen die Schüler Achills Entscheidung in der Sicht des Drehbuchschreibers David Benioff in einem bildmächtigen Ausschnitt (Szenen 11und 13 auf der DVD) kennen und können sie mit ihren vergleichen: Achill entscheidet sich für den zweiten Weg.

Als die Küste Trojas in Sicht kommt, fährt er mit seinem Schiff und seinen fünfzig ausgewählten Kriegern, den Myrmidonen, den anderen tausend Schiffen weit voraus. Während Hektor seinen Kriegern erklärt: „Mein ganzes Leben habe ich nach einem einfachen Prinzip gelebt: Ehre die Götter, liebe deine Frau und kämpfe für dein Land!", ruft Achill seinen Männern zu: „Vergesst nicht, wir sind unbesiegbar. Könnt ihr euch vorstellen, was dort am Strand auf euch wartet? Die Unsterblichkeit! Holt sie euch!"

Ohne den tödlichen Hagel von Pfeilen zu beachten, erstürmt er mit seinen wenigen Leuten den Hügel mit dem Apollotempel und erobert ihn. Als er seinen Leuten erlaubt, den Tempel zu plündern, warnt ihn einer seiner treusten Kämpfer: „Der Sonnengott Apoll sieht alles. Vielleicht ist es nicht klug, ihn zu beleidigen." Ohne ein Wort zu sagen, holt Achill aus und schlägt der goldenen Statue des Gottes den Kopf ab. Auf dem Weg zum Ruhm gibt es für ihn keine Ehrfurcht vor einem Gott.

In einer ausgedehnten Festigungsphase bekommen die Schüler in einer nächsten Stunde eine Zusammenfassung der Thesen Werner Beckers zu Selbstbehauptung und Teilhabe als die zwei grundsätzlich möglichen Weisen des Umgangs mit dem Wissen um den Tod[10] und können die Haltung Achills in diese Typologie einordnen.

Der schwarze Schmerzensmann

Bei dem Film *The Green Mile* von Frank Darabond handelt es sich um die Verfilmung einer äußerst erfolgreichen Fortsetzungsgeschichte des US-amerikanischen Horror- und Fantasy-Schriftstellers Stephen King. Die gesamte Filmhandlung und vor allem einzelne Sequenzen entpuppen sich recht schnell als Verfremdung bzw. Dekonstruktion der biblischen Berichte über Jesus. Besonders prägnant ist in diesem Zusammenhang eine Krankenheilung, die mehr als deutlich Bezug auf die Erzählung von der Heilung des Besessenen von Gerasa in Mk 5,1–20 nimmt.[11]

Für die Beschäftigung mit der unten vorgestellten Filmsequenz schlagen wir vor, die folgende kurze Zusammenfassung den Schülerinnen und Schülern entweder zu erzählen bzw. vorzulesen oder als Text an die Hand zu geben. Eventuelle Lücken können von den Mitgliedern der Lerngruppe, denen der Film bekannt ist, ergänzt werden:

Die Ereignisse in Kings Erzählung finden hauptsächlich im Todestrakt eines Gefängnisses in den Südstaaten im Jahre 1932 statt. Der Erzähler Paul Edgecombe ist Oberaufseher des Todestraktes und wird hierbei unterstützt von seinem Freund Brutus Howell. Zur Gruppe der ständigen Bewacher im Todestrakt zählt auch der sadistische

10 Vgl Rolf Sistermann, Umgang mit dem Wissen um den Tod, Unterrichtsreihe –Sek. II, in: Religion heute, 65/2006, S. 31f.;
     http://rpi-virtuell.net/index.php?p=material_ordner&id=13727.
11 Zum Begriff der Dekonstruktion bei gleichzeitiger Kritik medialer Adaptionen von Religion vgl. etwa Hans-Joachim Höhn, Postsäkular. Gesellschaft im Umbruch – Religion im Wandel, Paderborn 2007, S. 110–136; ders., Auf dem Weg in eine postsäkulare Kultur? Herausforderungen einer kritischen Phänomenologie der Religion, in: P.M. Zulehner (Hg.), Spiritualität – mehr als ein Megatrend, Ostfildern 2004, S. 15–28. Der Bezug auf die Heilungserzählung Mk 5,1–20 wird durch die Übergabe des Christophorusmedaillons in der unten ausführlich beschriebenen Sequenz noch mit der entsprechenden Heiligenlegende amalgamiert. Dort wird Christophorus ja als Riese beschrieben, was ebenfalls eine Wiederaufnahme in der Figur des John Coffey findet.

Percy Whetmore. Eigentliche Hauptfigur der Erzählung ist allerdings der hünenhafte, von zahlreichen Narben entstellte und geistig zurückgebliebene schwarze Häftling John Coffey, der für die Vergewaltigung und anschließende Ermordung zweier kleiner Mädchen zum Tode verurteilt worden ist. Nach und nach beschleichen Paul Edgecombe jedoch Zweifel daran, dass John Coffey tatsächlich für das Verbrechen an den beiden Kindern verantwortlich ist. Es stellt sich nämlich heraus, dass John Coffey über magische Heilkräfte und telepathische Fähigkeiten verfügt. Zunächst befreit er den Erzähler Paul durch Handauflegung von einer schweren Blasenentzündung, um dann wenig später die dressierte Maus eines Mithäftlings im Todestrakt, die von Percy brutal getötet wird, wieder ins Leben zurückzuholen. Die Heilung bzw. Wiedererweckung vollzieht sich, indem John die negativen Energien der zu Heilenden aus ihrem Körper in seinen eigenen hineinzieht oder hineinsaugt. Diese negativen Energien werden anschließend von ihm als kleine, schwarze Partikel wieder ausgespien und verflüchtigen sich.

Ausgehend von diesen Erlebnissen fasst Paul einen tollkühnen Plan, um die todkranke Melinda Moores, die Frau des Gefängnisdirektors, zu retten, die an einem Gehirntumor leidet. Er überzeugt die anderen Wärter, gemeinsam mit ihm John Coffey für eine Nacht aus dem Gefängnis zu schleusen, um sie zu Melinda zu bringen. Zu diesem Zweck müssen aber zunächst ein weiterer Mitgefangener, der psychopathische William Wharton, genannt „Wild Bill", und Percy „ausgeschaltet" werden. Paul und seine Freunde stecken zunächst Letzteren in eine Zwangsjacke und schließen ihn geknebelt in einer Gummizelle ein. Danach wird der Gefangene mit einem Betäubungsmittel außer Gefecht gesetzt. Allerdings gelingt es Wild Bill noch, John Coffey beim Verlassen des Todestraktes kurz am Arm zu fassen und so fast die ganze Unternehmung in Gefahr zu bringen. Doch schließlich wirken die Betäubungsmittel und Bill bricht zusammen.

Nun kann die folgende Filmsequenz präsentiert werden:

Zeit	Inhalt	Bezüge zu Mk 5,1–20
2.02.40–2.06.19	Die Wächter um Paul Edgecombe bringen John in einem alten LKW zum Haus des Gefängnisdirektors.	Mk 5,1: Jesus und seine Jünger erreichen mit einem Boot Gerasa am anderen Ufer des Sees.
2.06.20–2.08.40	Direktor Moores will John und die Wächter daran hindern, das Haus und das Zimmer, in dem er seine Frau weggesperrt hat, zu betreten.	Mk 5,2b–4: Der Besessene ist bereits mehrfach in den Grabhöhlen angekettet worden. Mk 5, 15.17: Die verängstigten Bewohner bitten Jesus, ihr Gebiet zu verlassen.
2.08.31–2.09.40	John betritt gefolgt von Moores und den Wächtern das Zimmer, die von ihrer Krankheit gezeichnete Melinda empfängt ihn mit derben Beschimpfungen.	Mk 5, 5–6: Der Besessene beschimpft Jesus, als dieser mit seiner Heilung beginnt.

Zeit	Inhalt	Bezüge zu Mk 5,1–20
2.09.41–2.12.20	John beugt sich über die Kranke und „saugt" ihr die Krankheit aus. Die Lampen im Zimmer flackern auf, eine Standuhr bleibt stehen, ihr Glas zerbricht und das Haus wird von einem Erdbeben erschüttert.	Mk 5,13a: Jesus erlaubt den Dämonen, in eine Schweineherde zu fahren, die daraufhin den Mann verlassen.
2.12.21–2.15.32	Nach der Heilung wirkt Melinda auch äußerlich wieder gesund und schenkt John ein Christophorusmedaillon.	Mk 5,18: Der Geheilte will bei Jesus bleiben.
2.15.33–2.17.26	Die Wächter bringen den schwer atmenden John, der die „negativen" Energiepartikel nach der Heilung nicht ausgehustet hat, wieder zurück in den Todestrakt.	
2.17.27–2.20.06	Percy Whetmore wird befreit und schwört Rache.	
2.20.07–2.23.28	John packt Percy und haucht ihm die krankmachenden Partikel ein. Daraufhin erschießt Percy „Wild Bill".	Mk 5,11–13: Die Dämonen werden in die Schweineherde geschickt, die sich daraufhin von einem Abhang in den See in den Tod stürzt.
2.23.29–2.28.05	Per Telepathie teilt John Paul Edgecombe mit, dass er in „Wild Bill" den Schuldigen für die Ermordung der beiden Kinder erkannt und dass er nun die „bösen Männer" bestraft habe.	

Nach diesen Ereignissen bemüht sich Paul, die Vorwürfe gegen John aus der Welt zu schaffen, aber da mit Wild Bill der Täter und einzige Zeuge nicht mehr am Leben ist, ist sein Vorhaben zum Scheitern verurteilt. Allerdings macht John ihm keinerlei Vorwürfe, im Gegenteil: Er geht bewusst in den Tod auf dem elektrischen Stuhl, da er es nicht mehr aushält, in dieser von Hass und Gewalt durchsetzten Welt, in der auch seine übernatürlichen Fähigkeiten oft machtlos sind, zu leben.

Dass Stephen King mit seiner Romanfigur eine Erlöserfigur geschaffen hat, macht schon die bewusste Wahl des Namens „John Coffey"[12] deutlich.

12 In einem Vorwort der Gesamtausgabe schildert Stephen King den Entstehungsprozess des Fortsetzungsromans von den ersten Ideen hin zu seiner Endgestalt und notiert u. a.: „Der Erzähler wurde ein Wärter in einem Todestrakt ... und aus Luke Coffey wurde John Cof-

So zeigen sich eine Vielzahl von Bezügen zu und Verfremdungen von Berichten des Neuen Testaments über Jesus, z.B. die beiden Mitgefangenen, die in ihrem Charakter den beiden Schächern am Kreuz entsprechen. Allerdings ist Darabonds Verfilmung mit über 180 Minuten Spieldauer für eine ausführliche Aufarbeitung dieser Jesuserzählung im modernen Gewand im normalen Schulbetrieb viel zu umfangreich. Schon aus diesem Grund ist es ratsam, sich auf eine wesentliche Sequenz zu konzentrieren, nämlich die oben ausführlich beschriebene Heilung der Frau des Gefängnisdirektors, die mit einer Dauer von etwas über 25 Minuten Länge nicht den Rahmen einer Schulstunde sprengt und so zumindest noch ein erstes Statement der Schülerinnen und Schüler etwa durch ein Blitzlicht ermöglicht. In dieser ersten Stunde der Unterrichtsreihe fungiert die Filmsequenz im Sinne des oben präsentierten Bonbonmodells als Hinführung in die Thematik „Neutestamentliche Heilungserzählungen und ihre Deutung".

Als Problemstellung für die Folgestunden schließt sich fast zwangsläufig für die Schülerinnen und Schüler das Problem der angemessenen Deutung solcher Heilungserzählungen an. Thematisiert man im Unterrichtsgespräch im Anschluss an den Filmausschnitt ihr Vorverständnis hinsichtlich der biblischen Heilungserzählungen (sozusagen ihre intuitive Problemlösung), so ergibt sich recht häufig ein sehr inhomogenes Bild: Während einerseits eine Gruppe von Schülerinnen und Schüler die Historizität von Wunderberichten im Allgemeinen nicht anzweifelt, äußern andere in jeder Hinsicht radikale Skepsis, z.B. gegenüber den Heilungsberichten.

Als angeleitete Problemlösung kann nun eine theologisch fundierte Deutung in der Konfrontation des Film-„Textes" aus *The Green Mile* mit dem biblischen Text bei Markus gemeinsam erarbeitet werden.

Die Schülerinnen und Schüler haben nun im weiteren Verlauf der Unterrichtseinheit im Vergleich von Bibel- und „Film"-Text[13] die Möglichkeit, charakteristische Verfremdungstechniken kennenzulernen und derartige Textverarbeitungen auch in anderen filmischen oder literarischen Zusammenhängen wiederzuentdecken. Auf diese Weise erfüllt der Religionsunterricht eine sozusagen kulturhermeneutische Funktion, indem er darauf aufmerksam macht, dass biblische Erzählungen zum Grundbestand der abend-

---

fey (mit einer Verbeugung vor William Faulkner, dessen Christusgestalt Joe Christmas ist) …" (Stephen King, The Green Mile. Der vollständige Roman, 8. Aufl. Bergisch Gladbach 2001, 7.). Kein Zufall ist sicherlich auch die Wahl des Namens Paul für den Oberaufseher des Gefängnistraktes in Anspielung auf den Apostel Paulus.

13 Zu diesem Zweck erhalten die Schülerinnen und Schüler neben dem biblischen Text auch den sehr instruktiven „Steckbrief" zur Verfremdenden Deutung aus Horst Klaus Berg, Ein Wort wie Feuer. Wege lebendiger Bibelauslegung, München/Stuttgart 1991, S. 467. Berg erläutert darüber hinaus S. 366–385 verschiedene Techniken der Deutung durch Verfremdung u.a. anhand von Mk 5,1–20, ohne aber auf filmische Verfremdungen biblischer Motive und Erzählungen einzugehen.

ländischen Kultur gehören und diese heute noch – wenn auch zum Teil untergründig und vielfach überlagert – prägen.

In der Festigungsphase lässt sich mit Blick auf die Verfremdung ein Zug biblischer Heilungserzählungen erläutern, nämlich dass sie zugleich in einem gewissen Sinne auch Auferstehungserzählungen sind. Der Besessene und die Tumorkranke eint eine Erfahrung, die auch Kranke in unserer modernen Gesellschaft immer wieder machen und die auch den Schülerinnen und Schülern eingängig ist: Sie erleiden einen sozialen Tod, einen Tod durch den Abbruch von Kommunikation, da sie von ihrem Mitmenschen weggeschlossen und ausgegrenzt werden, weil man sich nicht mehr anders mit ihnen zu helfen weiß oder weil man sich für sie schämt. Eine erster Schritt, den der Heiler in beiden „Texten" unternimmt, ist das Aufbrechen der fremdverschuldeten Isolation des/der Kranken durch seine unbedingte Zuwendung.

Schließlich leitet in der Transferphase eine Auseinandersetzung mit den beiden Heilungserzählungen die Schülerinnen und Schüler auch zu einem kritischen Blick auf moderne Erlöserfiguren und Erlösermythen im Film an. Letztlich handelt es sich bei Kings Version der Krankenheilung nämlich um einen Rückfall in einen ungebrochenen Mythos,[14] da die Heilung hier anders als im biblischen Sinne als ein „magisches Geschehen" erscheint, wenn der Genesungsprozess als eine quasi stoffliche Aufnahme oder Übertragung „negativer Energien" geschildert wird. Gleichzeitig wird aus dem Erlöser auch eine umbarmherzige Rächerfigur, die am Ende die beiden Übeltäter in den Tod bzw. Wahnsinn treibt. Aus diesem Grund ist es auf der Basis sozusagen dieser Negativfolie unbedingt notwendig, den Sinn der biblischen Heilungserzählung zu erheben, in der es darum geht, den Geheilten wieder in ein selbstverantwortliches Leben hineinzugeben, ihn also wieder „ein eigener Mensch sein zu lassen". Aus diesem Grund weigert sich Jesus nach der Austreibung der Dämonen, den ehemals Besessenen in seine Jüngergemeinschaft aufzunehmen. Würde er dies nämlich zulassen, würde sich der Geheilte in eine neue Abhängigkeit begeben, nun zwar nicht mehr in eine von Dämonen, aber in eine von seinem Idol, dem Heiler. Offensichtlich kommt die Heilung in Mk 5,1–20 erst dann zum Abschluss, als Jesus dem Kranken die Nachfolge verbietet und ihn stattdessen zu einem Leben in seiner Familie und Dorfgemeinschaft freisetzt.[15]

---

14 Zur Unterscheidung von ungebrochenen und gebrochenem Mythos vgl. Paul Tillich, Wesen und Wandel des Glaubens, Berlin 1963, S. 56 ff.; auch Rolf Sistermann, Symboldidaktik und gebrochener Mythos in: Ev. Erz. 42/1990, H. 3, S. 321–341; http://www.rpi-virtuell.net/index.php?p=material_ordner&id=13727.

15 Zu einer entsprechenden Deutung der Heilungserzählung gelangen die Schülerinnen und Schüler z.B. anhand einer Beschäftigung mit einer nun literarischen Verfremdung der Heilungserzählung, nämlich dem Gedicht *Der geheilte Gadarener* von Erich Fried. Lässt

Der soeben geschilderte Dreischritt von Vergleich beider Heilungserzählung (als angeleitet kontrollierte Problemlösung im Sinne des Bonbonmodells), tieferem Verständnis des biblischen Berichtes und Kritik seiner cineastischen Verarbeitung (als Sicherung und Transfer / Stellungnahme) stellt somit Medienerziehung in vielerlei Hinsicht dar, ohne dass der Film *The Green Mile* unbedingt als ganzer präsentiert und aufgearbeitet werden müsste.

Verführerin oder Erlöserin?

Auch für den Film *Chocolat* von Lasse Hallström aus dem Jahr 2000 bietet sich zunächst die folgende Zusammenfassung als Erzählung, Lesevortrag oder als Textblatt für die Schülerinnen und Schüler an:

Der Film *Chocolat* entführt den Zuschauer in eine französische Kleinstadt kurz nach dem Zweiten Weltkrieg. Dort regiert ähnlich wie schon seine Vorfahren der Comte De Reynaud als Bürgermeister, wobei es ihm vor allem auf die Bewahrung der „tranquilité" im Ort und die religiös-moralische Integrität seiner Bewohner ankommt. Über diese kleine Welt bricht aus Sicht des Comte an einem kalten, windigen Wintertag das Unheil herein – in Gestalt von Vianne Rocher, die gemeinsam mit ihrer Tochter Anouk und der Urne mit der Asche ihrer toten Mutter in der Stadt eintrifft und ein Ladenlokal mietet, um dort wenig später eine Chocolaterie zu eröffnen. Die Kunst der Schokoladenherstellung hat Vianne von ihrer Mutter gelernt, die eine Ureinwohnerin Südamerikas war. Dass die Ladeneröffnung mit dem Beginn der österlichen Fastenzeit zusammenfällt, dass Mutter und Tochter nicht am sonntäglichen Gottesdienst teilnehmen wollen und dass Vianne parallel zu den Osterfeierlichkeiten ein großes Schokoladenfest plant, sind weitere Gründe für den sich bald entwickelnden Konflikt mit dem Comte. Neben der Verführung zum Genuss stört ihn Viannes unmoralischer Lebenswandel, der sich für ihn in ihrer unehelichen Tochter manifestiert, und die Tatsache, dass sie sich für Dorfbewohner einsetzt, die ebenfalls nicht so recht in das gut-bürgerliche Bild des Comte passen wollen oder können.
Zugang zu einigen Dorfbewohner findet Vianne durch ihre einzigartige Fähigkeit, die Schokoladensorte zu erraten, die dem jeweiligen Charakter eines Menschen oder seiner derzeitigen Stimmungslage entspricht. Auf diese Weise freundet sich Vianne mit der Besitzerin des Ladenlokals, Armande, an, einer älteren Dame, die sich mit ihrer Tochter Caroline überworfen hat und aus diesem Grund nur heimlich ihren Enkel Luc in der Chocolaterie treffen darf. Caroline selbst ist wiederum bezeichnen-

man sie eigene Antworten auf die Fragen dieses Textes, vor allem auf die letzte Frage „Aber wie ist diese Liebe, die mich allein lässt?", formulieren, stellt sich eine entsprechende Erkenntnis spätestens im weiteren Gespräch über die Schülerarbeiten ein. Auch der Text dieses Gedichtes findet sich bei Berg, 381 f.

derweise die Sekretärin des Comte und steht den beiden Neuankömmlingen sehr kritisch gegenüber.

Weitere Reibungspunkte ergeben sich daraus, dass Vianne mit Josephine Kontakt aufnimmt. Diese leidet unter ihrem gewalttätigen Ehemann Serge, der sie in einem dunklen Hinterzimmer seines Bistros dahinvegetieren lässt. Die anderen Dorfbewohner beachten Josephine nicht, da sie sie für verrückt halten und sie außerdem an Kleptomanie leidet. Schließlich gelingt es Vianne jedoch, dass Josephine sich von ihrem Mann befreien kann und diesen verlässt, ja sie gewährt der geschundenen Ehefrau sogar Unterschlupf in ihrer Wohnung. Der Comte und Serge machen Vianne daraufhin für den Bruch der Ehe verantwortlich und bringen sie in moralischen Misskredit bei den anderen Dorfbewohnern, obwohl auch der Comte selbst vor kurzem von seiner Frau verlassen wurde.

Als Vianne sich schließlich auch noch für die Belange einer Gruppe von Sinti um ihren Anführer Roux stark macht, kommt es zum offenen Konflikt. Nach einem Fest, das Vianne gemeinsam mit Armand bei den Sinti feiert, legt Serge Feuer an einige von deren Booten. Als Armand am selben Abend stirbt, beschließt Vianne, ihr Geschäft aufzugeben und mit ihrer Tochter in ein anderes Dorf zu ziehen."

Aus der bisher dargestellten Filmhandlung ist klar ersichtlich, dass Lasse Hallström mit seiner Vianne[16] eine weibliche Erlöserfigur geschaffen hat, unstrittig ist auch, dass durch eine Auseinandersetzung mit dem gesamten Film eine Vielzahl von Bezügen auf die neutestamentlichen Berichte über Jesu Wirken offengelegt werden kann und somit der Film als ganzes als eine verfremdende Deutung der Jesusgeschichte verstanden werden kann. Genauso lohnend ist aber die Auseinandersetzung mit kleineren und größeren Sequenzen des Films. So lässt sich inhaltlich und methodisch die Entwicklung der Beziehung von Vianne und Josephine von ihrer ersten Begegnung bis hin zu dem Moment, als Josephine ihren Mann verlässt und in der Chocolaterie einzieht, in der gleichen Weise, wie oben für die Sequenz aus The Green Mile beschrieben, als Dekonstruktion von Mk 5,1–20 „enttarnen". Auch Josephine ist ja in zweierlei Hinsichten eine Besessene, da sie unter der Knute ihres Ehemanns steht, der sie so unter Druck gesetzt hat, dass sie sich gar nicht mehr vorstellen kann, gegen ihn aufzubegehren. Aus dieser häuslichen Unterdrückung resultiert zum einen eine körperliche Verwahrlosung, die mit der des Besessenen von Gerasa korrespondiert, und zum anderen der Zwang zu stehlen, gegen den sie nicht allein ankommt. Diese Sequenz hat des Weiteren den Vorteil, dass der Film Chocolat für ein jüngeres Publikum zugelassen ist, so dass sich eine entsprechende Auseinandersetzung mit Film und Bibeltext auch in der Mittelstufe situieren lässt, wohingegen die Beschäftigung mit The Green Mile nur in der Oberstufe statt-

---

16 Auch hier ist die Namensgebung aufschlussreich, da es sich bei „Vianne" durchaus um die Kurzform des Namens „Vivianne" handeln könnte, der wiederum auf das lateinische „vivus" (lebendig) zurückgeht.

finden kann. Auch Viannes „Heilungen" zeigen zwar magische Züge, wenn die Schokolade ihr sozusagen den Weg in die Seele der geschundenen Josephine öffnet. Anders als in *The Green Mile* ist aber die entscheidende Voraussetzung dafür, dass einige der marginalisierten Dorfbewohner sich helfen lassen, Viannes Offenheit und unbekümmerte Zuwendung zu ihren Mitmenschen. Die für jeden „ihrer Patienten" passende Schokoladensorte ist also eher eine Art Katalysator für den Aufbau einer intensiven Kommunikation und das Aufbrechen seelischer Verkrustungen.[17]

Die an die obige Darstellung der Filmhandlung anschließende Filmsequenz lässt sich als Kontrastfolie für die Deutung neutestamentlicher Auferweckungsberichte nutzen, da sie gewissermaßen eine Graböffnung und ein (Auf)-Erweckungserlebnis beinhaltet:

Zeit	Inhalt	Bezüge zum Neuen Testament
1.36.54–1.37.57	Streit zwischen Vianne und Anouk.	
1.36.58–1.38.09	Die Urne mit der Asche von Viannes Mutter geht auf der Treppe zu Bruch.	Graböffnung
1.38.10–1.38.40	Anouk beginnt verzweifelt, die sterblichen Überreste ihrer Großmutter wieder einzusammeln.	
1.38.41–1.39.00	Vianne erkennt, dass ihre Mutter über ihren Tod hinaus ihr Leben und das ihrer Tochter dominiert.	Brechung der Macht des Todes
1.39.01–1.40.20	Vianne trifft in der Küche der Chocolaterie auf Dorfbewohner, die an ihrer Stelle die Vorbereitungen für das Schokoladenfest an Ostern weiterführen. Sie entschließt sich, sich ihren Konflikten mit sich selbst und mit dem Comte zu stellen und die Stadt nicht zu verlassen.	Glaube der Jünger, Auferstehung

17 Des Weiteren lässt sich etwa der Konflikt zwischen Vianne und dem Comte als eine Dekonstruktion der im Neuen Testament überlieferten Kritik Jesu an einer übertriebenen Gesetzestreue und überanstrengten Frömmigkeit der Pharisäer lesen. Auch das gemeinsame Essen, das Vianne für ihre Vermieterin Armand, die noch am gleichen Abend stirbt, veranstaltet, lässt sich unschwer in Beziehung setzen zum „Letzten Abendmahl" und ermöglicht eine Deutung dieses von Jesus inszenierten Geschehens. Diese Filmsequenz kann aber auch eingesetzt werden, um etwa im Rahmen der Sakramententheologie die Symbolik des gemeinsamen Essens zu verdeutlichen. In unseren Oberstufenkursen ist daraus schon mehrfach eine intensive Diskussion um das Für und Wider einer Abendmahlsgemeinschaft zwischen katholischer und evangelischer Kirche entstanden.

Die Menschen, denen Vianne also zuvor Zuwendung und „Heilung" geschenkt hatte, helfen ihr nun über ihre eigene Sinn- und Lebenskrise hinweg. Auf diese Weise wird sie sozusagen zu einer durch den Glauben ihrer Jüngerinnen und Jünger erlösten Erlöserin. Auch der Comte erkennt schließlich nach einem Einbruch in die Chocolaterie, bei dem er vom Hunger nach Schokolade überwältigt wird, die Verfehltheit einerseits seiner selbst auferlegten Askese, andererseits seiner bigotten Haltung Vianne und anderen Dorfbewohner gegenüber. So kommt es am Schokoladenfest zur Versöhnung zwischen den beiden Kontrahenten.

Einsetzbar ist oben genannte Filmsequenz z. B. in der Transferphase zum Abschluss einer Unterrichtsreihe, die die neutestamentlichen Auferweckungsberichte und ihre Deutung zum Zentrum hat, um sich dem, was mit Auferweckung gemeint ist, auf einer anderen Ebene anzunähern. Ausgehend von den neutestamentlichen Berichten vom leeren Grab lassen sich im Unterricht verschiedene moderne theologische Annäherungen an die Frage nach der Auferweckung Jesu bearbeiten.[18] Nach diesen eher theoretischen Zugängen kann dann anhand des Filmausschnittes die Gleichnishaftigkeit von eigenen Lebenserfahrungen für das mit dem Symbol „Auferweckung" Gemeinte herausgearbeitet werden. Damit ist der Religionsunterricht bei seiner eigentlichen Aufgabe.

Ein Symbol ist ursprünglich ein Zeichen, das seine Bedeutung dadurch bekommt, dass zwei Hälften zusammengebracht werden (griechisch: *symballein*), die für sich genommen sinnlos oder unverständlich sind. Eine mythische Geschichte enthält viele unwahrscheinliche und unverständliche Bilder. Wenn Schüler lernen sollen, sie nicht ungebrochen, sondern gebrochen-symbolisch zu verstehen, müssen sie wissen, dass diese nur die eine Hälfte des Symbols sind. Die zweite Hälfte, mit der die Bilder der Geschichte zusammengebracht werden sollten, finden sie in ihrem eigenen Leben. Um Symbole zu verstehen, müssen sie ihren Inhalt mit seelischen Gefühlen in Verbindung bringen und sich fragen: „Was hat das Symbol mit mir und meinem Leben zu tun?"

Es gibt nur eine Stelle im Neuen Testament, an der im griechischen Text das Wort *symballein* auftaucht, nämlich am Ende der Weihnachtsgeschichte, Lk. 2,19 in der Perfektform *symballousa*. Luther hat den Vers sehr feinsinnig so übersetzt: „Maria aber behielt alle diese Worte und bewegte sie in

---

18 So können z. B. die Auseinandersetzung zwischen Hansjürgen Verweyen und Hans Kessler um ein angemessenes Verständnis von „Auferweckung/Auferstehung" (vgl. hierzu etwa Zusammenfassung der Diskussion aus Verweyens Sicht in Hansjürgen Verweyen, Botschaft eines Toten?; Regensburg 1997, S. 52–95 mit entsprechenden Literaturhinweisen auf Kritiker seiner eigenen Deutung) oder die Annäherung – ausgehend von der Emmausgeschichte – bei Joseph Ratzinger, Einführung in das Christentum, München 1968, S. 254–257 thematisiert werden.

ihrem Herzen." Die symbolische Bedeutung eines Wortes erfassen heißt also, das Wort im Herzen, dem symbolischen Sitz der seelischen Gefühle, bewegen und immer wieder zu begreifen versuchen, was uns daran ergriffen hat und unbedingt angeht.

STEFAN GEIL

Erwachsen werden heißt sterben können

Harry Potter – keine Kinderfilme?

> „Kein Zauber kann die Toten
> erwecken, Harry, das weißt du
> sicher."[1]

Es gibt sie! Eine magische Welt voller Zauberer, Hexen und unvorstellbarer Kreaturen, die im Geheimen existiert. Ihr Held ist ein pubertierender Junge mit Brille und einer blitzförmigen Narbe auf der Stirn.

Zweifelsohne ist Harry Potter eine der berühmtesten Romanfiguren unserer Zeit. Die Engländerin Joanne K. Rowling hat dem sympathischen Charakter in sieben Bänden Leben eingehaucht und den anfangs elf Jahre alten Jungen in jedem Buch ein Jahr erwachsener werden lassen.

Dem Erfolg der Bücher folgten schnell auch die nicht weniger beliebten Verfilmungen. Doch während die Reihe literarisch schon zu ihrem Höhepunkt gekommen ist, sind die Verfilmungen gerade beim fünften Teil angelangt.

Die ersten Bücher funktionierten auf mehreren Ebenen als Kinder- und Jugendbücher. Dagegen wurden die Filme durch ein erhebliches Anziehen der Spannungsschraube und die sehr grafische Auseinandersetzung mit dem Tod schnell zu düsteren Fantasyfilmen, die dem jüngstem Publikum nur noch bedingt oder gar nicht mehr vorgeführt werden konnten.

So musste schon der zweite Film *Harry Potter und die Kammer des Schreckens* (Chris Columbus, USA 2002) in Deutschland um rund zwei Minuten gekürzt werden um die heiß ersehnte kinderfreundliche FSK-Freigabe ab 6 Jahren zu erhalten.

Da – abgesehen von den ersten beiden Filmen, welche beide unter der Regie des Amerikaners Chris Columbus 2001 und 2002 entstanden sind – alle nachfolgenden Filme auch immer von einem anderen Regisseur realisiert wurden, lassen sich trotz hoher Kontinuität in der Darstellerriege starke Unterschiede erkennen.

Der größte stilistische Bruch liegt zwischen dem zweiten und dem dritten Film. *Harry Potter und der Gefangene von Askaban* (Alfonso Curaón, USA

---

1 Albus Dumbledore (Michael Gambon) in Mike Newells *Harry Potter und der Feuerkelch.*

2004) ist zu einem dunklen Fantasy-Abenteuer mutiert, welches, in düstere Farben getaucht, von Furcht einflößenden Kreaturen bevölkert wird.

Die Wesen, die dem jungen Zauberer auf seiner Tour de Force begegnen, sind erste Vorboten einer immer düsterer werdenden Ikonografie des Todes.

So etwa die Dementoren, seelenlose und bösartige Geschöpfe, die alles Glück in ihrer Umgebung verzehren und ihre Umwelt allein durch ihre kalte Präsenz erfrieren lassen. Sie können die Seele eines Individuums aufsaugen und es durch diesen sogenannten Dementorenkuss psychisch vernichten. Zurückbleiben würde eine wahnsinnige, leere Hülle. Es gibt also auch im Harry Potter-Universum durchaus schlimmere Dinge als den Tod.

Harry (Daniel Radcliffe) muss sich im dritten Teil der Erzählung gegen eine Übermacht von Dementoren zur Wehr setzen und seinen Patenonkel Sirius Black (Gary Oldman) beschützen.

Dies scheint jedoch aussichtslos, da Harrys Schutzzauber hoffnungslos unterlegen ist. Die Dementoren beginnen immer größere Teile von Harry und Sirius anzusaugen. Als sie auf keinen Widerstand mehr stoßen, schaffen sie es beinahe Sirius' Seele auszusaugen. Im Film wird sie als kleiner bläulich schimmernder Lichtpunkt dargestellt, der den Körper durch den Mund verlässt. Doch im letzten Moment werden alle Dementoren von einem mächtigen Schutzzauber vertrieben.

Der Kniff des dritten Teiles liegt in einer Zeitschleife, der rettende Schutzzauber wird von Harry, der dem ganzen Geschehen als in die Zeit Reisender zusieht, ausgeführt. Harry rettet sein Alter Ego – und auch in Bezug auf die anderen Teile kann Harry sich nur selbst helfen.

Auch wenn Harrys Freunde ihm stets zur Seite stehen, können sie seinen Weg gegen das Böse nicht bis zum Ende mitgehen. Die Auseinandersetzungen mit Voldemort bestreitet er immer einsamer und wird so des Öfteren mit dem Tod und vor allen Dingen mit seiner eigenen Sterblichkeit konfrontiert.

Auch in seinem Leiden ist er allein und zu seinem ersten Verlust addieren sich immer weitere Verluste hinzu.

Die Buchvorlagen erzählen viel kindgerechter und spielerischer die zunehmend dunkleren Ereignisse immer wieder mit einem Augenzwinkern, die Filme orientieren sich wohl oder übel an den Grundhandlungen der Bücher. Und diese sind von Anfang an mit der Auseinandersetzung mit dem Tod verbunden.

Man bedenke, dass die erste Harry Potter-Erzählung direkt nach dem Doppelmord an einem Ehepaar und dem Mordversuch an einem Säugling einsetzt. Der dunkle Lord Voldemort (ab dem vierten Teil Ralph Fiennes) tötet Harrys Eltern. Doch als er den Todesfluch „Avada Kedavra" auch auf den kleinen Harry anwenden möchte, prallt dieser an dem Kleinen ab und vernichtet stattdessen Voldemort selbst. Zurück bleibt auf dem Säugling nur ein kleiner Kratzer. Dieser ominöse Schutz, welcher Harry wider Erwarten rettet, ist ein Zauber, der durch die Liebe der Mutter so lange fortbesteht, wie ihr Blut weiterlebt.

Fortan ist Harry in der Welt der Zauberer nur noch der Junge mit der Narbe, der Junge, der überlebte, was niemand sonst überlebte.

Seine Narbe ist ein eigentümliches Stigma, erhält sie doch eine Verbindung zum dunklen Lord aufrecht, die Harry immer wieder neue Leiden beschert, ihn sogar zuweilen manipuliert und an den kranken Gewaltakten Voldemorts aus der Ego-Perspektive teilhaben lässt.

Der damals besiegte Voldemort hat einen Weg gefunden, seine eigene Sterblichkeit zu umgehen. Es war ihm möglich, seine Seele in mehrere Teile, die sogenannten Horkruxe, zu spalten und so früher oder später wieder zurückzukehren.

Während es Harry in den drei ersten Geschichten mit einem stark geschwächten Voldemort oder seinen Handlangern zu tun hat, muss er sich am Ende des vierten Bandes bzw. des vierten Filmes einem vollständig regenerierten Erzbösen stellen.

Harry wird in der Schlüsselszene durch einen Trick zusammen mit seinem Schulkameraden Cedric Diggory (Robert Pattinson) auf einen Friedhof teleportiert. Dem Bösen schutzlos ausgeliefert, muss er zunächst die grausam beiläufige Ermordung seines Mitschülers mit ansehen. Cedric wird von Voldemorts Gehilfen Wurmschwanz/Peter Pettigrew (Timothy Spall) durch den Todesfluch getötet.

Der Friedhof (natürlich bei Nacht) hat seine ganz eigene Atmosphäre. Mike Newells Adaption des vierten Bandes *Harry Potter und der Feuerkelch* (USA, 2005) nimmt sich in Bezug auf das Friedhofsinterieur einige Freiheiten heraus. Harry wird nicht wie im Buch mit Seilen gefesselt,[2] sondern von einer verzauberten Friedhofsstatue, einer geflügelten Kapuzengestalt mit einer Sense, in Schach gehalten: Der Engel des Todes hält Harry in dieser Szene also nicht nur im übertragenen Sinn fest.

Derweil kann Wurmschwanz, der damals Harrys Eltern verriet, mit Harrys Blut, einem eigenen Fleischopfer und Knochen von Voldemorts Vater ein Ritual durchführen, um Voldemort zurückzubringen.

Die Blutabnahme durch Wurmschwanz (ein neues Stigma) wird durch neuerliche Marter abgelöst, denn der erstarkte Voldemort foltert Harry mit dem Cruciatus-Fluch. An dieser Stelle fallen zumindest durch den Namen des Fluches die christlichen Assoziationen besonders zahlreich aus, denn die Szene kommt einer Kreuzigung gleich.

---

2 Vgl. Joanne K. Rowling, Harry Potter und der Feuerkelch, Hamburg 2000, S. 667.

Voldemort, der in den vorherigen Bänden nicht in der Lage war, Harry zu berühren, hat nun Harrys Blut durch das Ritual in sich aufgenommen. Somit ist Harry antastbar geworden und hat auch diesen Schutz, welcher eines der größten Hindernisse für Voldemort war, verloren.

Harry soll sich nun zum Vergnügen Voldemorts mit ihm duellieren, entkommt aber durch einen glücklichen Umstand. Harrys und Voldemorts Zauberstab gehen eine Verbindung ein, bei welcher die Opfer Voldemorts erscheinen, darunter auch Harrys Eltern und Cedric. Sie verschaffen Harry Zeit, um zu fliehen. Cedric bittet Harry, seine Leiche zurückzubringen und nicht auf dem Friedhof liegen zu lassen.

Harry erscheint zusammen mit Cedrics Leiche wieder in Hogwarts. Sicherlich ist dies eine der stärksten Szenen des vierten Films: Er verschwand mit Cedric im Rahmen eines großen Zaubererturniers und erscheint wieder mitten in der Arena umgeben von Zuschauern. Eine Kapelle setzt ein, Menschen klatschen, bis das schreckliche Erkennen kommt. Die fröhliche Szenerie wird jäh unterbrochen, als man bemerkt, dass Cedric tot ist. Dabei spart der Film auch die Trauer von Cedrics Vater nicht aus.

Die vorletzte Szene des Films spielt in der großen Halle Hogwarts. Normalerweise ist diese mit schwebenden Kerzen oder einem Stück blauem Himmel dekoriert. Jetzt fehlt beides und die wahre Gestalt der Halle kann nicht mehr spielerisch verborgen bleiben: Die große Halle ist eine gotische Kathedrale, mit schwarzen Bannern behangen. Sie erfüllt bei der Rede Dumbledores genau diesen Zweck. Es ist ein Trauergottesdienst, der stattfindet und die abschließende Kamerabewegung ist nach oben in das Kreuzrippengewölbe gerichtet.

Der Film exerziert an diesem Beispiel von Cedric Diggory alle Allgemeinplätze des Todes: sein Sterben, als er mit leeren Augen zu Boden fällt, das Wahrnehmen des Todes durch Harry, die Trauer der Angehörigen/des Vaters bis hin zu einer beerdigungsartigen Zeremonie.

Im fünften Film *Harry Potter und der Orden des Phoenix* (David Yates, USA 2007) hat der eigentlich weitaus schlimmere, da Harry noch tiefer treffende Tod Sirius Blacks nicht mehr diesen Raum und diese Qualität. Jedoch hat Harrys erste bewusste Begegnung mit dem Tod, seine Sicht der Dinge verändert.

Derjenige, der den Tod gesehen hat, nimmt die Welt auf eine ganz neue Weise wahr – in der Zaubererwelt auch in einem nicht metaphorischen Sinn. Harry sieht von nun an Dinge, die er vorher noch nicht sehen konnte, wie etwa die Thestrale, skelettartige, geflügelte Pferde, die zwar Furcht einflößend aussehen, jedoch friedlich sind.

Das Wahrnehmen des Todes bedeutet neben dem Verlust eines Individuums auch einen Verlust der unschuldigen Weltsicht, die man vorher besaß. Diese Erfahrung teilt Harry mit Luna Lovegood (Evanna Lynch), einer Mitschülerin, die die Todeswahrnehmung besitzt, da sie den Tod ihrer Mutter miterlebte.

Im fünften Teil verstärkt sich auch der oben angesprochene Stigmacharakter von Harrys Verbindung zu Voldemort noch. Harry hat nun immer häufiger suggestive Visionen, in denen er selbst Voldemort ist und desssen Handeln sieht.

Diese gaukeln ihm im Finale vor, dass sich sein Patenonkel in der Gewalt des dunklen Lords befindet. Um ihn zu retten eilt Harry Potter mit seinen Freunden in die Mysteriumsabteilung des Zaubereiministeriums, in welcher die Vision stattfand. Doch ist dies nur ein Trick Voldemorts um Harry zu fangen. Im Kampf mit Voldemorts Schergen gesellen sich auch die Erwachsenen Gegner Voldemorts, der Orden des Phoenix, zu den Jugendlichen. Darunter befindet sich Harrys Patenonkel. Die Zauberer fangen an sich zu duellieren. Der Ort, an welchem dies geschieht, ist ein weiter, leerer Raum, in dessen Mitte ein großer Torbogen steht, in dem ein magischer Schleier hängt. Harry sagt über ihn, dass er Stimmen von dort hört, genauso wie Luna Lovegood.

Im Kampf mit Sirius' Cousine Bellatrix Lestrange (Helena Bonham Carter) wird Sirius von einem Todesfluch getroffen und fällt rückwärts in den Torbogen. Während er langsam stirbt, verschwindet sein Körper in dem Schleier. Der Schleier ist eine weitere Todesmetapher. Obwohl er so aussieht, als könnte man einfach durch ihn hindurch gehen, führt er in eine Einbahnstraße; einmal in ihm gefangen, gibt es keine Wiederkehr.

Als Harry die flüchtende Bellatrix allein verfolgt und Voldemort gegenübertritt, kann ihn Albus Dumbledore nur unter größter Anstrengung verteidigen. Voldemort versucht Harrys Körper durch seine Verbindung zu ihm in Besitz zu nehmen.

Im Buch ist dies als Nahtoderfahrung dargestellt: „Dann brach Harrys Narbe auf und er wusste, dass er tot war: Dies war ein Schmerz jenseits aller Vorstellungskraft und es gab kein Entkommen –"[3] Harry befreit sich aus diesem Griff durch seine Gefühle. In Gedanken ist er sogar bereit zu sterben, rettet sich aber durch die Empfindungen, die er für seine Freunde hegt. Die Liebe zu seinen Freunden lässt ihn von Voldemort freikommen.

Er trägt den Sieg auch im fünften Teil wieder einsam davon.

Wiederum spart der Film Voldemorts Weltsicht aus, während man im Buch erfährt, dass er nichts Schlimmeres als den Tod kennt. Daher schuf er seine Horkruxe um wieder zurückzukehren. Als Voldemort im fünften Film von Harrys Körper ablässt, sagt er ihm in einer wie eingefrorenen wirkenden Szene voraus, dass er am Ende alles verlieren wird. In gewisser Weise scheint er Recht zu haben: Harry muss alles verlieren um zu gewinnen. Er

---

3 Dies., Harry Potter und der Orden des Phoenix, Hamburg 2003, S. 957.

ist, wenn es um den Tod geht, von Anfang an allein. Seine Kämpfe mit dem Bösen kommen dem eigenen Tod immer näher.

Schafft er es in den drei ersten Geschichten noch, sein Leben erfolgreich gegen das Böse in die Waagschale zu werfen, um seine Nächsten zu schützen, so scheitert dies ab dem vierten Band. Er kann Cedrics Tod nicht verhindern, genauso wenig wie im fünften Band den Tod seines Patenonkels Sirius Black oder im sechsten Band *Harry Potter und der Halbblutprinz* den Tod seines Mentors Albus Dumbledore. Und doch kann man sagen, dass Harry gerade in seinem Leiden ein immer stärkerer Widersacher wird.

Er ist das Opfer und das Werkzeug – und tatsächlich, wie sich im sechsten Band herausstellt, das Produkt Voldemorts. Aus Angst vor einer Prophezeiung, welche Voldemort hörte, will er Harry töten, erfüllt sie jedoch genau mit dem Versuch. Er erschafft sich selbst in Harry seinen schlimmsten Albtraum.

Das Böse und das Gute haben im Harry Potter-Universum eine wechselseitige Beziehung. Voldemort hat durch sein böses Handeln die Bedingungen für das Gute geschaffen: Je größer Harrys Verluste sind, je mehr ihm seine Liebsten aus der Hand gleiten, umso überzeugter zieht er gegen das Böse in den Kampf.

Auch körperlich ist sein Leidenscharakter von Anfang an klar. Zu seiner ersten Narbe gesellen sich weitere, ganz zu schweigen von dem Blutzoll, den er im Verlauf der Geschichte bezahlen muss: „Er konnte nicht mehr sagen, wie oft er sein Blut schon vergossen hatte."[4]

Im sechsten Band entwickelt sich ein erstaunliches Gespräch zwischen Harry und Dumbledore, in welchem es um den freien Willen geht: Während Voldemort, seitdem er der Prophezeiung Glauben schenkte, keine andere Wahl hatte als nach dem Tode Harrys zu trachten, nimmt Harry den Kampf gegen das Böse fortwährend in freier willentlicher Entscheidung auf.

Er ist eine Erlöserfigur und sein Weg ist die Selbstentäußerung. Er zeichnet sich nicht durch physische Stärke aus, sondern durch die Fähigkeit, seine Leiden und Verluste immer wieder aus der Liebe zu seinen Freunden und seiner Familie heraus ertragbar und gleichzeitig auch nutzbar zu machen.

Im fünften Band *Harry Potter und der Orden des Phöenix* sagt Dumbledore zu Harry: „… die Tatsache, dass du auf solche Weise Schmerz empfinden kannst, ist deine größte Stärke."[5]

Harry Potters Leben wird immer mehr eine Passion, ein Kreuzweg. Dieser Passionsweg legt dramaturgisch nur einen Ausgang für Harrys Schicksal als konsequent nahe. Harry ist von Anfang an dem Tod geweiht. Während

4 Dies., Harry Potter und die Heiligtümer des Todes, Hamburg 2007, S. 359.
5 Dies., Harry Potter und der Orden des Phoenix, Hamburg 2003, S. 966.

er als Individuum immer größere Opfer bringt und immer mehr verliert, wird er den Kampf gegen das Böse allein durch sein finales, selbstloses Opfer gewinnen. Im siebenten Buch gibt es dann diesen Alleingang zum Schafott, in dem Harry nur die Toten beistehen: J.K. Rowlings Golgatha.

Auch wenn die Grenze zum Tod im Harry Potter-Universum immer wieder scheinbar überschritten wird, etwa wenn Harrys Eltern erscheinen und ihm Zeit verschaffen um zu fliehen oder wenn verstorbene Personen in Gemälden eine Art Weiterleben führen, ist der Tod in löblicher Konsequenz irreversibel dargestellt. Dies bedeutet nicht, dass es in Rowlings Welt nach dem Tod nichts mehr gibt, sondern es wird ganz im Gegenteil immer wieder darauf verwiesen, dass es verschiedene Existenzformen danach gibt. Dies mildert den Tod aber in keiner Weise ab.

Die einzige Ausnahme und der somit größte Bruch betrifft Harry selbst, der zu Beginn als Säugling eine „todsichere" Situation überlebt und am Ende der Geschichte tatsächlich stirbt und dennoch nicht sterben kann.

Das Harry Potter-Universum bietet in seiner konkreten Todes- und Erlöservorstellung einen ertragreichen Boden für den Religionsunterricht.

Der Tod wird nicht nur als Ende eines Lebens, sondern zugleich auch als ein die Wirklichkeit und Weltsicht der Angehörigen veränderndes Element dargestellt. Harry Potter ist in seinem Leben und Leiden sowohl in den Filmen als auch in den Büchern als Erlösungsfigur gezeichnet, die immer größere Opfer bringen muss, um den Kampf gegen das Böse zu gewinnen. Als spezifisch christlich kann man den konsequenten Weg der Selbstentäußerung ansehen.

THOMAS VOM SCHEIDT

Schwarz – Weiß – Grau. Bausteine zu *L.A. CRASH*

Vorspann

Am Anfang war die Unschärfe …

Verschwommene Autospuren auf schneenassem Asphalt. Aus dem dunklen Himmel fallen vereinzelt Schneeflocken. Weiße und rote Lichtpunkte bewegen sich geisterhaft durch die Nacht. Manchmal berühren und überschneiden sich die Lichtkreise. Ihre Bewegungen scheinen wie von einer unsichtbaren Hand gesteuert. Das Tempo der Lichter variiert: Manchmal fließen sie langsam ineinander und verschwimmen, manchmal beschleunigen sie ihre Geschwindigkeit, ein anderes Mal frieren sie ein und erscheinen wie Cluster von chemischen Elementen. Die Wege der Autoscheinwerfer auf den nächtlichen Straßen von Los Angeles sind tief und unergründlich.

Und aus der Unschärfe ward ein scharfes Bild …

Der schwarze Detektiv Graham Waters sitzt mit seiner Kollegin Ria in einem Auto. Hinter der Windschutzscheibe ihres Polizeiwagens tanzen die gelben Lichter eines Abschleppautos. „Es ist das Gefühl der Berührung. In einer normalen Stadt geht man zu Fuß. Man berührt einander, rempelt sich an. In L.A. berührt dich niemand. Wir sind doch dauernd nur hinter Stahl und Glas. Ich glaube, die Leute vermissen die Berührung so sehr, dass sie Kollisionen (*crashes*) verursachen, um überhaupt etwas zu spüren." „Alles in Ordnung?", fragt ein Polizist durch die Scheibe hindurch. Die Kollegin antwortet: „Ich glaube, er hat sich den Kopf gestoßen. Einer von uns hat wohl den Durchblick verloren. […] Ich schau' mir mal den Schaden an." Es beginnt ein wortgewaltiger Streit um die Schuldfrage für den eher banalen Auffahrunfall. Nur wenig später findet Detektiv Waters einen Toten; dass es sich bei dem Opfer um seinen Bruder handelt, erfahren wir erst viel später, am Ende des Films. Die Uhr wird um einen Tag zurückgedreht. Der Film beginnt.

Bilder und Worte der ersten vier Minuten von *L.A. Crash* machen deutlich, worum es in den nächsten zwei Stunden gehen wird: Um Berührungen, Begegnungen und Befindlichkeiten von Menschen; ihre Angst, ihre Wut, ihre Gefühle. Um Kollisionen und „Zusammenstöße". Um Streit und Schuld. Um Tod und Gewalt. Um gut und böse. Um gelingendes und scheiterndes Leben.

Am Ende des Films schließt sich der Kreis. Wieder gibt es einen harmlosen Auffahrunfall. Die Kamera entfernt sich langsam aus der „Stadt der Engel" und zieht sich in die Vogelperspektive zurück. Wir blicken erneut auf das nächtliche Los Angeles. Die Worte verebben langsam, es beginnt wieder zu schneien, dann wird in das Schwarz des Abspanns übergeblendet.

Zum Film

L. A. CRASH (Originaltitel: *Crash*)
    USA 2004
    Regie: Paul Haggis
    113 Min.; FSK: ab 12 J.

Der Film erzählt einen Tag lang die Begegnungen von zwölf ganz unterschiedlichen Menschen in der Großstadt Los Angeles. Zwei Autodiebe, ein Detektiv und seine Kollegin, ein Bezirksstaatsanwalt mit seiner Frau, zwei Streifenpolizisten, ein Fernsehregisseur und seine Frau, ein Schlosser und ein Ladenbesitzer. Sie sind unterschiedlicher Herkunft und Hautfarbe und gehören verschiedenen gesellschaftlichen Schichten an. Die Figuren des Films sind chinesischer, lateinamerikanischer, afrikanischer, europäischer oder arabischer Abstammung – und doch sind sie alle Amerikaner. Ihre Wege kreuzen, berühren und verlieren sich. Jede Begegnung, jede Kollision der Hauptfiguren miteinander verändert das Tempo und die Richtung des Films.

Die Leitthemen des Films, Rassismus und der Umgang mit Haut- und Klassenunterschieden, werden in verschiedenen Episoden zunächst eher konventionell entfaltet. Es gibt „böse" Schwarze (und Weiße) und „gute" Weiße (und Schwarze). Nach und nach wird aber deutlich, dass die Menschen in *L. A. CRASH* nicht einfach in die Stereotypen „gut" und „böse" eingeteilt werden können, wie es sonst, zumindest in amerikanischen Blockbuster-Filmen, üblich ist. Der Film bricht mit den Konventionen und spielt geschickt mit den Erwartungshaltungen der Zuschauer, etwa wenn ein rassistischer weißer Streifenpolizist seinen kranken Vater liebevoll versorgt oder die zuvor noch belästigte schwarze Frau bei einem Verkehrsunfall unter Einsatz seines Lebens aus dem brennenden Auto rettet. Der Zuschauer ist angehalten, seine eigenen Vorurteile in Frage zu stellen und zu überdenken. Eine schlichte Typisierung gelingt nicht mehr.

L. A. CRASH wurde mit drei Oscars ausgezeichnet: bester Film, bester Schnitt, bestes Originaldrehbuch. Der Regisseur Paul Haggis, der sich auch als Drehbuchautor von *Million Dollar Baby* einen Namen machte, bezeichnet seinen Film als „nicht perfekt"; in der Kritik wurde *L. A. CRASH* jedoch überwiegend gelobt. „Paul Haggis hält mit einem hochkarätigem Schauspielerensemble eine feine Balance zwischen raffinierter Konstruktion und dokumentarischer Beobachtung" heißt es in epd-Film.[1] Diedrich Diederichsen schreibt in der TAZ: „Alles ist anders als es sowohl das rassistische als auch das antirassistische Klischee will. Die verschlungene, oft mit *Short Cuts* oder *Magnolia* verglichene Erzählung baut als Gegenkategorie zu den Verdächtigungen der Rassisten und Rassismusbekämpfer das Wunder auf. Jenseits der vergifteten Diskurse nimmt menschenfreundliches oder nahe liegendes Verhalten den Ausnahmecharakter des Wunders an – ihm entspricht das filmisch-spektakuläre Mittel der Verblüffung." Aber der Filmkritiker Diedrichsen benennt auch Schwachpunkte: „Was dem Film schadet und das gut gearbeitete Drehbuch unterminiert, ist die heilige Kamera, die den Ausdruck God's Eye wörtlich zu nehmen scheint – immer wieder schaut sie von oben und nach oben –, und vor allem Mark Ishams Musik."[2]

Der Film im Unterricht

Die Altersfreigabe von *L. A. CRASH* liegt bei 12 Jahren. Aufgrund der Komplexität und verschachtelten Erzählweise des Films ist ein Einsatz aber erst ab 14 Jahren sinnvoll. Geeignet ist der Film für alle Schulformen. Wegen der vielschichtigen Themen kann er ebenso in einer 9. Klasse in allen Schulformen wie auch in einem Oberstufenkurs in der Berufsschule oder im Gymnasium eingesetzt werden. Seine komplexe Struktur macht vor der inhaltlichen Auseinandersetzung eine Beschäftigung mit der Filmhandlung notwendig. Im Anschluss daran bieten sich verschiedene thematische Bezüge an.

Besonders geeignet für den Einsatz in der Schule ist der Film, weil er Menschen sehr differenziert und komplex darstellt (Themenbereich Anthropologie). Für die Schülerinnen und Schüler wird es schwierig sein, vorschnell Menschen als „gut" oder „böse" einzusortieren. Der Film zwingt dazu, genauer hinzuschauen und auch seine eigenen Vorurteile und vorgefertigten Meinungen zu überdenken. Die Figuren von *L. A. CRASH* lassen sich nicht so einfach in die gängigen Schubladen sortieren. Außerdem ermöglicht die Vielzahl der Figuren ganz unterschiedliche Identifikationsmöglichkeiten für die Schülerinnen und Schüler.

---

1 Epd-Film 8/2005, S. 44.
2 Die Tageszeitung 3.8.2005.

Eingesetzt werden kann der Film in ganz unterschiedlichen unterrichtlichen Zusammenhängen. Nahe liegend ist zunächst sein offenkundiges Thema, der Umgang mit Rassismus, Klassenunterschieden und Vorurteilen. Was bedeutet Rassismus? Wie entsteht er? Welche Rolle spielen Hautfarbe, soziale Herkunft und kultureller Hintergrund im Leben von Menschen? Für den Religionsunterricht sind die anthropologischen Fragestellungen des Films besonders interessant. Ist der Mensch von Natur aus gut oder böse? Ist der Mensch in seinen Handlungen frei oder determiniert? Was macht einen Menschen in seinem Kern aus? Sind alle Menschen Ebenbilder Gottes?

In diesem Zusammenhang sind es besonders die Jugendlichen Anthony und Peter, die die Sichtweisen und die Fragen der Schülerinnen und Schüler widerspiegeln. Aber auch die Bandbreite der Erwachsenen, die aus unterschiedlichen sozialen Schichten und verschiedenen Berufen (vom einfachen Schlosser bis zur Ärztin) kommen, bietet vielfältige Zugänge zu den Schülerbiografien.

Fächerübergreifend ist eine Behandlung des Films auch im Englisch-, Geschichts- oder Politik-Unterricht denkbar.[3]

Bausteine für den Einsatz im Unterricht

Baustein I – Die Filmhandlung

Die zwölf Hauptpersonen von *L. A. CRASH* sind in sechs Handlungssträngen miteinander verwoben. Der häufige Perspektivwechsel macht es den Schülerinnen und Schülern schwer der Handlung zu folgen. Daher sollten die Hauptfiguren einer genaueren Betrachtung unterzogen werden. Sinnvoll ist es, vor der Filmvorführung allen Schülerinnen und Schülern einen „Filmpaten" zuzuteilen. Ihre Aufgabe ist es, je eine der Hauptfiguren während des Films genau zu beobachten, ihre innere und äußere Entwicklung nachzuzeichnen und sie im Anschluss an den Film den anderen vorzustellen. Dazu sollten sie sich während oder zumindest unmittelbar nach dem Film Notizen machen. Bei zwölf Hauptfiguren haben – je nach Klassengröße – immer zwei oder drei Schüler eine Person zu beobachten.

---

3 Vgl. zu möglichen Lehrplanbezügen auch „Kino und Curriculum" zu L.A. CRASH (06/ 2005) des Instituts für Film- und Kinokultur (IFK), das Lehrerinnen und Lehrer unter www.film-kultur.de herunterladen können.

Die Figuren (Herkunft und Kurzcharakterisierung)[4]

Anthony und Peter (Afroamerikaner): Autodiebe, zwei sehr unterschiedliche Charaktere, während Anthony eher aufbrausend ist, wirkt Peter eher mäßigend; Peter ist der Bruder von Detective Waters; Anthony und Peter diskutieren ständig den Rassismus in L. A.

Detective Graham Waters und Ria (Afroamerikaner): Detective Waters ist so etwas wie ein Vorzeigepolizist, korrekt und pflichtbewusst; er begegnet dem Leben kühl und distanziert, kümmert sich um die verwirrte und drogenabhängige Mutter. Ria (Latina) ist die berufliche und private Partnerin von Detective Waters.

Officer Thoma Hansen (Angloamerikaner): Junger Streifenpolizist; er ist naiv, enthusiastisch, vorurteilsfrei und will alles richtig machen; wird später zum Mörder von Peter.

Officer John Ryan (Angloamerikaner): Erfahrener Streifenpolizist und Partner von Officer Hansen; er ist unter Kollegen als Rassist bekannt, lebt mit seinem kranken Vater zusammen, um den er sich liebevoll kümmert.

Rick Cabot (Angloamerikaner): Bezirksstaatsanwalt von L. A.; Opfer eines Carjackings von Anthony und Peter. *(Carjacking* = Variante des Autodiebstahls, bei dem das Fahrzeug unter Gewaltanwendung auf offener Straße „entführt" wird.

Jean Cabot (Angloamerikanerin): die verwöhnte Ehefrau, dauernd wütend, steckt voller Vorurteile.

Cameron und Christine Thayer (Afroamerikaner): Cameron ist ein bekannter Fernsehregisseur, seine Frau Ärztin; beide gehören zur gebildeten Oberschicht, Christine wird Opfer eines rassistischen Übergriffes durch Officer Ryan.

Daniel (Latino): Er arbeitet für einen Schlüsseldienst und ist mit seiner Frau und seiner 5-jährigen Tochter in ein besseres Viertel von L. A. gezogen, wo „die Kugeln sie nicht mehr finden".

Farhad (Amerikaner iranischer Abstammung): Er hat ein kleines Geschäft und zieht Daniel für den Einbruch und die Verwüstung seines Ladens zur Rechenschaft.

Die Auswertungen der Personenbeobachtungen sollten die Schüler mündlich vortragen und in Stichworten festhalten, weil die Charakterisierungen später noch Verwendung finden können. Im Gespräch lässt sich die Filmgeschichte gemeinsam rekonstruieren.

---

4 Die Charakterisierung ist angelehnt an die Beschreibung der Figuren in dem schon erwähnten *Kino und Curriculum* (06/2005) des Instituts für Film- und Kinokultur (IFK), S. 2.

Die (Lebens-)Wege der Hauptfiguren
In einem zweiten Arbeitsschritt könnten die Lebenswege der einzelnen
Personen (oder Personenpaare) dann – dem Film entsprechend als Straßen
oder Wege – auf große Pappen oder eine Wandzeitung gezeichnet werden.
Dazu arbeiten jeweils die Schülerinnen und Schüler zusammen, die dieselbe
Person als Filmpate zu beobachten hatten. Die „Zusammenstöße" (crashes)
mit anderen Protagonisten werden als Unfälle oder auch Wegkreuzungen
dargestellt. Entscheidende Wendepunkte im Leben der Figuren werden als
Kurven aufgezeichnet. Die oben erstellten Charakterisierungen der Figuren
könnten hier wieder verwendet werden – möglicherweise dargestellt als
kleine Autos.

Episoden auseinanderdividieren
L. A. CRASH ist ein Episodenfilm, das heißt, es werden mehrere Geschich-
ten in parallel montierten Episoden erzählt.
– Wie viele Episoden werden im Film parallel erzählt?
– Warum wird der Film verschachtelt, in Episoden erzählt?
– Was wäre der Unterschied, wenn die Episoden nacheinander und nicht
parallel erzählt werden würden?

Aufgabe für Schülerinnen und Schüler: Eine Episode aussuchen und nur
über diese Episode eine Filmkritik[5] schreiben.
    Zusatzaufgaben: Referat über die Stadt Los Angeles (Ausdehnung der
Stadt, Stadtentwicklung, Schichtung, etc.).

Baustein II – „Was ist der Mensch?"

Was ist der Mensch?
Arm – Kriminell – Verkommen – Korrupt – Erniedrigt – Wütend – Neid –
Wut – Schäbig – Aufbrausend – Cool – Liebend – Gut – Mitfühlend – Re-
spekt – Akzeptanz – Reich – Menschlich – Tolerant – Engel – Freund –
Schutz – Nachbar – Held – Opfer – Angst – Mutig – Kraft – Feigling –
Unschuldig – Wahnsinnig – Feind – Schmerzlich – Schuldig – Gram – Leid
– Verzweiflung – Besorgt
    Auf der Internetseite zu L. A. CRASH findet sich ein interessantes Fea-
ture: „Erlebe den Film." Es werden kurz Sequenzen aus dem Film vorge-

---

5 Eine umfangreiche Sammlung mit Filmkritiken aller großen Tages- und Wochenzeitun-
   gen zu L. A. CRASH lassen sich im Archiv von filmz nachlesen: http://www.filmz.de/film_
   2005/l_a_crash/links.htm.

spielt, dann sollen die oben genannten Begriffe per Maus in die Szene-Bilder gezogen werden.

„Every day we are faced with reactions. How we interpret a situation colours our perceptions of daily life", lautet die „Spielanweisung" auf der amerikanischen Internetseite des Filmverleihs.[6] In der deutschen Übersetzung[7] heißt es: „Jeden Tag sind wir Reaktionen ausgesetzt. Wie wir mit einer Situation umgehen, verändert unsere Wahrnehmung des täglichen Lebens. In dem folgenden Experiment bekommen Sie drei Szenen aus dem Film zu sehen. Nach jeder Szene werden Sie gebeten, Ihre unmittelbare emotionale Reaktion mit einer Auswahl an vorgegebenen Begriffen zu beschreiben. Ihre Antwort wird dargestellt als visuelles Muster Ihrer Wahrnehmung."

Die konkrete Umsetzung mit den Schülerinnen und Schülern könnte so aussehen, dass sie entweder – wenn man einen Computerraum zur Verfügung hat – selbst die Collagen erstellen. Oder das Spiel wird „manuell" nachgespielt, indem man Fotos aus dem Film ausdruckt und die obigen Wörter dazu auf kleinen Papp-Karten vorbereitet. Die Schülerinnen und Schüler ordnen dann „manuell" die Wörter den Bildern zu und erstellen so selbst Collagen. Die so entstandenen Collagen werden im Unterrichtsgespräch thematisiert.

Ist das Trachten des Menschen böse „von Jugend an"?
Die Straßenverläufe der einzelnen Figuren aus Baustein I werden in Partnerarbeit weiter bearbeitet, indem die Schülerinnen und Schüler farblich markieren, wo die Figuren „gut" oder „böse" handeln (schwarz – weiß). In strittigen Punkten wird die Farbe grau eingesetzt. Gemeinsam wird dann die Frage diskutiert, ob Menschen von Natur aus eher „gut" oder „böse" angelegt sind.

Variante: Die Schülerinnen und Schüler untersuchen, wo die Figuren frei sind in ihrem Handeln und wo sie Opfer der Umwelt und der „Umstände" sind. Sie markieren die Wege grün oder rot (grün = Mensch ist ein freies Wesen seiner Handlung; rot = Mensch ist unfrei in seinem Handeln und von seinen Trieben oder der Umwelt in eine bestimmte Richtung gezwungen).

Der jeweils gewählte Themenkomplex kann abhängig von der Lerngruppe beliebig vertieft werden, weil es sich hierbei um klassische Themen des Religionsunterrichts handelt.

---

6 http://www.crashfilm.com.
7 http://www.rtl.de/film/specials/crash_derfilm Dort finden sich auch Bilder zum Film.

Umkehr – Wie kommt es dazu, dass Menschen sich verändern?
Im Film kommt es nicht nur zu Unfällen und „Zusammenstößen". Einige
der Figuren verlassen auch ihre bisher eingeschlagenen Wege und Straßen,
„kehren um" und verändern sich. Die Schülerinnen und Schüler sollen
genauer untersuchen, wie es dazu kommt.
– Welche Menschen verändern sich im Laufe des Films?
– Wie kommt es dazu, dass sie sich verändern?
– Welche Veränderung durchläuft Farhad?
– Warum lässt Anthony die Gefangenen frei?
– Wieso nennt Jean Cabot ihre Haushälterin auf einmal ihre beste Freundin?

Baustein III – „Rassismus und Gewalt"

Nur auf den ersten Blick ist das Thema Rassismus und Gewalt ein typisches
Thema für die USA. Auch europäische Jugendliche sind zunehmend mit
diesem Thema konfrontiert. Mit Blick auf Deutschland könnte hier auch
die zunehmende Ausländerfeindlichkeit Thema sein.

Rassismus
   Zum Rassismus im Allgemeinen:
– Wie entsteht er?
– Wer in dem Film ist ein Rassist? Warum?
– Welche Möglichkeiten des Entkommens aus der Rassismus-Falle zeigt
   der Film auf?
– Wie werden die „Wunder" inszeniert? (Vergleiche dazu auch Baustein IV)
– Welche Lösungsmöglichkeiten sehen die Schülerinnen und Schüler?

Von dem Film ausgehend könnten der Umgang mit Fremden in der Bibel
und die Gottebenbildlichkeit des Menschen als weitere übliche Themen des
Religionsunterrichts entfaltet werden.

Gewalt[8]
– Welche unterschiedlichen Arten von Gewalt kommen in dem Film vor?
– Welche Arten von Gewalt kann man unterscheiden?
– Was ist der Unterschied zwischen verbaler und realer Gewalt?
– Frage nach Ursachen, Mitteln und Zielen um Gewalt

---

8 Verschiedene Unterrichtsideen zum Thema Gewalt im Film finden sich auch in Buch
   Inge Kirsner/Michael Wermke, Gewalt – Filmanalysen im Religionsunterricht, Göttingen
   2004. Vgl. etwa *City of God*, wo der Baustein „Gewalt im Film" auch im Blick auf L. A.
   CRASH angewendet werden kann (S. 168–171).

Konkretisierung anhand von Filmsequenzen:
- Warum kauft sich Farhad eine Pistole?
- Wie steigert sich seine Gewaltbereitschaft?
- Was bewirkt der „Beinahe"-Mord bei Farhad?
- Warum erschießt Officer Hanson den harmlosen Peter?

Zusatzaufgaben
- Referate über die gewalttätigen Rassenunruhen in Los Angeles im Jahr 1992[9] und die Unruhen in den Pariser Vorstädten 2005.
- Könnte *L. A. CRASH* so auch in Europa spielen?
- Wie würde *Paris Crash* oder *Berlin Crash* aussehen? Die Schülerinnen und Schüler entwerfen eine Drehbuch-Skizze für Figuren und Episoden in Europa.

Zum Vergleich könnte auch der Kurzfilm *Schwarzfahrer* von Pepe Danquardt (Deutschland 1992) analysiert werden, der sich mit dem Rassismus in der Großstadt Berlin beschäftigt, das Thema filmisch aber ganz anders umsetzt.

Baustein IV – Die Filmsprache

Wie eingangs schon erwähnt, ist der Film auch in der Wahl der filmsprachlichen Mittel innovativ und unkonventionell. Nicht zufällig bekam er auch den Oscar für den besten Schnitt. So sind die Übergänge zwischen den einzelnen Episoden so gestaltet, dass diese den Zuschauer irritieren. Es treten beispielsweise aus einer Tür, die geöffnet wird, in der nächsten Einstellung ganz andere Menschen an einem ganz anderen Ort heraus (sog. *Match Cut*[10]). So wird auch visuell versucht, mit der Erwartungshaltung der Zuschauer zu spielen.

---

9   Die gewalttätigen Unruhen in Los Angeles 1992 begannen am 29. April 1992, als vier nicht-schwarze Polizisten, die der Misshandlung des Afroamerikaners Rodney King beschuldigt worden waren, von einem Gericht freigesprochen wurden. Die daraus vor allem in der afroamerikanischen Bevölkerungsgruppe resultierende Empörung löste in Teilen von Los Angeles einen Gewaltausbruch mit bürgerkriegsähnlichen Zuständen aus, der mehrere Tage andauerte. Am Ende gab es 53 Tote, mehrere tausend Verletzte und Sachschäden in Höhe von etwa einer Milliarde US-Dollar.
10 Vgl. zur Bedeutung von Match Cut: http://de.wikipedia.org/wiki/Match_Cut.

Analyse der Anfangssequenz
Die Schülerinnen und Schüler schauen den Anfang von *L. A. CRASH* noch
einmal an und setzen sich dann in Einzelarbeit mit folgenden Fragen aus-
einander:
– Warum hat der Regisseur diese Szene an den Anfang gesetzt?
– Warum sind die Bilder unscharf?
– Warum könnte man die Bilder der Anfangssequenz als Metapher für den
  ganzen Film verstehen?

Nach der Analyse der Anfangssequenz wird das Ende von *L. A. CRASH*
noch einmal angesehen. Hier könnten im Plenum dann folgende Fragen
diskutiert werden:
– Wieso geht der Film zunächst noch weiter, obwohl er ja schon beim
  Anfang des Films (dem Mord an Peter) angekommen ist?
– Inwiefern schließt sich der Kreis vom Anfang gleich zweimal?
– Warum wählt der Regisseur diesen Schluss?

Analyse von Schlüsselszenen
– Was sind die Schlüsselszenen des Films?
– Wie sind diese Szenen gestaltet?

Hier könnte exemplarisch das „Wunder" mit der kleinen Tochter von Daniel noch einmal betrachtet und analysiert werden.
– Warum fiebert man so mit? Wie ist das filmisch gemacht?

Spiel mit der Erwartungshaltung der Zuschauer auf der visuellen Ebene
Der Film will Menschen dazu anregen, über ihre Vorurteile und ihre vorge-
fassten Bilder im Kopf nachzudenken. Das wird auch auf der visuellen Ebe-
ne umgesetzt.
   Die Schülerinnen und Schüler sollten zuvor anhand eines Filmbeispiels
die Funktion eines „Match Cuts" kennenlernen.
– Wie sind die Szenenübergänge zwischen den einzelnen Episoden gestaltet?
– Warum macht der Regisseur das?
– Warum hat der Film u. a. den Oscar für den besten Schnitt bekommen?

Zusatzaufgaben
– Warum spielt der Film kurz vor Weihnachten?
– Welche Rolle spielen Farben? Besonders schwarz und weiß?
– Wo taucht die Figur des „Hl. Christophorus" als Schutzpatron der Rei-
  senden auf? Welche Funktion hat er?
– Wofür steht der Schnee am Anfang und Ende des Films?
– Was bedeutet der Titel des Films?

STEFANIE SCHÄFER-BOSSERT

„Das sind keine Menschen." Von Untoten, Menschen und Problemen im Vampir-Animé *Hellsing*

Vorbemerkungen

„Ihr sprecht vom ewigen Leben?! Von der Unsterblichkeit eines Vampirs?!", fährt ein Vampir zwei Jugendliche an, und hält ihnen vor: „Ihr tötet, weil ihr Spaß daran habt! Findet ihr das lustig?! Hä?! Das befriedigt eure Bedürfnisse! Primitiv und dreckig!"[1]

Vampire waren schon immer ein Spiegel unmenschlichen, aber irgendwie auch lockenden Verhaltens, und Vampirgeschichten haben schon immer aktuelle Stimmungen – Sehnsüchte, Begehrlichkeiten und Ängste – aufgenommen.[2] Ihre Lebensreise in den Tod ist über diesen hinaus verlängert, andererseits bringen Vampire den Tod. Sie zeigen die Suche nach Glück in übersteigerter Gier. Sie gehen mit dem Glücksgefühl unbesiegbarer Macht um, die vielen zum Unglück wird. Das ist spannend, sei's emotional, sei's intellektuell – nun, die Animéserie *Hellsing* fand einige Beachtung, auch und gerade unter Jugendlichen.

Ohnehin: Wer keine Vampirfilme kennt, kennt die Lebenswelten der allermeisten Jugendlichen nicht. Schon deshalb möchte ich hier ein Beispiel vorstellen, das viele derzeit v(amp)irulente Elemente versammelt – und so lang ist, dass Pädagoginnen und Pädagogen mit dieser Beschreibung vielleicht etwas Zeit gespart werden kann.

Ich lege auch Impulse für eine Aufarbeitung im Unterricht vor. Allerdings sei festgehalten, dass ich nicht um jeden Preis empfehle, *Hellsing* (FSK: ab 16) dort zu behandeln. Zum einen habe ich – natürlich privatim – schon manche Mutter erlebt, die unglücklich berichtete, was ihr Kind z.B. auf Klassenfahrten an Filmen „sehen musste", die dann Schlaf und Sicherheit raubten. Zum anderen kam meine Tochter kräftig auf die Filme schimpfend aus der Schule zurück, wo in der (Auslauf-)Zeit nach dem Abitur im Religionsunterricht der Vorschlag eines begeisterten (!) Mitschülers aufgenommen worden war, gemeinsam *Hellsing* anzuschauen. Sie brachte

---

1 Hellsing Vol. 1 Order 2. Die Jugendlichen sind ebenfalls Vampire.
2 Vgl. Stefanie Schäfer-Bossert, Cyborgs im Ersten Testament? Über Mischwesen, Körpererweiterungen und Donna Haraway, in: Hedwig-Jahnow-Forschungsprojekt (Hg.), Körperkonzepte im Ersten Testament. Aspekte einer feministischen Anthropologie, Stuttgart u.a. 2003, S. 190–219, bes. S. 198–201 ad Vampire.

ihre Aversion auf den doppelten Nenner: „sexistisch und gewaltverherrlichend".

Dafür können die *Hellsing*-Filme, wenn auch nicht ungebrochen, so exemplarisch sein, dass sich daran viel erarbeiten lässt, was *für* eine Aufnahme im RU sprechen kann: Immerhin sind die Macher laut Interviewmaterial angetreten, das Lebensgefühl der Jugend einzufangen und aufzuwühlen. Wenn davon genug in der Klasse angekommen ist, empfiehlt es sich, das zu bearbeiten, was auch den Schülerinnen und Schülern mit Urteilsvermögen dieses und den Rücken stärken kann. Dennoch sollte gut bedacht sein, was auf wen wie wirken könnte – da müssen weder unter potenziellem sozialem Druck Seelen beunruhigt noch schlafende Hunde geweckt werden. Die vielen Episoden können auf keinen Fall alle behandelt werden. Mein Vorschlag wäre deshalb, nicht etwa direkt die Klasse zu fragen, ob sie *Hellsing* bearbeiten will. Ich würde die Lage mit der Frage eruieren: „Was haltet ihr von *Hellsing?*" Die daraus entstehende Diskussion dürfte offenbaren, wer und wie viele es bereits kennen, was sie davon halten und wie sie damit umgehen, wer es warum nicht kennen will und wo für diese Klasse gegebenenfalls anzusetzen wäre. Dazu ist es unabdingbar, sich vorher den Stoff selbst zu Gemüte zu führen.[3] Es kann sich abzeichnen, dass die Klasse die Themen besser ohne *Hellsing* diskutiert. Dann mögen die folgenden Ausführungen ihren *informativen* Wert haben.

Zu den Filmen

Die 1998 erstmals in Japan erschienene, noch nicht ans Ende gelangte Vampir-Manga-Comic-Serie *Hellsing* von Kohta / Kouta Hirano[4] wurde 2001 mit ihren Grundelementen in einer gleichnamigen Animé-Serie von 13 Folgen („Orders") von ca. 30 Minuten Länge umgesetzt, konzipiert als TV-Serie. Produziert wurde sie von Gonzo in Japan, vertrieben von Pioneer, in Deutschland von OVA-Films.[5] Die deutsche Erstausstrahlung erfolgte Sommer 2003 durch VIVA, im Sommer 2005 wiederholte sie VOX in Blöcken.

---

3   Szenen wie z.B. in Order 2 der – den Topos vampiresker sexueller Gier illustrierende, noch halbwegs dezente – Blowjob sollten besser nicht erst von den Jugendlichen entdeckt werden.
4   Erschienen in Japan bei Shonen Gahosa, Tokyo, deutsch bei Planet Manga unter Lizenz von Panini. Der 4. Band wurde indiziert.
5   Deren Erfolg führt inzwischen zur Neuauflage *Hellsing Ultimate*, die sich enger als diese erste Runde, die nach Band 2 die Manga-Vorlage verlässt, an jene hält, und der wohl so schnell der Stoff nicht ausgehen dürfte.

Der große Erfolg dürfte sich auch der unverbrauchten Ästhetik verdanken, die das Medium Animé[6] nun für Vampirfans bereitstellt, und die hier m.E. großartig umgesetzt ist, oft das *Medium* Comic/Manga mehr zitierend als die direkte Vorlage, und vor allem dessen Möglichkeit faszinierender Perspektiven genüsslich ausreizend. Die Landschaft der Vampirliteratur und -filme muss akribisch eruiert worden sein, es wird nahezu an alles angeknüpft oder motivisch zitiert, was darin in den letzten drei Jahrhunderten geboten wurde.[7]

Die Serie ist auf vier DVDs auf dem Markt.[8] Meine Arbeitsvorschläge schränke ich aber so ein, dass die Anschaffung von Vol. 1 genügt. Anfangs besteht jede Order aus einer abgeschlossenen Geschichte innerhalb des größeren Zusammenhangs, die auch für sich stehen kann. Erst kommt jeweils der Vorspann, dann eine einführende Szene, dann der Titel, dann die Episode, darauf der Abspann. Es folgt eine kurze launige Einschaltung.

Grundkonstellationen

Wieder einmal geht es um nichts Geringeres als um die drohende Ausrottung der Menschheit, diesmal durch Armeen von Untoten, Zombies, „Ghouls" genannt, die durch neu überfallene Menschen ständig vergrößert werden, und durch Vampire, die ebenfalls mehr werden. Verschiedene machtbesessene Bösewichter streben die Weltherrschaft an. Wer Ghoul wird – und damit Manövriermasse und Kanonenfutter – und wer Vampir werden darf, entscheidet der aussaugende Vampir. In Order 2 wird das Beispiel sadistischer Jungvampire gegeben, ab Vol. 2 wird ausgeführt, wie viele Vampire durch einen implantierten „Freak-Chip" entstehen,[9] ab Vol. 3 Order 9 tritt der seit Anne Rice unvermeidliche Ur-Vampir aus Afrika auf.[10]

Zwei Organisationen haben sich der Bekämpfung verschrieben, bei der die Polizei trotz entsprechender Spezialeinheiten machtlos ist: die katholi-

---

6 Animé bezeichnet (bei uns: in Japan produzierte) Animationsfilme, Zeichentrickfilme, die in Japan weit weniger auf Kinder zugeschnitten sind als im Westen, und alle Literaturgenres umsetzen.

7 (Auch) hier enttäuscht Wikipedia bitterlich, aber die Motivzitate anzuführen würde den Rahmen dieses Artikels restlos sprengen; ich begnüge mich mit den Hinweis auf – James Bond. Den Jugendlichen könnten etliche ein- und auffallen.

8 Jede DVD bietet Extras: Vol. 1 ausgiebige Interviews der Macher, Vol. 2 „blank opening/ending", also Vor- und Abspann ohne Schriften, Vol. 3 ein Glossar und Vol. 4 den Trailer zur Neuauflage *Hellsing Ultimate*.

9 Ein solcher Chip offenbart unter dem Mikroskop eine Hakenkreuz-Struktur (Order 8).

10 Er enthält, wie es sich inzwischen gehört, die alten Gottheiten, bleibt aber weiter ziemlich unerklärt. In Order 13 *beschwört* er zu Trommelklängen einen Schlangengott – wieder dem Effekt geschuldet.

sche Iskariot-Organisation, eine geheime 13. Abteilung des Vatikans als „Römisch-Päpstliche Behörde mit besonderen Aufgaben", die alle Untoten ausrotten und alle Andersgläubigen unterdrücken will, und in Konflikt mit dieser der „königlich protestantische Ritterorden", der Hellsing-Orden.[11] Beide sind paramilitärische Organisationen mit übernatürlichen Qualifikationen und spirituell aufgeladenem Waffenarsenal. Der Hellsing-Orden hat dabei eine „Geheimwaffe" in Gestalt des 500 Jahre alten Vampirs Alucard aufzubieten, den die Iskariot-Organisation ebenfalls eliminieren will. Ort der Auseinandersetzung zwischen Untoten, Menschen und den beiden Organisationen ist England.

Hauptpersonen[12]

Alucard, seit 500 Jahren Vampir, Gestaltwandler und jüngeren Vampiren – auch durch seine Spezialwaffen – weit überlegen, loyal und gezügelt im Dienst von Lady Allegra bzw. des Hellsing-Ordens, brutal und rücksichtslos– auch sprachlich –, „Prototyp eines Antihelden" (Booklet). Regeneriert sich durch Vampirkräfte. Rot-schwarz gewandet, aber im Westernheldstil; kann wirken wie ein Kardinal mit Cowboyhut und Michael-Jackson-Nase.

Lady Integra Hellsing, Führerin, weil Erbin des Hellsing-Ordens. Kühl kalkulierend mit äußerst klarem Führungsstil, was sie auch in Konflikt mit Altherren-Politikern bringen kann. Stets im Anzug, olivgrün, und meist mit Zigarillo; blauäugig mit offenem blondem Haar, aber wenig „weiblicher" Attitüde.

Seras Victoria, ursprünglich Polizistin, von Alucard in einen Vampir verwandelt und darin mentoriert, hat (zunehmend weniger) Probleme, ihre vampirische und menschliche Seite zu vermitteln und weigert sich lange, Blut(konserven) zu trinken. Typisches Manga-Mädchen-Gesicht und -Gebaren, rotblond, vollbusiger Lolita-Look, Uniformen mit Miniröckchen.

Peter Fargason, Ex-General der Britischen Armee, Hauptstratege des Hellsing-Ordens und stets an vorderster Front. (Groß-)väterliche Ausgabe eines Generals (ab Order 2).

Walter C. Dolneaz, frühes und aufopferungsvolles Ordensmitglied, Butler bei Lady Integra und Waffenwart und -entwickler für Alucard und Seras, ruhender Pol. Klassisch-seriös gekleidet inklusive Ärmelhalter, aber ohne Jackett, schwarzer Pferdeschwanz.

11 Der Name des Ordens lässt sich über den Familiennamen hinaus auflösen in seine Mission: Her royal/English/Legion of/Legitimate,/Super natural and/Immortal/Night/Guard.

12 Diese Aufstellung könnte kopiert und verteilt werden, auch mit der im Booklet zu Vol. 1. Im Internet kursieren ebenfalls Aufstellungen verschiedener Güte.

Alexander Andersen, Oberster Exekutive der vatikanischen Iskariot-Organisation, Gegenspieler von Alucard, regeneriert sich durch größte Glaubens- und Seelenkräfte, von Alucard „Regenerator" genannt; agiert mit magischen religiösen Sprüchen und geweihten Schwertern. Grünäugig, aber blond; schwarzer Mantel, Fiesling schon optisch (ab Order 3).

Helena, zartes kindliches Mädchen mit Interesse (nur) an Musik und Literatur, entpuppt sich als untote Vampirin, hilft Seras, die vampirische Existenz zu akzeptieren und zu integrieren. Weiß gewandetes, unschuldiges weißblondes Kind mit leichtem Ansatz von Busen, ebenfalls mangamädchen-typisch (ab Order 8).

Die *Namen* sind sprechend, manche zentralen verweisen direkt auf Bram Stokers *Dracula,* dessen antipodische Protagonisten hier indessen auf derselben Seite stehen: Dracula wird zu Alucard, der Vampirjäger Abraham van Helsing zur Hellsing-Organisation – wobei das zusätzliche „L" sehr viel sagt über den popkulturell-spielerischen Umgang mit den Stoffen. Dazu gehört auch der im Booklet eigens gegebene Hinweis auf die Benennung der vatikanischen Truppe nach Judas Iskariot, der „Jesus einst verraten hatte", verfolgt doch diese auch die Vampire, die im Dienst des Guten oder Harmlosen stehen – implizit parallelisiert „wie Jesus"?

Farben

Wie es sich für eine ambitionierte japanische Produktion gehört, werden Farben sehr gezielt eingesetzt, hier bestimmten Gruppen zugeordnet.

Den Vampiren gebührt natürlich schwarz und rot, sie haben rote Augen,[13] und deshalb kann Andersen nur grüne Augen, aber keine roten Judas-Haare haben.

„Richtige Menschen" sind gerne blond, so Integra, Andersen oder Seras, diese aber bald mit deutlichem Rotstich – doch ihr menschlicher Anteil ist Dauerthema der Serie. Das Haar der harmlosen Helena geht dementsprechend ins Unschuldsweiße.

Die Hellsings sind am militärischen Oliv kenntlich – und sei's bei Integras Business-Anzug.

Seras bleibt beim (ehemals polizeilichen) Blau von Uniform bis Nachthemd. Zivil entwickelt sie sich von taubenblau-mausgrau (Order 4) über rotweiß-geringelt und rosa zu beige-gelb (Order 7.8) nach weinrot zu schwarz (Order 11.12).

---

13 Dramaturgisch gemogelt wird im Vorspann von Order 1: Die Augen der „Frau" sind vom Pony des Haars verdeckt, aber kurz zu sehen und nicht rot.

Der Vatikan steht eher auf der schwarzen Seite und also den Vampiren nahe.

Grobe inhaltliche Skizze der Volumes und Orders

Vol. 1

Order 1, The Undead: Auseinandersetzung der Hellsings mit einem Ghouls herstellenden vampirischen Pastor, Seras wird von Alucard zur Vampirin gemacht.

Order 2, Club M: Hellsings, Alucard und Seras jagen zwei sadistische, zügellose Jungvampire.

Order 3, Sword Dancer: Auseinandersetzung und Konkurrenz Hellsings versus Iskariot-Organisation, Alucard versus Alexander Andersen.

Order 4, Innocent as a Human: Videos von Hellsing-Einsätzen und der Tötung eines Mitglieds kursieren im Internet, was u. a. die Anonymität des Ordens bedroht. Bei der Direkt-Übertragung einer Menschentötung durch einen Vampir greifen Alucard und die Hellsings ein.

Vol 2

Order 5, Brotherhood: Die vampirischen Valentine-Brüder Luke (blond (!), elegant) und Jan (schwarzhaarig, Piercings, Rappermanier / en) treiben ihr Unwesen. Alucard und Seras erhalten neue Waffen, die für Seras „maßgeschneiderte" ist so lang wie sie selbst und wird gleich eingesetzt. Die Valentines greifen mit (gepanzerten!) Ghouls-Armeen Schloss Hellsing an. Dort tagt die Konferenz der „Ritter der Tafelrunde" aus politischen Entscheidungsträgern unter Führung von Lady Integra.

Order 6, Dead Zone: Der Kampf um Schloss Hellsing tobt weiter. Walter und Seras treten gegen die Ghouls mit Jan an, den zuletzt Integra erschießt. Luke erliegt Alucard nach einem ausgiebigen Vampirduell. Die Angreifer konnten jedoch große Teile der Hellsing-Armee zu Ghouls machen.

Order 7, Duell: Es duellieren sich die Organisationen Hellsing und Iskariot, beide mit den Untoten, sowie Andersen mit Alucard. Alucard materialisiert sich in Fledermäuse, Andersen in Buchseiten.

Vol. 3

Order 8, Kill House: Das Freak-Chip-Labor in Hong Kong wird ausgehoben, der Chip in den USA analysiert. Die Hellsings werben Söldner an, die Seras mit ausbildet. Sie lernt Helena kennen und den Unterschied zwischen „Natives", ursprünglichen Vampiren, und Vampiren mit Freak-Chips.

Order 9, Red Rose Vertigo: Integras kleine Schwester Laura tritt auf und lesbisch-vampirisch gegen Integra an. Der Freak-Chip wird nochmals illustriert, der Ur-Vampir-Dämon Incognito aus Afrika erscheint.

Order 10, Master of Monster: Integra ist schwerst verletzt, aber setzt Stolz und Würde gegen die Resignation. Rückschau in ihre Kindheit, auf ihre Übernahme des Ordens am Sterbebett ihres Vaters, auf die Bändigung Alucards, der aber freiwillig dient. Integras Onkel Richard will den Orden an sich reißen, machtbesessen und verantwortungslos. Incognito tut derweil Böses.

Vol. 4

Order 11, Transcend Force: Ghouls aus ehemaligen Hellsings bedrohen die Königin, was politisch gegen die Hellsings gewendet wird. Integra schlägt trotz Schwäche Alucards Angebot zur Vampirwerdung aus. Seras trifft bei Helena auf Incognito, der Helena tötet, aber ebenfalls freiwillig einem Menschen gehorcht. Derweil erwartet Integra von der Königin die Zeremonie der Fußwaschung und „den königlichen Befehl", was Seras als Falle erkennt.

Order 12, Total Destruction: Die britische Armee greift Schloss Hellsing an, der Orden wurde politisch fallen gelassen. Seras hat zudem noch mit einem Dämon zu tun, Alucard mit Incognito.

Order 13, Hellfire: Incognito wendet Alucards Silberkugeln gegen ihn selbst, Alucard zerfließt, Seras kost seinen Kopf. Incognito arbeitet, bereits partiell erfolgreich, an seiner Bestimmung, „alles zu vernichten", sodass Integra nach völliger Freisetzung von Alucards Kräften ruft. Diese folgt und ein weiterer effektvoller Kampf, in dem Alucard Incognito pfählt. Die Welt ist erst einmal gerettet.

Wer der Drahtzieher hinter den Freakchips und Incognito war, wird nicht wirklich aufgelöst. Alucard ist seiner Bändigung ledig und kehrt die Rollen zwischen sich und Integra um.

Order 1, The Undead, und mögliche Vertiefungen im Unterricht

Order 1 könnte im Unterricht angeschaut und behandelt werden, viele Grundzüge und -probleme erscheinen hier bereits paradigmatisch, sodass ich an dieser Stelle etwas breiter ausfächere:

Eingesetzt wird, noch vor der Titelei der Episode, mit einer attraktiven Frau, die einem übergriffigen, perversen Mann ausgeliefert scheint. Als sich die Rettergestalt einschaltet, rechnet man mit Befreiung der Frau – doch gerade diese wird von Alucard erschossen, weil sie ein Vampir sei. Richtig aufgelöst wird das hier noch nicht – erst die deutlichen Parallelen in der

Vor-Titelei-Szene von Teil 2 machen das rückwirkend deutlich: Es ist der-
selbe „Frauen"-Typ, der nun aber nach dem Tod Kakerlaken auswirft, wie
sie Alucard beim ersten Mal schon vereinzelt zertreten hat. Sie zerfällt und
wird vernichtet.

Nach dem Titel erfahren wir im Büro von Lady Integra, dass eine Polizeieinheit von der Ghoul-Armee eines Pastors aufgerieben wurde und nun der
Hellsing-Orden auf den Plan tritt. Die letzte Überlebende der Polizeieinheit,
Seras Victoria, die der Mut gründlich verlassen hat, trifft inzwischen auf
den (vampirischen, rotäugigen) Pastor und traut ihm eigentlich nicht zu,
ihr Zielobjekt zu sein. Sie bekommt von ihm das Angebot, zur Vampirin zu
werden, nachdem er sie an sich gezogen hat und weiterhin festhält. In diese
Szene hinein platzt Alucard.

Zitat 1

Alucard: „Mein Name ist Alucard. Mitglied der Hellsing-Organisation. Zuständig für
die Müllentsorgung."
Pastor: „Hellsing-Organisation? Ha! Zuständig für die Müllentsorgung? Jetzt soll ich
wohl lachen?"
A: „Du bist wertloser als Müll, du bist widerliches Ungeziefer. Was soll diese lächerli-
che Aufmachung? Nicht einmal an Karneval solltest du damit auf die Straße gehen!
Eine peinliche Maskerade. Eine Schande sondergleichen. Und genau das macht dich
zu einer minderwertigen Kreatur!"
P: „Du darfst jetzt sterben."
Ghoul-Armee aus ehemaligen Polizisten erscheint.
A: „Ein mickriger König, in Begleitung einer Schar Untoter, ein Schwächling, der
weder gewillt noch in der Lage ist, etwas zu Stande zu bringen. Nicht einmal in der
Hölle gibt es einen Platz für dich!"
P: „Los! Tötet ihn."
Ghouls brüllen und feuern, Alucard bricht zerfetzt und durchsiebt zusammen.
P: „Außer Sprüche klopfen war wohl nichts?" *lacht*
*Alucards Lachen ist zu hören, zur Sicht auf Patronen etc., dann regeniert und erhebt
er sich wieder.*
P: „Was!? … Das kann doch nicht …?"
A: „Schießen ist zwecklos, verirrter Pastor!"
P: „Bist du einer von uns?"
A: *(ignoriert die Frage)* „Zumindest mit normalen Kugeln."
P: „Schießt, ihr Nichtsnutze! Schießt!"
*Indessen wird an Alucards Hellsing-Handfeuerwaffe „Joshua" entlang „gefilmt", dann
erledigt er damit die Ghouls.*
P: „Aber warum?! Du bist einer von uns … Warum tust du deinen Brüdern das an?!"
A: „Stell mich nicht mit euch minderwertigen Wesen[14] auf eine Stufe! Ihr seid nicht
besser als Kakerlaken! Ehe man es sich versieht, wimmelt es nur so von euch, und das,
mein Lieber, das hasse ich! *(schreit:)* IHR BESITZT KEINEN FUNKEN STOLZ! Aber

---

14 Das Wort ist etwas vernuschelt und könnte durchaus auch „Wichsern" heißen.

liebt die taffen Vampire, und ich habe meine Gründe, weshalb ich auf Seiten der Menschen stehe. Doch das ist nichts, das Dreck wie dich interessieren sollte. Das 13-mm-Vollmantelgeschoss, wurde aus dem Heiligen Silberkreuz der Lancester-Kathedrale geschmiedet. Auf dass du ewig im Fegefeuer schmorst."

Vol 1 Order 1

Alucard wird immer wieder betonen, dass Seras freiwillig zum Vampir geworden ist, was sie auch positiv von den Überfallenen und anderen Gewandelten unterscheide. Genau genommen hat er ihr dies aber im Paket verkauft – er verhandelt jetzt direkt mit ihr weiter:

Zitat 2
Alucard: „Fräulein Polizistin ..."
Seras: „Hmm?"
Pastor: „Hey du, hörst du mir überhaupt noch zu?"
A: „Ich schieße durch deine Lunge hindurch auf das schimmelige Herz dieses verwahrlosten Vampirs ..."
P.: „Moment mal!"
A: ... Möchtest du sterben, Fräulein Polizistin? – Oder kommst du mit mir? – Ich werde dich nicht zwingen. Diese Entscheidung liegt ganz allein bei dir. – *(hart:)* Antworte!"
S haucht mädchenhaft ein „Ja!"
Alucard schießt, es folgen ausgiebige Sterbe- und gothische Szenen, dann kehrt „die Kamera" zu den beiden zurück.
S: „Ach, Alucard!"
A: „Das war deine Entscheidung, Fräulein Polizistin, du hattest die Wahl."
Er beißt sie behutsam und gibt ihr Anweisung für ihren Part,[15] *eine Kerze erlischt.*

Vol 1 Order 1

Danach trägt er sie weg, trifft auf Integra und erklärt dieser, Seras sei nun Mitglied der Hellsings – auf ihre eigene Entscheidung hin.[16] *Ende Order 1.*

Seras opfert sich also, um – auftrags- und überzeugungsgemäß – das Böse auszuschalten. Höchstwahrscheinlich hätte (ihr) das genügt – aber Alucard hat die Vampirwerdung daran gekoppelt und fragt die Sterbende, nachdem Teil 1 erfüllt ist, nicht weiter nach Teil 2 des Vertrags, sondern setzt ihn um – Seras, allerdings schon lange mit allem überfordert und töd-

---

15 Parallelen zu einer Defloration lassen sich nicht von der Hand weisen (und sind genretypisch).
16 Die Serie ist gerahmt von Alucards Insistieren auf in höchster Not getroffene Entscheidungen: In Vol. 4 Order 13 wird Integra sämtliche Beschränkungen der Kräfte Alucards aufheben müssen, als Inkognito sein Vernichtungswerk betreibt. In der Schlussszene sieht man sie in einer Zelle sitzen, leicht gefesselt, und Alucard meint munter: „Integra, meine Herrin, dein Befehl! Deine Entscheidung!" – womit die Serie endet.

lich verwundet, wehrt sich nicht. Oder galt ihr Ja doch auch dem vampirischen Verführer? Oder der Aussicht, dem Tod zu entkommen?

Hier ließe sich mit den Jugendlichen einhaken: Solche Pakete lassen sich aufschnüren und ihre Bestandteile einzeln verhandeln – man muss sie nicht hinnehmen, auch und gerade in Krisen nicht. Manche Dilemmata werden hergestellt und müssen nicht sein, vor allem, wenn sie ein Folgehandeln anderer betreffen. Die können auch anders. So gut wie immer gilt: *tertium datur*, es gibt *noch* andere Möglichkeiten. Und – vom Handyvertrag bis hin zu ethischen Problemen: Es lohnt sich, das Kleingedruckte anzuschauen und zu prüfen, was einem jeweils mitverkauft werden soll.

Zitat 1 dürfte sich als Spiegel mancher Sprach- und Umgangsformen eignen. Das sei unten beim Umgang mit „anderen" – auch pädagogisch – vertieft. Und an noch einer Stelle könnte eingehakt werden: Was genau macht den Pastor zu einer „minderwertigen Kreatur"? Alucard ist hier sehr unscharf: Sein Definieren zum Ungeziefer? oder die Aufmachung?[17] Das könnte bei heutigen Dresscodes unter Jugendlichen durchaus eine Frage sein, an der gearbeitet werden darf.

Ein Zug der *story* ist, bereits in Order 1 klarzumachen, dass mit der klassischen Gewaltenteilung der Bedrohung nicht beizukommen ist: Als erstes scheitert die Polizei, die Bekämpfung der Bedrohung landet bei (rivalisierenden!) paramilitärischen Organisationen im religiösen Gewand. Diese Botschaft würde ich gern im RU zurechtgerückt sehen, obwohl sie etwas dadurch gemildert ist, dass die Hellsing-Organisation im Dienst der Britischen Krone steht – doch auch übermächtige Geheimdienste sind äußerst schwer zu kontrollieren.

Höchst penetrant ist auch, wie die Kampfeinsätze religiös aufgeladen werden. Nach Vol. 1 wird es etwas spärlicher und dezenter, aber anfangs beginnen alle mit einem „Gebet", mal länger, mal kürzer:

Zitat 3: Vor dem Kampf
Im Namen des Vaters soll diese unreine Existenz ihrer gerechten Strafe zugeführt werden (und die Erde von ihr befreit werden). Amen
oder:
Im Namen Gottes und der Königin. Amen

Im Verlauf der Geschichte verstärkt sich die Parallelisierung Gott – Königin, aber der Gebetscharakter flacht etwas ab. Dies und die fast Fetischisierung zu nennende Waffenverliebtheit der Serie kann im Unterricht und soll im Folgenden weiter vertieft werden.

---

17 Abgeklärte Betrachterinnen und Betrachter finden hier natürlich den Witz: Der Pastor sieht aus wie ein Pastor, Alucards erster Auftritt in voller Größe und Montur ist deutlich spezieller.

Religionspädagogische Konkretionen und Materialien

In der ersten Stunde wird gemeinsam Order 1 angeschaut.

Danach werden alle ersten, ruhig konträren Eindrücke ohne irgendeine „Schere im Kopf" in Stillarbeit notiert – dafür empfehle ich eine *Metaplan*-Zettelwirtschaft: für jeden Gedanken einen Zettel, diese werden hinterher gemeinsam auf Plakaten sortiert, geclustert und mit Überschriften versehen. So ist schon zu erfahren, wo Schwerpunkte zur weiteren Behandlung liegen könnten, der Plan kann später mit weiteren Erkenntnissen ergänzt oder umsortiert werden.

Die Jugendlichen wird wohl die gesamte Geschichte interessieren, ein solcher Baustein kann eingesetzt werden, wann der Ruf danach kommt: dazu die *Grobe inhaltliche Skizze der Volumes und Orders* benutzen. Dabei können die, die die Filme kennen, breiter ausführen und ergänzen. Diese Orientierung kann auch mit den Kapiteln *Grundkonstellationen, Hauptpersonen und Farben* verbreitert werden.

Für die Betrachtung der Farben können sich Fragen eignen wie: Welchen Figuren sind welche Farben zugeordnet? Was lässt sich daraus für die Einordnung und Bewertung der Figuren schließen? Gibt es unter uns ähnliche „Lieblingsfarben" oder Farbcodes?

Die gemeinsam angeschaute Order 1 muss – sofort oder später – natürlich aufgearbeitet werden; welche Schwerpunkte dabei zu setzen sind, wird sich inzwischen erwiesen haben.

Es lassen sich folgende Fragen stellen und diskutieren:

Zu Zitat 2: Freiwillige Entscheidung – Dilemma
Wie freiwillig und frei war Seras' Entscheidung wirklich, Vampirin zu werden?
Es waren mehrere Fragen im Paket. Hätte es sich aufdröseln lassen? Wie?
Wäre Alucard nicht auch anders mit dem Pastor fertig geworden?
Welche vergleichbaren Situationen fallen uns dazu ein?
Wie würde sich *das* aufdröseln und besser handhaben lassen?

Hierfür wären Rollenspiele gut denkbar.

Zu Zitat 1: Dresscode
Wird jemand wegen einer „lächerlichen Aufmachung" als Schande, peinlich, minderwertig abgestuft?

„Das sind keine Menschen" – „andere"

„Das sind keine Menschen" ist der Satz, mit dem sich Seras immer wieder dazu zwingen muss, zu schießen.[18] Es ist der erste Satz aus dem Mund von Integra. Es ist der Satz, der die Gewalt als Notwehr legitimiert. Und es ist ein Satz, der bitter aufstößt, da mit ihm (nicht nur) in der Historie viele Menschen aus dem Menschsein herausdefiniert wurden, jüdische Menschen, schwarze Menschen, homosexuelle Menschen …

Er lässt sich also in zwei Richtungen (an)wenden: Wird damit eine Fiktionalität hergestellt, die Abstand vom Alltag nimmt und im zwischenmenschlichen Bereich nicht gilt? *Das* mag gelten, wenngleich die Psychologie auch da mehr das Integrieren als das Bekämpfen empfiehlt, aber immerhin lassen sich so Maßstäbe, Normen und Regeln narrativ illustrieren. Allerdings, und das weist in die *reale* Richtung, ist die Serie im realen England angesiedelt und entspricht zumindest Alucard sehr wohl dem religiösen *tremendum et fascinosum*, das dem Erschaudern und ängstlichen Zittern doch einiges an Faszinierendem beigesellt.[19] Eingedenk so manchen zeitgenössischen Kokettierens mit dem Bösen, mindestens mit dem Tabubruch, und der Notwendigkeit, sich in der Jugend auch mal bös gegen die Elterngeneration und ihre Normen absetzen zu müssen, würde ich gern die fiktive Linie stark machen. Immerhin gibt es keine Vampire, auch keine Ghouls, und ist das Ganze ein Zeichentrickfilm, ein Animé, wie Wicky und die Biene Maja.

Im Vampirgenre sind Literatur wie Kino unter dem Einfluss der Differenztheorien zu Differenzierungen übergegangen. Es gibt nicht mehr schwarz-weiß die Guten oder die Bösen. Inzwischen üblich ist eine Differenzierung in „gute Gute" (maßvoll, empathisch) und „böse Gute" (Schlächter) und in „gute Böse"(maßvoll, empathisch) und „böse Böse" (Schlächter). Nicht mehr Klassifizierungen zählen, sondern tatsächliches Verhalten. Das ist auch, wenngleich leicht verdünnt, in der *Hellsing*-Serie angekommen. Immerhin, heute gilt selbst im Film: Wer anders ist – als die geläufigen Normen –, darf deshalb nicht gleich eliminiert werden. Dies ist festzuhalten.

Alucard betont es öfter: Wir Menschen sind keine Vampire – auch wenn er, besonders in Order 4 mit dem ironischen Titel *Unschuldig wie ein*

---

18 Schon vor ihrer Vampirisierung (Order 1) ist dem so. Seras: „Das sind keine Menschen!", sie schießt. Alucard: „Sieh einer an, auf Untote traut sie sich zu schießen." (3:11.07–11.17)

19 Dass solches aufklärerisch im Christentum zurückgedrängt wurde, mag eine Erklärung für die zunehmende Faszination paganer oder dunkler Religiosität sein. Vertiefbar wäre es mit: … sed libera nos a malo. Das Böse – Faszination und Transformation, Religion betrifft uns 1/2005.

Mensch, den Menschen, die im Internet Tötungen sehen wollen, ein sehr niedriges Ethos bescheinigen kann.

Seine Coolness, seine Macht, seine Unbesiegbarkeit können den Wunsch nach Imitatio und Ebenbildlichkeit schon aufkommen lassen[20] – aber: Wir sind keine Vampire. Es mag Alucard immer wieder gelingen, es mag im Computerspiel immer wieder gelingen, sich nach einem vernichtenden Schlag zu regenerieren – wer als Mensch verletzt ist, bleibt es, und wer daran stirbt, bleibt tot.[21]

Hier kann der doppelte Abstand zum „Real Life", den erstens das Medium Animé mit seiner Comic-Ästhetik herstellt und zweitens die Verwendung der Gestalten der Vampire und Ghouls, eine große Chance bieten. Damit lässt sich exemplarisch klarmachen: „Das sind keine Menschen." Und folglich gilt all dieser Umgang unter Menschen *nicht*![22] Es ist eine Geschichte. Wie im Kino. Wie im Computerspiel. Und damit können deren Horrorszenarien kein *Vor*bild für zwischenmenschlichen Umgang sein.

Sie können freilich ein *Ab*bild für einen misslingenden solchen darstellen, ein *Zerr*bild, und gerade so die Leitfragen dieses Buchs aufnehmen helfen, und sei's auf der *via negationis*: „Wer bin ich (nicht)? Was oder wer bestimmt mein Leben (nicht)? Wie soll ich (nicht) weiterleben?"

Ist der Abstand zur Direktidentifikation erst einmal hergestellt, so lässt sich mit den Schülerinnen und Schülern hier wieder an vielen Stellen einhaken und metaphorisch oder typologisch arbeiten, schließlich ist der Vampir ein Bild für Leben auf Kosten anderer, dafür, andere „auszusaugen".

Die angeführten Fragen lassen sich u.U. auf Cluster der Assoziationen der ersten Stunde beziehen oder auf vorangegangene Diskussionen.

Vampire als Negativ(vor)bild
Der Blutsauger hat zwei Töchter: „Gib! Gib!" Drei sind es, die nicht satt werden, vier sagen niemals: Genug! *Die Bibel, Sprüche 31,15 (die Gier steigert sich symbolisch durch die Zahlen)*[23]

---

20 „Es ist aufregend, ein Vampir zu sein. Du hast Einfluss, Macht und jede Menge Spaß. Es ist ein traumhaftes Leben." Luke Valentine (menschenblond) Vol. 2 Order 5, 2:2.41
21 Hier wird die dramaturgisch nötige Parallelisierung Andersens mit Alucard verhängnisvoll: Dieser vermag sich aus Glaubenskräften zu regenerieren. Aber sind wir solche Glaubensheroen? Allerdings – an der Rematerialisierung in Buchseiten arbeite ich ja gerade mit Verfassen dieses Artikels …
22 Vgl. Elisabeth Naurath, ‚Wider das Böse.' Die Entwicklung von Mitgefühl bei Mädchen und Jungen als religionspädagogische Aufgabe, in: Helga Kuhlmann/Stefanie Schäfer-Bossert (Hg.), Hat das Böse ein Geschlecht? Theologische und religionswissenschaftliche Verhältnisbestimmungen, Stuttgart 2006, S. 208–218.
23 Bei der einzigen biblischen Erwähnung eines Vampirs („Alukah"), vgl. Schäfer-Bossert 2003 (Anm. 2).

So treiben es die Vampire – was wäre menschlich?

So wird gegen Geistergestalten (Vampire, Ghouls) vorgegangen – wie wäre mit *Menschen* umzugehen?

Darf *unter Menschen* die Gewaltenteilung aufgegeben werden? Dürfen die polizeilichen Aufgaben in die Hände paramilitärischer Organisationen gelegt werden?

Was (was, nicht wer!) wären die Ghouls, vor denen wir uns fürchten? Was empfinden wir als die Vampire, die uns aussaugen? Wie sieht eine unvampirische Coolness aus?

Das Thema „andere", von denen wir uns bedroht fühlen können, kann ins Thema „Herausforderung Migration" übergehen.[24]

Sprachliche Gewalt

Eine andere, leider alltäglich gegenwärtige Frage ist die nach sprachlicher Gewalt. Diese beherrschen Alucard und Konsorten virtuos, und etliche Jugendliche ebenfalls. Eingedenk des erwünschten Abstands vom Vampiresken kann – und sollte wahrscheinlich auch – hier eingehakt werden. Zitat 1 mit dem Beispiel Alucards aus Order 1 möge dazu dienen, hier wird paradigmatisch mit dem Ausschluss aus dem Wertigen operiert, was leider nicht nur unter Vampiren, sondern auch unter Menschen stattfindet:

Zu Zitat 1, Sprachliche Gewalt
Unterstreicht die Passagen, die besonders diskriminierend sind.
Besprecht in kleiner Gruppe die Fragen:
Warum sind sie so diskriminierend?
Was verletzt daran besonders?
Ist nach so etwas eine gütliche Einigung noch möglich?
Habt ihr Ähnliches schon erlebt?
Wie fühlt man sich da?
Auch wenn mancher harte Ton schon fast normal ist, bleibt nicht doch etwas hängen, auch gefühlsmäßig?
Nehmen wir selbst manchmal auch härtere Worte, als gut wäre und als wir selbst hören wollten?

Die Ergebnisse können im Plenumsgespräch zusammengetragen werden, vielleicht auch mit einem Rollenspiel eingeführt.

---

24 So der Titel von Heft 3/2005 der Unterrichtsmaterialien Religion betrifft uns, das viel Material bietet.

Wer biblisch vertiefen mag, kann zu Jak 3,1–12 oder Mt 15 gehen – man kann ruhig raten lassen, um welchen Kontext es sich bei der „Grube" handelt – dieser dürfte wohl im Gedächtnis haften bleiben:

Zu dem, was wir sagen
Und Jesus rief das Volk zu sich und sprach zu ihnen: Hört zu und begreift's: Was zum Mund hineingeht, das macht den Menschen nicht unrein; sondern was aus dem Mund herauskommt, das macht den Menschen unrein.
Merkt ihr nicht, dass alles, was zum Mund hineingeht, das geht in den Bauch und wird danach in die Grube ausgeleert? Was aber aus dem Mund herauskommt, das kommt aus dem Herzen, und das macht den Menschen unrein."

(Matthäus 15, 10.11.17.18)

Zur Aufarbeitung und Kontrastierung vampirischen Verhaltens kann sich auch folgender Impuls eignen:

Hilfen und Maßstäbe für Zwischenmenschlichkeit

Goldene Regel: Was du nicht willst, dass man dir tu', das füg' auch keinem andern zu.

Jesus Christus (Matthäus 7,12): Alles nun, was ihr wollt, dass euch die Leute tun sollen, das tut ihnen auch! Das ist das Gesetz und die Propheten.

Immanuel Kant, Kategorischer Imperativ: Handle nur nach derjenigen Maxime, durch die du zugleich wollen kannst, dass sie ein allgemeines Gesetz werde.
oder:
Handle so, als ob die Maxime deiner Handlung durch deinen Willen zum allgemeinen Naturgesetze werden sollte.

Jesus Christus: Du sollst den Herrn, deinen Gott, lieben von ganzem Herzen, von ganzer Seele, von allen Kräften und von ganzem Gemüt, und deinen Nächsten wie dich selbst (Lukas 10,27, vgl. 5.Mose 6,5; 3.Mose 19,18; Römer 13,9)

Waffen

Dass in *Hellsing* vor Einsätzen „gebetet" wird, war schon angesprochen. Auch sonst wird man mit perfider religiöser Aufladung von Waffen und Eliminierungswünschen konfrontiert.

Bereits der Vor- und Abspann zeigt das und die nahezu liturgische Rahmung der Orders mit diesen Elementen vermag sie weiter zu positionieren.

Zitat 4

Vorspann:
In the name of God,
impure Souls of the living dead
shall be banished
into eternal damnation. Amen.

Inschrift auf „Siegel":
Hellsing.
Hells Gate arrested.
Gott mit uns (deutsch!)
And shine heaven now.

Aufschrift Pistole:
Jesus Christ + forever

Aufschrift Pistole (Abspann):
Jesus Christ is in Heaven – now!

„Der königlich protestantische Ritterorden kennt nur ein Gebot:
suchen und zerstören."

oder:

„Wir kennen nur eine Berufung und keine Gnade: suchen und zerstören."
Integra

Die Inschriften zeigen eine gut magisch-abergläubige Herangehensweise, die aber doch evangelischer Überzeugung Hohn spricht, vollends in der Zuspitzung, in der Integra ihren Orden beschreibt. Da gibt es einige deutlich andere Gebote und Ansichten von Gnade. Es scheint also nicht überall Protestantismus drin zu sein, wo Protestantismus draufsteht[25] – ein Fakt, der ebenfalls mit den Schülerinnen und Schülern diskutiert werden könnte, auch in politischer und historischer Hinsicht: In Deutschland sind die Zeiten vorbei, aber aus Japan wird uns rückgemeldet, dass es seit dem Kaiserreich, im Ersten und im Zweiten Weltkrieg mit Koppelschlössern in den Krieg gezogen ist, auf denen zu lesen stand „Gott mit uns".[26]

---

25 Aber diesen Eindruck haben wir auch hierzulande öfter von Ländern, die mit „God bless America" in den Krieg ziehen. Vielleicht haben oder kennen einige auch das T-Shirt von EMP „World Domination Tour" durch die USA.

26 Abbildung dreier Koppeln mit Kaiserkrone, Adler und Adler auf Hakenkreuz in: Eberhard Röhm, Die Stellung von Kirche und Theologie in Württemberg zum Krieg in der ersten Hälfte des 20. Jahrhunderts, in: Haus der Geschichte Baden Württemberg/Landeskirchliches Museum Ludwigsburg (Hg.), Mit Gott für Volk und Vaterland, Ludwigsburg/Stuttgart 1995, S, 163–181, S. 163.

Deutsche Geschichte

„Man drückt uns das Schwert in die Hand. Ich hoffe (…), dass wir das Schwert mit Gottes Hilfe so führen werden, dass wir es mit Ehren wieder in die Scheide stecken können. Jetzt geht in die Kirche, betet vor Gott und bittet ihn um Hilfe für unser braves Heer."

Kaiser Wilhelm II, am Vorabend des Ersten Weltkriegs, 31. Juli 1914, vom Balkon des Berliner Schlosses an das Volk[27]

Lassen wir solche Zeiten vergangen sein und bleiben.

Gegen derlei hat schon die frühchristliche Tradition in bewusster Aufnahme und gleichzeitig Neutralisierung militärischer Gepflogenheiten eine „Geistliche Waffenrüstung" empfohlen, die wie in unsere *Hellsing*-Situation gesprochen scheint, hier könnte Eph 6,10–18a eingebracht werden.

Und es kann überlegt werden, ob das Einschmelzen von Altarkreuzen zur Gewinnung von Pistolenkugeln denn nun ein frommer oder nicht doch eher ein blasphemischer Akt ist (vgl. Zitat 1). Statt „Kreuze zu Kugeln" läge mir „Schwerter zu Pflugscharen" näher, auch Mi 3,4 (vgl. Jes 2,4) könnte gelesen werden. Das Thema „Friedensethik – Gewalt überwinden" könnte sich anschließen.[28]

Weitere Richtungen, in die vertieft werden kann

Sollten die Schülerinnen und Schüler eine *weitere Order* besprechen wollen, würde ich mit Order 2 weitermachen. Hier hängt Seras am stärksten in der Spannung zwischen Mensch und Vampir, in schärfstem Kontrast dazu stehen die vampirisierten Jugendlichen Ralf und Jessica (Bonny and Clyde), die ihr Glück in Perversionen finden wollen, unter dem Motto „Die Tore der Hölle sind offen". Sie sind ein klarer Zerrspiegel unmenschlichen Fehlverhaltens. Hier ließe sich, vgl. Modul „andere", nochmals differenzieren in die Unterscheidung von Tat und Person – nicht wer zu den Bösen gezählt wird, ist böse (das wird Helena später überdeutlich machen, Alucard ist ja mehr als ambivalent), sondern „an ihren Früchten sollt ihr sie erkennen", es gibt schlechte Handlungen, und *die* sind zu verurteilen.[29]

Die „Gebets"-Thematik könne ebenfalls mit bzw. nach Order 2 behandelt werden.

---

27 Zit. ebd, S. 164. Das Schwert ist längst anachronistisch.

28 Z.B. mit Religion betrifft uns, Heft 1/2002, das in M 11 „Dimensionen des biblischen Friedensbegriffs" auffächert und in M 12 das Leitbild „gerechter Friede".

29 Wobei die Filme, außer in manchem Zögern von Seras, militärische Gewalt nicht unter diese Diskussion stellen. Hier steht natürlich die protestantische Trennung zwischen Tat und Person Pate und hier kann die Rechtfertigungslehre zur Sprache kommen.

Eine gut isolierbare ethische Problematik findet sich in Order 4, *Innocent as a Human*, in der es um *Gewalt-Voyeurismus* via Internet geht. Dieses Thema könnte der Lebenswelt der Jugendlichen durchaus nahe sein, in Form des Fernsehens ist es das auf jeden Fall, und was mit Handys angestellt werden kann, könnte vielleicht ebenfalls zur Sprache kommen. Hier würde ich die Bearbeitung nur von Szene 4 vorschlagen: Bei der Direkt-Übertragung einer Menschentötung durch einen Vampir greifen Alucard und die Hellsings ein. Zu Beginn der Szene wird schon die ethische Problematik des Voyeurismus in Frageform skizziert, nach Alucards Unterbrechung der Aufzeichnung der Tötung heißt es „Wir sind nur das Publikum. Wir sind unschuldig!" Das kann wahrhaftig problematisiert werden,[30] wie auch die in Oder 4 mehrfach angesprochene Rolle der Paparazzi-Medien. Der Schluss ist ebenfalls diskussionswürdig: Die Hellsings greifen ein, um der regulären Gerichtsbarkeit zu übergeben, aber der Vampir richtet – wobei die Voyeure damit ereilt, was sie anderen antun lassen wollten (vgl. goldene Regel).

Das *Frauenbild* wäre es auch wert, genauer betrachtet zu werden,[31] vor allem, wie es sich in Seras Victoria zeigt, die selbst als Uniform den Minirock tragen muss, bei der Polizei wie bei den Hellsings. Andererseits kann sie, ist sie erst vampirisiert, die schwersten Waffen tragen,[32] auch wenn sie sich zu deren Einsatz (zunehmend weniger) zwingen muss. Ist emanzipiert, wer schießt oder gewalttätig wird, und *dadurch*?

Seras weigert sich bis zuletzt, Gewalt zu genießen.[33] Ist das „weiblich" oder „menschlich"?

Einen Kontrast findet sie in Integra, die „wie ein Mann" die paramilitärische Organisation führt.

Es könnte sich möglicherweise auch anbieten, den *Seuchen- und Ansteckungs-Aspekt*, der viele Vampirlegenden überhaupt erst hervorgebracht hat, in Hinsicht auf *AIDS* aufzunehmen – trifft sich doch beides in den zentralen Themen „Blut" und „Sexualität". Da könnte zu betonen sein, dass Kranke wie Risikogruppen sehr wohl Menschen sind, die nicht zu „ande-

---

30 Alucard kommentiert: „Ihr seid wirklich abartig. Ich werde es nie schaffen, euch zu verstehen" (4: 17.24).

31 Vgl. dazu allgemein: Inge Kirsner, Der/die oder das Böse? Über geschlechtliche Rollenzuschreibungen des Bösen im Film, in Kuhlmann/Schäfer-Bossert 2006, S. 43–55.

32 In Vol. 2 Order 6 erhält sie eine riesige Kanone. „Ich bin ein schwaches Mädchen, lieber Walter!" „Sie werden ihre Aufgabe meisterhaft bewältigen, da bin ich sicher!" (2:05.24).

33 Vol. 4 Order 12: Alucard: „Genieße es, genieße das Massaker! Nur der Genuss macht wirklich stark!"(3:13.07). Er und Seras kämpfen weiter und höchst blutig, dann Seras (4:17.25): „Sowas genieße ich nicht!" Vgl. zur Frage nach Mädchen und dem Bösen: Agnes Wuckelt, Der Gute – die Gute, der Böse – die Böse. Eine religionspädagogische Perspektive, in: Kuhlmann/ Schäfer-Bossert 2006, S. 198–207.

ren" gemacht werden sollen – aber auch, dass eine gierige, verantwortungslose Sexualität vampiresk ist …

Spannend, wenn auch nicht vorrangig, ist der *Umgang mit den Konfessionen.* Ließ sich zuvor im Kino eine Entwicklung zur Katholisierung der Vampirjagd feststellen, eben auch vermittels geheimer Vatikan-Abteilungen,[34] so wird dies nun wieder, schließlich war van Helsing auch evangelisch, protestantisch übertrumpft: „Das hier ist ein protestantisches Land, der Vatikan hat in England überhaupt nichts verloren!"[35] Dies könnte – bei einer japanischen(!) Produktion – durchaus etwas sagen über die Wahrnehmung anglophoner protestantischer Länder.

Ebenfalls interessant ist die Rolle *abtrünniger Priester* (vgl. Order 1), wie sie zuhauf die Vampirfilme bevölkern. Das mag damit zu tun haben, dass es um religiöse Stoffe geht, zu denen der Vampir als übermenschlicher Dämon auch zählt. Zudem wird bei denen, die für die gute Seite stehen (sollen/ wollen), umso schärfer wahrgenommen, wenn sie dem Anspruch nicht nachkommen, der sie möglicherweise überfordert. Die Kirche wurde schon immer mit dem Aussauger-Bild des Vampirs verglichen. Keine kleine Rolle wird spielen, dass die dunkle Seite, die spielerische wie die ernst gemeinte bis hin zum Satanismus, das Christentum umkehrt – hier bis zum Priester.

Der Vergleich der Vampire mit Christus im Hinblick auf Gegensätzlichkeiten und Gemeinsamkeiten ist natürlich ein ergiebiges, reizvolles, aber nicht mit *Hellsing* allein zu leistendes Thema, das ich hier zurückstellen muss.

Falls etwas *Historisches* benötigt wird, könnte zur Bearbeitung des Seuchen-, des Aussauge- oder des Priester-Aspekts das folgende Material hilfreich sein.

Historisches

Vampire konnten Teil alten Aberglaubens sein, der um 1730 in Europa neu belebt wurde. Die Phänomene traten v. a. in unaufgeklärten ländlichen Gebieten auf und konnten schon damals naturwissenschaftlich erklärt werden – die ungewöhnlichen Toten mit speziellen oder verlangsamten Verwesungsvorgängen, die Verbreitung als Seuchen mit verzögertem Ausbruch der Krankheit (längere Inkubationszeit), wie Tuberkulose und Pest. (S. Sch.-B.)
Diese Vampire waren Tote, die nachts ihre Grabstätten mit dem Vorsatz verließen, den Lebenden das Blut aus Kehle oder Bauch zu saugen, und sich danach wieder zurück in ihre Gräber begaben. Ausgesaugte Lebende magerten ab, wurden immer bleicher, litten an der Schwindsucht, und die toten Sauger wurden fett, bekamen einen rosigen Teint und hatten ein ganz und gar reizendes Aussehen.

---

34 Vgl. z. B. meine kurze Glosse: Vampirfilme – wirklich gruselig, in: Schlangenbrut Nr. 91/ 005 (23. Jg.), S. 26–27.
35 Integra, Order 3.

So gute Mahlzeit hielten diese Toten in Polen, Ungarn, Schlesien, Mähren, Österreich und Lothringen. Weder in Paris noch London war von Vampiren die Rede. Ich gestehe, dass es in diesen Städte Börsenspekulanten, Händler, Geschäftsleute gibt, die eine Menge Blut aus dem Volk heraussaugen, aber diese Herren sind überhaupt nicht tot, allerdings ziemlich angefault. Diese wahren Sauger wohnen nicht auf Friedhöfen, sondern in wesentlich angenehmeren Palästen. [...]
Das Ergebnis ist, dass ein großer Teil von Europa innerhalb von fünf oder sechs Jahren von Vampiren heimgesucht worden ist, und es sie nun nicht mehr gibt; [...] dass wir Jesuiten in Spanien, Portugal, Frankreich, in den beiden Sizilien gehabt haben, und es immer noch welche gibt.

Voltaire, ca 1770[36]

Zusammenfassend lässt sich sagen, dass sich mit *Hellsing* sehr viele auch und gerade unter Jugendlichen virulente Themen aufnehmen lassen, wobei der Verfremdungseffekt durch den Comicstil und Geisterkosmos sehr hilfreich sein kann, nimmt man die Figuren als (karikierende) Abbilder statt als Vorbilder. *Menschen* kann und darf man das Menschsein nicht absprechen, und es sollte zwischen *dem* Bösen und *den* Bösen unterschieden werden. Gottes Hilfe wird bitteschön nicht aus Militärische reduziert, sondern ganz anders buchstabiert. Ob und wie man das mit *Hellsing* erarbeitet – da schließe ich mit den letzten Worten Alucards: „Deine Entscheidung!"

---

36 In: Dieter Sturm/Klaus Völker (Hg.), Von denen Vampiren oder Menschen-Saugern, Bd. 2, München 1968, S. 208–215, zit. S. 210., S. 214f.

ANDREAS MERTIN

"Nothing escapes me. No one escapes me."

Von Reisen und Fluchten des Lebens

Wer in der Internet-Movie-Database (www.imdb.com) nach den besten (Kino-)Filmen aller Zeiten sucht, kann zwei unterschiedliche Vorgehensweisen wählen. Er kann nach den kommerziell erfolgreichsten Filmen schauen (und findet hier immer noch *Titanic* auf Platz 1) oder er kann nach den Filmen fragen, die von den Nutzern der Datenbank als beste Filme eingestuft werden. Folgt man dem letzteren Weg, dann findet man als den zweitbesten Film aller Zeiten (nach dem Film *Der Pate* auf Platz 1) den Film *The Shawshank-Redemption* (*Die Verurteilten*) aus dem Jahre 1994. Fragt man allerdings nach dem kommerziellen Ertrag dieses Filmes, so taucht er auf den 300 ersten Plätzen nicht auf.

Immer noch zu den 100 besten Filmen gehört nach Einschätzung der Nutzer ein anderes Filmwerk, das in den späten fünfziger Jahren erschien und die Menschen seinerzeit außerordentlich beeindruckte und neuerdings wieder eine unverhoffte Aktualität bekommen hat: Ingmar Bergmans *Das siebente Siegel*, eine Parabel über einen vom Kreuzzug nach Jerusalem zurückkehrenden Ritter auf der Suche nach dem Sinn seiner Existenz.

Beide Filme handeln vom Reisen in einem übertragenen Sinne, beide handeln von Fluchten aus den traurigen Gegebenheiten des Lebens, in beiden Filmen geht es in einem weiteren Sinne um „Erlösung".[1] Was die Werbezeile des Films *The Shawshank Redemption* aussagt – „Nothing escapes me / No one escapes me" – könnte auch die Aussage des personifizierten Todes im Film *Das siebente Siegel* sein: Ein Entkommen ist unmöglich.

Die Reisen, die die Titelhelden in beiden Filmen zurücklegen, sind keine freiwilligen Reisen, sie sind ihnen jeweils aufgezwungen, es sind Fluchten vor dem Tod und aus der Hölle. Also keine freiwilligen *Reisen in die Hölle und andere Urlaubsschnäppchen*[2] wie der Titel eines Buches von Patrick J. O'Rourke lautet, sondern existenzielle Auseinandersetzungen mit der Frage, was den Sinn des Lebens in der ganz und gar nicht besten aller Welten ausmacht und wie der Einzelne sich selbst dazu verhalten kann. Und dabei

---

1 Inge Kirsner, Erlösung im Film, Stuttgart 1996.
2 Patrick J. O'Rourke / Albert Christian Sellner, Reisen in die Hölle und andere Urlaubsschnäppchen. Frankfurt / M. 2006.

stellt sich heraus: Wer diese Frage beantworten will, muss sich bewegen, er kann nicht auf der Stelle treten. Sinn will wortwörtlich „erfahren" werden.

Man muss sich bewegen, um den Tod zu entgehen. Die realen Strecken, die dabei zurückgelegt werden, sind nebensächlich. In *The Shawshank Redemption* bewegt sich der Titelheld, wie der Zuschauer am Ende des Filmes schließlich erfährt, tatsächlich nur millimeterweise voran. Und in *Das siebente Siegel* werden zwar längere Strecken zurückgelegt, aber die eigentliche Reise geschieht symbolisch auf den 64 Feldern eines Schachbretts.

Aus dem Hollywoodkino sind wir es gewohnt, vor allem das Genre der Roadmovies als cineastisches Sinnbild des Lebens zu begreifen: „Die Filme handeln vorwiegend vom Unterwegssein ihrer Helden und der Schwierigkeit, einen Platz in der Welt zu finden. Unterschwellig geht es letztlich darum, das zu finden, was eine Gesellschaft verkörpert und im Inneren zusammenhält. Es wird ihr ein Spiegel vorgehalten."[3] Aber auch wenn sich Antonius Block, der Ritter in Bergmans *Das siebente Siegel* auf dem Pferd durch die Landschaft bewegt, so handelt es sich bei diesem Film gerade nicht um ein Roadmovie. Die Wegstrecke, die er im Rahmen des Films von der Landung in Schweden bis zu seiner Burg zurücklegt, ist gerade keine Metapher, sondern nur der Inszenierungskontext.[4] Und auch der Film *The Shawshank Redemption* wäre wohl als Roadmovie missverstanden. In beiden Filmen geht es weniger um „Freiheit" und „Unabhängigkeit" als vielmehr um „Sinn" und „Menschlichkeit".

Was mich bewegt, die Filme für den Unterricht vorzuschlagen, ist die Tatsache, dass beide in ungewöhnlicher Weise mit der Metapher der Reise für den Sinn des Lebens arbeiten und dies mit der Option für die Humanität verbinden. Das Leben als Reise ist inzwischen eine konventionelle Metapher. Aber eine Reise quasi mit dem Kopf durch die Wand oder aber gesteuert vom Spiel auf den Schachbrett ist schon ungewöhnlicher.

Die Fragestellungen, die sich vorab formulieren lassen, könnten sich am Schema „Was wäre, wenn" orientieren:

– Was wäre, wenn man mit dem Tod um das eigene Leben Schach spielen könnte? Würde man die Partie annehmen? Und mit welchem Ziel?
– Was wäre, wenn das ganze Leben ein Schachspiel wäre? Mit bzw. gegen wen spielt man dann? Und was wäre eine gelungene Partie?
– Was wäre, wenn man unschuldig für den Rest des Lebens ins Gefängnis müsste? Was wäre dann die Perspektive? Würde man versuchen, sich im Gefängnis einzurichten? Oder würde man versuchen, auszubrechen?

3 Vgl. Wikipedia, Art. *Roadmovie*, http://de.wikipedia.org/wiki/Roadmovie; vgl. auch Peter Lau, Fahren, um zu fahren, brandeins 2/2002.
   http://www.brandeins.de/home/inhalt_detail.asp?id=515&MenuID=130&MagID=18.
4 In die Kategorie „Roadmovie" gehört als Frühform dann schon eher Ingmar Bergmans Film *Wilde Erdbeeren*.

- Was wäre, wenn man nach 30 Jahren Haft aus dem Gefängnis entlassen würde? Würde man überhaupt noch heraus wollen?
- Was wäre, wenn man in eine Situation geriete, in der jede Hoffnung vergeblich zu sein scheint?

Det Sjunde inseglet (Das siebente Siegel)

Der Film

Das siebente Siegel wurde 1956 nach einem Drehbuch von Ingmar Bergman gedreht und wurde 1957 uraufgeführt. Die deutsche Erstaufführung war freilich erst im Februar 1962. Besetzt war der Film prominent mit Max von Sydow als Ritter, Gunnar Björnstrand als Knappe und Bengt Ekerot als Tod.

Die Idee zum Film kam Bergman, wie er im Vorwort zu Drehbuch schreibt, „bei der Betrachtung der Motive auf mittelalterlichen Malereien: die Gaukler, die Pest, die Flagellanten, der Schach spielende Tod, die Scheiterhaufen für die Hexenverbrennungen und die Kreuzzüge."[5] Bergman legt aber Wert auf die Feststellung, dass es sich nicht um einen Historienfilm handelt. Stattdessen sei der Film „ein Versuch moderner Poesie, der die Lebenserfahrungen eines modernen Menschen in eine Form übersetzt, die sehr frei mit den mittelalterlichen Gegebenheiten umgeht. In meinem Film kommt der Ritter vom Kreuzzug zurück, wie ein Soldat aus dem Krieg heimkehrt." Bei den Filmfestspielen von Cannes gewann der Film 1957 den Spezialpreis der Jury und Anfang der 1960er Jahre zwei Filmpreise in Spanien und Italien. Vorlage des Drehbuchs ist ein Theaterstück, das Bergman 1953 unter dem Titel *Malerei auf Holz* schuf und aus dessen Inszenierung Bergman mehrere Elemente auch direkt in den Film übernahm.

---

5 Ingmar Bergman/Tabitha von Bonin, Das siebente Siegel. Drehbuch. 2. Aufl. Frankfurt/M. 1968.

Mit meinem Film wollte ich malen wie ein mittelalterlicher Maler, mit demselben objektiven Engagement, derselben Einfühlung und derselben Freude. Meine Personen lachen, weinen, schreien, haben Angst, sprechen, antworten, spielen, leiden, suchen. Ihr Schrecken ist die Pest, der Jüngste Tag, der Stern, dessen Name Wermut ist.[6]

Die Handlung

 Mitte des 14. Jahrhunderts kehrt der Ritter Antonius Block mit seinem Knappen Jöns vom Kreuzzug zurück und findet seine Heimat von der Pest verwüstet.[7] Der Tod erscheint ihm mit der Mitteilung, dass seine Zeit gekommen sei. Er bittet um Aufschub und schlägt deshalb eine Partie Schach vor, die die Entscheidung über sein Leben fällen soll: „Wir wollen ausmachen, dass ich so lange leben darf, wie ich dir standhalte. Und falls ich dich mattsetze, lässt du mich frei. Soll das ein Wort sein?" Eingeführt werden dann die Schauspielertruppe mit Mia, Jof und Skat. Der Knappe Jörn, der den realistischen Part im Drama verkörpert, trifft auf einen Maler, der einen Totentanz malt: „Ich meine, man soll die Menschen an die Tatsache erinnern, dass sie sterben müssen." Der Ritter betritt währenddessen eine Kirche und geht zum Altar. Er erzählt dem Priester von seiner Suche nach dem Sinn des Lebens und der Existenz Gottes: „Kein Mensch kann mit dem Tod vor Augen leben, in der Gewissheit, dass alle Dinge nichts sind." Er erwähnt seine Begegnung mit dem Tod und sagt, dass er seinen Aufschub für eine sinnvolle Tat nutzen wolle. Erst als er seine Taktik im Schachspiel verrät, zeigt sich der Tod, der ihm die ganze Zeit statt des Priesters zugehört hat. Der Ritter macht sich nun auf die Reise zu seinem Schloss, wo ihn seine Frau erwartet. Dabei treffen er und sein Knappe verschiedene Leute: einen ehemaligen Priester als Räuber, einen Schmied und seine Frau, ein Mädchen, das der Hexerei angeklagt ist, eine Flagellantenprozession;[8] all das repräsentiert die Banalität

---

6 Ebd. Es ist ganz interessant, dass das Motiv des Schach spielenden Todes gar nicht so verbreitet ist, wie Bergmann unterstellt. Vermutlich verarbeitet er hier eine konkrete Kindheitserfahrung, die er als Pfarrerssohn während der Amtstätigkeit seines Vaters aufgenommen hat. In der in der Nähe von Stockholm gelegenen Kirche von Täby finden sich zahlreiche der angesprochenen Motive aus dem Film.
http://commons.wikimedia.org/wiki/T%C3%A4by_kyrka

7 1350 erreichte die Pest seinerzeit Schweden.

8 Die zweite Welle der so genannten Geißlerbewegung entstand um 1349 in Reaktion auf die grassierende Pest.

des Bösen in der Welt. Und sie treffen die bereits erwähnte Schauspielerfamilie, die inmitten des Leidens ihre Lebensfreude bewahrt hat. Sie schließt sich ihm an, um unter seinem Schutz einen großen Wald zu durchqueren. Während der Rast der Wanderer erscheint der Tod und fordert Antonius auf, das Spiel zu Ende zu spielen. Weil Jof den Tod gesehen hat, weckt er Mia und sie stehlen sich heimlich davon. Antonius bemerkt das, lenkt den Tod ab und verliert deshalb sein Spiel. Die Reisenden kommen zur Burg, wo die Frau des Ritters alle zum Mahl einlädt. Während sie essen, klopft jemand ans Tor. Es ist der Tod, der sie alle mitnimmt. Die Schauspielerfamilie kriecht am nächsten Morgen aus dem Wagen und ist froh, dass sie vom Tod verschont worden sind. Jof sieht am Horizont, wie der Tod auf einem Hügel den Ritter und seine Begleiter mit einem Totentanz fortführt. Mia meint lächelnd, ihr Gatte solle nicht glauben, seine Illusionen entsprächen der Wirklichkeit.[9]

Das Thema im Unterricht

Erstens sollte man eine Art historischer Evaluation durchführen. Dadurch kann zum einen deutlich werden, dass Ingmar Bergman mit dem historischen Material nur spielt, um etwas anderes zu kommunizieren, das sich auf die eigene Zeit bezieht. Zum anderen hilft es den Schülerinnen und Schülern, sich besser in den (fiktiven) historischen Kontext einzufühlen. Zur Evaluation gehörte etwa die Frage nach den Kreuzzügen (von welchem Kreuzzug kann ein schwedischer Ritter 1350 zurückkommen?), wie die Frage nach den Flagellanten (gab es überhaupt Geißlerbewegungen um 1350 in  Schweden?) und den Hexen (wann wurden Hexen in Schweden verbrannt?). Warum spielen Tod und Ritter nach neuzeitlichen Regeln Schach?[10] Offensichtlich ist der Film eine poetische Konstruktion, eine Verdichtung von divergenten historischen Ereignissen.

Zweitens sollte der Aussage von Bergman nachgegangen werden, der Film stehe in Analogie zur mittelalterlichen Malerei. Vorbild für Bergman

9 Handlungsbeschreibung nach: http://de.wikipedia.org/wiki/Das_siebente_Siegel.
10 http://en.wikipedia.org/wiki/The_Seventh_Seal#Historical_accuracy.

war die Kirche von Täby[11] in der Nähe von Stockholm. Man kann im Internet nachschlagen, wie die Bilderwelt des mittelalterlichen Malers Albertus Pictor[12] ausgesehen hat. Pictor war ein Künstler, der gegen die höfische Idealisierung eher den alltäglichen Realismus betont hat. Himmel oder Hölle waren bis in die zweite Hälfte des 20. Jahrhunderts reale Alternativen in der Verkündigung der Kirchen.

Drittens sollte rekapituliert werden, was eigentlich auf dem Spiel steht. Zwar stellt sich uns die zugespitzte Alternative „Himmel oder Hölle" nicht mehr, aber dem Tod kann niemand entkommen: „No one escapes me." Dennoch gibt es auch in der Gegenwart zahlreiche Versuche, den Tod auszutricksen oder ihn verfügbar zu machen.

Viertens sollte dem Motiv der Bewegung nachgegangen werden. Wie bewegen sich die einzelnen Figuren durch die Geschichte? Der personifizierte Tod ist eigentlich nur der Anlass für verschiedene Bewegungen der Handlungsfiguren: von der Handlungspragmatik des Knappen über den philosophischen Zweifel des Ritters bis zur Anpassung an das Böse.

Schließlich sollte das Ganze noch einmal unter dem Aspekt der Erkenntnis zusammengefasst werden. Die Reise, die hier zurückgelegt wird, dient schließlich dazu, Zeit zu gewinnen um sich über etwas klar zu werden. Welche Erkenntnisse vermittelt das Spiel mit dem Tod: für den Ritter, für Mia und Jof, für den Knappen?

The Shawshank Redemption (Die Verurteilten)

„Zweimal lebenslänglich!" lautet das Urteil für den Bankmanager Andy Dufresne. Angeklagt des Doppelmordes an seiner Ehefrau und deren Lieb-

haber, beteuert er vergeblich seine Unschuld und wird in das verruchte Gefängnis von Shawshank im Bundesstaat Maine eingeliefert. Das Leben innerhalb der Mauern ist die Hölle. Nur die Freundschaft mit Red lässt ihn hoffen." Was der Klappentext des Videos so ankündigt, ist wesentlich mehr als ein bloßer Knastthriller nach einer Buchvorlage von Stephen King.

Das vom Regisseur Frank Darabont inszenierte Drama wurde für sieben Oscars nominiert. Es ist mit Tim Robbins und Morgan Freeman prominent besetzt. Es ist 142 Minuten lang und in Deutschland ab 12 Jahren freigegeben.

Das zentrale Thema des Films ist die Hoffnung wieder alle Vernunft. *Du hast keine Chance, deshalb nutze sie* könnte auch über diesem Film stehen. Die unterschiedlichen Perspektiven auf Hoffnung und ihren Zusammenhang mit dem Menschsein beschreibt Jan Hawemann in seiner Film-Kritik so:

Am Anfang dieses Filmes gibt es für uns Zuschauer wohl nichts Hoffnungsloseres als das Schicksal von Andrew Dufresne […]. Die Hoffnung der Verurteilten auf bessere Zeiten, auf ein besseres Leben, auf die Entlassung lässt mit den Jahren der menschenunwürdigen und -verachtenden Behandlung nach, da die Hoffnung untrennbar mit dem Menschsein verbunden ist. Andy will jedoch diesen Kreis durchbrechen. Er will sich, sein Menschsein und seine Hoffnung nicht nehmen lassen, und gibt durch das, was er mit seinen mutigen Ausbrüchen in einer Welt voller Mauern erreicht, auch anderen Häftlingen die Hoffnung zurück. Und der grandiose Schluss, den uns Stephen King als Autor der Filmvorlage beschert, entlässt uns trotz aller Enge, Dunkelheit und Brutalität mit dem guten Gefühl, vielleicht auch noch den nächsten Tag gut zu überstehen.[13]

Die Handlung

Der Bankmanager Andy Dufresne wird wegen des Mordes an seiner Frau und deren Liebhaber zu zweimal lebenslänglich verurteilt. Diese Strafe soll er im Gefängnis von Shawshank in Maine absitzen. Dort wird ihm das Leben mit Vergewaltigungen und durch den sadistischen Direktor Norton schwer gemacht. Im Gefängnis lernt er Red und andere Mithäftlinge kennen. Red sitzt schon seit zwanzig Jahren im Gefängnis, da er einen Mann umgebracht hat. Er ist bei den Mithäftlingen dafür bekannt, dass er ihnen gegen Entgelt Gegenstände besorgen kann. Nach anfänglichen Schwierigkeiten steigt Andy im Ansehen bei Mithäftlingen und Aufsehern. Wegen seiner Kenntnisse im Rechnungswesen wird er von den Aufsehern um Hilfe bei deren Steuererklärungen gebeten, führt des Direktors Buchhaltung und

---

13 http://www.hawemann.com/jan/kino/95/verurteilten.html.

hilft Häftlingen ihren Schulabschluss zu absolvieren. Nebenbei baut er die Gefängnisbibliothek aus und wird der Assistent von Gefängnisbibliothekar Brooks. Brooks wird nach über fünfzig Jahren aus dem Gefängnis entlassen und bekommt eine Stelle in einem Supermarkt. Da er sich in dem Leben ‚da draußen' nicht mehr zurechtfindet und den Druck nicht aushält, begeht er nach einigen Tagen Selbstmord. Andy wird zunehmend in die illegalen Machenschaften des Direktors hineingezogen und wäscht für ihn Bestechungsgeld.

Durch den neuen Häftling Tommy stellt sich heraus, dass Andy wirklich unschuldig ist, so dass er freikommen könnte. Er versucht den Direktor dazu zu bewegen, seinen Prozess neu aufzurollen. Als dieser sich weigert – er will seinen guten Buchhalter nicht verlieren – nennt Andy ihn „borniert". Daraufhin muss Andy für zwei Monate in Dunkelhaft. In der Zwischenzeit lässt der Direktor Tommy von einem der Aufseher ermorden. Eines Tages ist Andy aber doch verschwunden – mit einem kleinen Geologenhammer hat er 19 Jahre lang an einem Tunnel gebaut. Während die Polizei nach ihm sucht, hebt er das gewaschene Geld von diversen Bankkonten ab und setzt sich nach Mexiko ab. Vor seiner Abreise schickt er die Beweise für die Bestechlichkeit von Direktor Norton an die Presse. Als die Behörden im Gefängnis ankommen, erschießt sich Norton. Red kommt später auf Bewährung frei und erhält eine Stelle im selben Supermarkt wie Brooks. Auch Red kommt am Anfang nicht mit seiner Freilassung zurecht. Er denkt darüber nach, sich zu erschießen oder eine Straftat zu begehen, um so wieder ins Gefängnis zu kommen. Doch eines hält am Leben: Vor einigen Jahren hat er Andy versprochen, nach einem schwarzen Lavastein unter einem Baum in Buxton zu suchen. Er macht sich auf den Weg, um diese Stelle aufzusuchen. Er findet unter dem Lavastein einen Brief, in dem Andy ihn einlädt, nach Mexiko zu kommen. Am Ende treffen sie sich an einem Strand in Mexiko und umarmen sich.[14]

Das Thema im Unterricht

Der Film enthält verschiedene separierbare Sequenzen, die im Unterricht Verwendung finden könnten.[15] „Lasst, die ihr eingeht, alle Hoffnung fahren" steht über dem Tor zur Hölle in Dante Alighieris *Göttlicher Komödie*.[16] Ähnliches könnte auch über dem Shawshank-Gefängnis stehen.

14 Handlungsbeschreibung nach: http://de.wikipedia.org/wiki/Die_Verurteilten.
15 Auch hier lohnt sich übrigens der Blick auf die historischen Fehler des Films. Vgl. dazu http://www.imdb.com/title/tt0111161/goofs Und auch hier wird falsch Schach gespielt, weil das Schachbrett falsch aufgestellt ist.
16 Die Göttliche Komödie, Inferno III, 51.

Der Film ist eine Parabel auf den menschlichen Wunsch nach Freiheit, auf die verschiedenen Formen, wie sich dieser Wunsch artikuliert, am Leben erhält und schließlich realisiert. Spannend dabei, wie die Hauptfigur in mehrfachem Sinne auf ihre Freiheit hinarbeitet: physisch, was am Anfang nur angedeutet und erst ziemlich zum Schluss dramatisch umgesetzt wird; sozial, indem sie humane Verhältnisse in einer inhumanen Umwelt herstellt. Freiheit ist etwas, was sich hier erst nach Jahren bzw. Jahrzehnten erreichen lässt. Das sollte im Unterricht aufgegriffen werden.

Dann gibt es die unterschiedlichen Hoffnungsperspektiven, die sich in diesem Film durch die verschiedenen Handlungsfiguren artikulieren. Am Ende der Lebensreise des Gefängnisdirektors sollte eigentlich der Reichtum stehen und steht doch der Tod.

Die skeptische Infragestellung einer Hoffnungsperspektive (weil Hoffnung eigentlich so etwas ist wie Opium für das Volk) repräsentiert der realistische Red: „Let me tell you something, my friend. Hope is a dangerous thing. Hope can drive a man insane." Hoffnung kann einen verrückt machen, wenn sie nur dazu dient, unrealistische Wünsche zu nähren, statt sich den Realitäten zu stellen.

Die scheiternde Hoffnung symbolisiert Brooks, der nach 50 Jahren Haft aus dem Gefängnis entlassen wird, mit der Welt außerhalb des Gefängnisses nicht mehr zurechtkommt und sich deshalb – nachdem er all den Terror in der Strafanstalt überlebt hat – das Leben nimmt. Die sich daraus ergebende Frage nach der Freiheit als letztem gesellschaftlichem Wert ist diskutabel. Red: „He should've died in here."

Die Verbindung von Kultur, Freiheit und Hoffnung greift die sich anschließende Szene auf, in der Andrew Dufresne für die Bibliothek, die er im Knast aufbauen möchte, Schallplatten geschenkt bekommt und für seine Mithäftlinge gegen die Interventionen der Wärter und Gefängnisleitung Mozarts *Hochzeit des Figaro* spielt. Nach seiner Entlassung aus dem Straf-Block kommt es zu einer Diskussion mit seinen Freunden darüber, was Musik, was Kultur überhaupt für das menschliche Überleben und für das Menschsein bedeutet. Kultur, so sagt Andy Dufresne, braucht man, um nicht zu vergessen, dass „there are places in this world that aren't made out of stone. That there's something inside ... that they can't get to, that they can't touch. That's yours. [Red: What're you talking about?] Hope." Das ist auch für Schülerinnen und Schüler eine wichtige Frage.

Nothing escapes me. No one escapes me.

Ein Vergleich beider Kinofilme mag zunächst vielleicht schwerfallen. Eine Schwarz-Weiß-Parabel der 50er-Jahre mit einem Knastthriller aus den 90er-Jahren in Beziehung zu setzen, ist sicher nicht einfach. Bei den zahlreichen Stichwörtern, die Filmlexika zu den Filmen verzeichnen, gibt es nur ein gemeinsames: den Tod. Aber de facto gibt es mehr Übereinstimmungen. Das Verbindende ist nicht nur die scheinbare Ausweglosigkeit der Protagonisten, sondern auch das Motiv der Hoffnung, das ihren Weg begleitet. Am Anfang steht in beiden Fällen die Hoffungslosigkeit – und das Schicksal zweier Protagonisten, die sich damit nicht abfinden wollen und sich deshalb auf die Reise machen. Jede Szene des folgenden Filmablaufs dementiert scheinbar das Prinzip Hoffung: „Nothing escapes me. No one escapes me." Und dennoch triumphiert am Ende der Hoffnungsfunken. Im Hollywoodkino trivialer als im existenzialistischen Film, bei dem das Idyll auf Kosten des Protagonisten siegt. Wenn man beide Filme als metaphorische Reisefilme begreift, sollte man die Reisen noch einmal rekonstruieren.

Die äußere Reise des Ritters Antonius Block beginnt, als er von einem priesterlichen Seminaristen aufgefordert wird, ins Heilige Land zu ziehen, um Jerusalem zu befreien. Er verlässt seine Frau und kehrt erst viele Jahre später nach Schweden zurück, um seine Burg aufzusuchen und seine Frau zu treffen.

Seine innere Reise beginnt am Strand in Schweden als er im tödlichen Schachspiel, über sein Leben, seine Zweifel und seinen Glauben Rechenschaft abgeben muss. Und sie endet mit der Gewissheit, im richtigen Moment etwas Sinnvolles getan zu haben.

Die tragische Reise des Bankers Andrew Dufresne beginnt mit der Anklage, seine Frau und deren Liebhaber ermordet zu haben und sie endet – zumindest vorläufig – für viele Jahre im Gefängnis von Shawshank, aus dem es scheinbar kein Entrinnen gibt und im dem jede Hoffnung zerstört wird.

Die verborgene Reise Andrew Dufresnes in seine Freiheit beginnt kurz nach der Einlieferung in das Gefängnis. Sie orientiert sich an der Hoffnung, die Hölle, die Banalität des Bösen überleben zu können – und das nicht zuletzt mit dem Anspruch der Humanität.

Die cineastischen Reiseziele sind ziemlich divergent. Während Hollywood nach langen Leiden das einfache Glück samt Reichtum verspricht (und darin sicher auch ein Stück tradierter christlicher Heilsverkündigung repetiert: das Paradies nach irdischem Leiden), gibt es im existenzialistischen Drama Bergmans nur die folgenreiche Geste, die dem Tod etwas abringt, zugleich aber das Leben kostet (auch das eine heilsgeschichtliche Wieder-

Holung der christlichen Erzählwelt). Beide Reisen sind von Opfern und Toten begleitet, beide erzählen von Fanatikern und Stoikern, von Naiven und Realisten. In beiden Fällen sind die Protagonisten bedachte Spieler, die die Ausnahme in der tödlichen Logik suchen und sich deshalb auf den Weg machen. Am Ende der Reisen steht zum einen der Tod, zum anderen das wiedergewonnene Leben. In beiden Fällen wurde aber letztlich so etwas wie Sinn erfahren, wenn man dem Wörterbuch der Gebrüder Grimm folgt:

sachen, dinge erfahren, erforschen, erkunden und nicht selten mit einem vorausgeschickten verbum des gehens, wodurch gleichsam äuszerlich ausgedrückt wird, was ursprünglich in erfahren selbst gelegen war: gehe hin und erfahr mir das; gehet und erfahret uns; mache dich auf und erfahr es; gehet durch die gassen zu Jerusalem und schawet und erfaret, und sucht auf irer straszen, ob ir jemand findet der recht thu. Jer. 5,1;[17]

17 Art. „erfahren", in: Jacob Grimm / Wilhelm Grimm, Deutsches Wörterbuch, Frankfurt / M. 2004.

Hans-Martin Gutmann

Glückserfahrung in der Ambivalenz des Lebens

„Glück" – das ist der erfüllte Augenblick, die Hoch-Zeit, der Ausbruch aus der Alltäglichkeit, bisweilen auch ein ganz unspektakuläres Frohsein-Können in alltäglichen Lebensvollzügen. In der Glückserfahrung soll die erfüllte Zeit auf eine Weise wahrgenommen werden, dass sie nicht durch unerfüllbare Erwartungen und Wirklichkeitsausblendungen im gleichen Augenblick wieder zerstört wird. Für die Glückserfahrung förderlich, ja notwendig ist eine nicht moralistisch-genussfeindliche, aber realitätsoffene Haltung, in der Ambivalenzen wahrgenommen und ausgehalten werden können: Es gibt Glück nicht als vollständige Harmonie, nicht als „Friede-Freude-Eierkuchen"-Erfahrung. Konflikte müssen angenommen, Elend muss aufgehoben werden, und bisweilen ist Glück nur möglich als Entrinnen aus einer zerstörerischen Situation.

Diese Haltung einzuüben und zu bestärken ist eine wichtige Aufgabe des Religionsunterrichts, und zwar von ihrem eigenen Gegenstand her. Die Erzählbewegung der Bibel handelt vom erfüllten Augenblick, aber auch von der dunklen Seite des Lebens. Glück – die Befreiung aus Unterdrückung, die Verheißung von Nachkommen und Land und die Gabe der Tora durch JHWH – wird erfahren als Rettung, als Geschenk und Verheißung Gottes. Der erfüllte Augenblick ist die erfüllte Beziehung zwischen Gott und Gottesvolk, zugleich der Menschen untereinander und mit ihrer natürlichen Lebensumwelt. Das beglückende Wirklichwerden dieser Beziehung ist die Erfahrung vollendeter Gegenwart im Hier und Jetzt. Darin ist Glück Wiederkehr der Zeit, wie sie in allem Anfang da war: „Und es war sehr gut", Gottes Urteil über seine Schöpfung – ein Urteil, das Menschen in ihren alltäglichen Konflikten oft nicht mitsprechen können. Und zugleich ist der erfüllte Augenblick das Schon-da-Sein der kommenden Zeit, in der alle Tränen abgewischt werden, in der wir Gott nicht mehr wie in einem dunklen Spiegel, sondern von Angesicht zu Angesicht sehen (1. Korinther 13,12).

Die *Arbeit mit Filmen* im Religionsunterricht legt sich gerade bei diesem Thema dadurch nahe, dass zahlreiche massenwirksame Filme sowohl Kontakt zur biblischen Erzähltradition haben (sie „basteln" mit Symbolen und Erzählfiguren, die es genau in dieser Tradition „schon gibt") als auch Kontakt haben zu Lebensgefühlen, Lebensführungsproblemen, Sehnsüchten und Ängsten von heutigen Jugendlichen– andernfalls würden Filme nicht „funktionieren", also ihr Publikum erreichen und in die Kinos locken können.

Die Arbeit mit Filmen im Religionsunterricht soll sich zugleich der in aktuellen Lehrplänen vorausgesetzten Kompetenzorientierung stellen. Dabei sollte offen verfahren und nicht kurzschlüssig entschieden werden: dass die Arbeit mit Filmen Kompetenzen fordert, schult und anstößt, zeigt sich in der Regel im Vollzug dieser Arbeit – ohne dass dies immer vorab von einem feststehenden Kompetenzenkatalog erwiesen werden könnte. In diesem Beitrag wird der Zusammenhang von Kompetenzentwicklung und Filmarbeit mit Blick auf das Medium (welche Kompetenzen werden durch die Arbeit mit Filmen überhaupt im Unterricht gefördert?) und mit Blick auf das Thema *Glück* entfaltet. Die hier präsentierten Interpretationsbeispiele von Filmen sind vor allem für den Religionsunterricht in der gymnasialen Oberstufe geeignet.

Die in der Arbeit mit Filmen zu entwickelnde Kompetenz liegt vor allem in der Einübung der Genauigkeit von Wahrnehmung durch Verlangsamung und Differenzierung im Prozess von sinnlichen Eindrücken hin zu begrifflichen Urteilen.

Ästhetische Wahrnehmung soll hier als aufmerksame Frage danach verstanden werden, wie etwas gemacht ist. Unter pädagogischer Intention beinhaltet eine an ästhetischer Wahrnehmung orientierte Arbeitsweise einen Prozess zu organisieren, in dem sinnliche Wahrnehmungen abgefragt werden:

Was habe ich wahrgenommen (gesehen; gehört)? Welche Gefühle sind mir gekommen? Welche Einfälle (Assoziationen, Erinnerungen) sind mir entstanden?

Dazu kommen begriffliche Urteile:

Dieser Film ist schön/gelungen; funktioniert hier und jetzt, erreicht die Zuschauenden; die Message, die These, die Botschaft des Filmes lässt sich auf diese oder jene Weise zusammenfassen.

Diese Dimensionen sollen auf eine Weise miteinander ins Spiel gebracht werden, dass genau und langsam (also als Unterbrechung vorschneller Urteilsweisen) danach gefragt wird, auf welche Weise Sinneseindrücke auf der einen und begriffliche Urteile auf der anderen Seite durch das ästhetische Produkt (also Bilder, Töne, Gesten, Schnitte usw. des zu interpretierenden Filmes) jeweils hervorgerufen werden.

Gerade für das Verhältnis von Jugendlichen zum Umgang mit Massenmedien ist ein solcher Zugang wichtig, ja sogar notwendig. Die Arbeit mit Filmen steht dabei exemplarisch für die Arbeit mit modernen Massenmedien überhaupt. Ziel ist, dass sich Jugendliche durch Kinofilme, Fernsehnächte, Internet-Sessions u.a.m. nicht „aufsaugen lassen", sondern eine Wahrnehmungshaltung einüben lernen, die darauf aufmerksam wird, welche ästhetischen Mittel eingesetzt werden, um bestimmte Gefühle, Sinneseindrücke und Urteile zu erzeugen. Ästhetische Wahrnehmung befähigt zur Kritik. Sie kann u.a. dadurch eingeübt werden, dass Jugendliche die Story mit ihren Plots, die Schnitte, die Bildsprache, die Gesten und Äußerungen der Schauspielenden, die Platzierung musikalischer Plots usw. präzise und mit langsamem Blick analysieren und auf ihre Wirkung, aber auch auf ihren Beitrag für die Gesamtwirkung des Filmes hin befragen.

Die in der religionspädagogischen Arbeit mit Filmen zum Thema *Glück* zu entwickelnden Kompetenzen liegen vor allem in der Wahrnehmung von Ambivalenzen und in der Wahrnehmung der Bewegung von der negativ-zerstörerischen Seite der Ambivalenzwahrnehmung hin zu ihrer positiv-lebensförderlichen Seite. In beiden Dimensionen soll zugleich die hermeneutische Kompetenz entwickelt werden, Resonanzen zwischen den Filmen auf der einen und biblischen Erzähltraditionen bzw. Symbolen der jüdisch-christlichen Religionstradition auf der anderen Seite zu erkennen.

Die im Folgenden vorgeführten Filmbeispiele sind nach dem Kriterium ausgewählt, dass sie auf der einen Seite in ihrer jeweiligen Situation als massenwirksame Kinoereignisse „funktioniert" haben (also ihr Publikum erreicht haben und erfolgreich waren), auf der anderen Seite aber heute schon so abständig sind, dass eine für die unterrichtliche Bearbeitung typische Enttäuschung gar nicht erst eintreten kann: dass nämlich die intensive „Fluss-Erfahrung" des Aufgehens der Zuschauenden im Hier und Jetzt, die beim Kinobesuch eines Blockbusters in der Regel gesucht und oft erreicht wird, in der Filmarbeit im schulischen Religionsunterricht nicht reproduzierbar ist. Wird diese Erwartungshaltung schon durch die Auswahl der Filme gar nicht erst aufgebaut, so kann eine interessiert-entspannte Haltung der Schülerinnen und Schüler in den unterrichtlichen Filminterpretationen begünstigt werden.

About a boy: die Not-Wendigkeit von Beziehung in der individualisierten Gesellschaft[1]

About a boy (England/USA 2002, Romanverfilmung eines Werkes von Nick Hornby, mit Hugh Grant, Toni Collette, Rachel Weisz, Nicolas Hoult, Regie: Paul und Chris Weitz, Filmstart in Deutschland 2002) ist ein langsamer Beziehungsfilm (auch mit vielen inneren Monologen, die aus dem Off eingesprochen werden) mit erheblicher Situationskomik vor allem für Zuschauende, die Einfühlungsvermögen in die englische Scheu vor peinlichen

---

1   Vgl. hierzu auch: Hans-Martin Gutmann, „About a boy" ein Plädoyer gegen die individualisierte Gesellschaft. In: Junge Kirche 5/2002, 26ff.

Situationen aufbringen. Von denen bringt dieser Film eine ganze Menge. Auf dem Höhepunkt der Filmhandlung beispielsweise singt der zwölfjährige Marcus in einem Schul-Rockkonzert mit piepsiger Stimme Roberta Flagg's *Killing me softly* – „für meine Mom", wie er ausdrücklich ankündigt, und riskiert damit den Untergang vor seinen sarkastischen Altersgenossinnen und -genossen. Er tut es, weil seiner depressiven Mutter das Herz warm wird, wenn sie ihn singen hört. Und es ist auch nur um Nuancen weniger peinlich, als ihm Will (Hugh Grant) mit der Gitarre zu Hilfe kommt und für die seltsame Freundschaft mit dem Jungen genau das aufgibt, was bisher sein einziger Lebensinhalt war: Coolness zu wahren.

Die Beziehungsgeschichte zwischen Will und Marcus beginnt mit der Versenkung einer Ente. Will lebt ausgesprochen gut von den Tantiemen eines (ihm ebenfalls peinlichen) Weihnachts-Songs, den sein Vater vor Urzeiten einmal geschrieben hat und den in England jedes Kind mitsingen kann. Sein Lebensinhalt besteht darin, buchstäblich nichts zu tun, sich auf keine Beziehung einzulassen und schöne Frauen unverbindlich zu verführen. Er hat herausgefunden, dass dies besonders schön mit allein erziehenden Müttern funktioniert: Sie hängen oft noch in ihren alten Beziehungen und wollen sich selber nicht wirklich auf eine neue Liebesbeziehung einlassen, ersparen Will so Schuldgefühle bei der Trennung. In einer solchen Situation kommt es zu einer zufälligen Begegnung mit Marcus, dessen Mutter gerade zu depressiv ist, um sich um ihn zu kümmern. Die Mutter gehört noch zur Müsli-Generation, kleidet sich und Marcus entsprechend (was Marcus' Chancen, alltägliche Schulhofsituationen heil zu überstehen, nicht gerade erhöht), verbietet dem Sprössling den Besuch bei McDonald's, und vor allem: Sie backt selbst Brot, das so ungenießbar ist, dass Marcus es an die Enten verfüttern will, aber auch so hart, dass er es nicht auseinander bekommt. Und so schleudert er es als ganzes in den Teich und wirft aus Versehen eine Ente tot.

Dieser Tag ist der Beginn einer wunderbaren Freundschaft: Will deckt Marcus gegenüber dem zu Recht alarmierten Parkwächter. Als er dann Marcus zu Hause abliefern möchte, hat dessen Mutter soeben einen Selbstmordversuch unternommen.

Auch in der Schule läuft es furchtbar: Selbst die beiden indischen Jungs, die bisher schon von allen auf dem Schulhof gemieden werden, bitten Marcus, sich nicht mehr neben sie zu stellen, da sie bisher von den Größeren wenigstens nicht mit Steinen beworfen wurden. Marcus ist einfach total uncool: Er läuft in Klamotten im Stil seiner Mutter herum, gibt altkluge Weisheiten von sich und hat die Angewohnheit, unmotiviert und unkontrolliert in den unmöglichsten Situationen loszusingen, ohne es zu merken.

Marcus beginnt, Will zu besuchen. Der will zunächst nichts mit ihm zu tun haben, wird aber von der Klarheit, mit der Marcus die Beziehung aufnimmt, schlicht überwältigt. Im Grunde geht es Marcus um einen Thera-pieversuch für seine Mutter: Zu dritt, so seine Hypothese, lebt es sich besser, und die Mutter könnte von ihren Depression befreit werden (Prediger 4,11: „und eine dreifache Schnur reißt nicht leicht entzwei").

Es entspinnt sich, leise und langsam, eine Beziehungsgeschichte zwischen dem Mann und dem Jungen. Will bekommt mit, wie Marcus in der Schule gequält wird, und kauft ihm ein paar coole Klamotten („Das einzige, was ich wirklich kann, ist: Ich habe einen Griff für coole Turnschuhe und CDs."), um Marcus aus dem Underdog-Status herauszuhelfen. Er verliebt sich – wieder – in eine allein erziehende Mutter, aber diesmal ernsthaft. Er braucht, um leichter Kontakt aufnehmen zu können, die Hilfe seines selt-samen neuen Freundes. Und in all dem: Will erkennt, dass sein bisheriges Leben leer war. Er kann sich durch die Beziehung zu Marcus verändern, er wird beziehungsfähig zu sich selber und zu anderen Menschen.

Bei der Interpretation dieses Filmes im Religionsunterricht sollte man sich hüten, in eine weit verbreitete Unsitte in der religiös interessierten Interpretation populärkultureller Werke nach dem Muster des Witzes vom Eichhörnchen einzustimmen – Die Lehrerin einer kirchlichen Schule fragt: Was ist das? Hüpft von Baum zu Baum und hat einen buschigen Schwanz? – Max antwortet: Wenn ich meinem gesunden Menschenverstand traue, ist das ein Eichhörnchen, aber wie ich den Laden hier kenne, ist das bestimmt wieder das herzallerliebste Jesulein. – Wer diesen Film mit „theologisch interessierter Brille" liest, wird schnell ein christologisches Muster erkennen wie in zahllosen anderen massenwirksamen Filmen auch, nämlich das Mo-tiv der Hingabe (entsprechend der hellenistischen Freundschaftsethik Jo-hannes 15,13): Marcus riskiert vollständige soziale Missachtung bei seiner Peergroup, um seiner Mutter das Herz zu erwärmen. Und auch Will gibt seine gesamte Lebenskonzeption preis, um Marcus in dieser Situation bei-zustehen – und gewinnt neues Leben und zudem eine neue Liebesbezie-hung. Leben wird möglich durch die Bereitschaft zur Lebenshingabe.

All das ist nicht falsch, trifft aber noch nicht das Geheimnis und den Charme dieses Filmes. Es sind vor allem zwei Erzählstränge, mit denen der Film bezaubert. Einmal erzählt er von der heilsamen Kraft der Beziehung, deren Charme auch ein bisher vollständig selbstbezogen lebender Individu-alist nicht widerstehen kann. Es ist die Power, die Echtheit und auch die manchmal etwas nervige Grenzüberschreitung, mit der Marcus die ausge-klügelten Strategien der Beziehungsverweigerung des erwachsenen Mannes unterläuft. Auf der anderen Seite erzählt der Film von der Unlebendigkeit individualisierter Lebensstrategien, die aber erst durch gelingende Bezie-hung in ihrer Leere wahrnehmbar werden.

In der Interpretation im Religionsunterricht können diese Erzählzüge mit alttestamentlicher Weisheitsliteratur (Wie kann ein Einzelner warm werden? Prediger 4,11), mit neutestamentlichen Erzählungen (z. B. Lukas 11,5–13, der „bittende Freund") und reformatorischen Einsichten (z. B. Luthers Rede vom „homo in se incurvatus", dem „in sich verkrümmten" Menschen) oder auch theologischen Ideen (z. B. „Gott in der Beziehung") verbunden werden. Zugleich ermöglicht der Film einen Blick auf Haltungen und Beziehungsmuster in der zeitgenössischen Moderne. *About a boy* ist unter diesem Blickwinkel ein zivilreligiöses Märchen. Auch in der individualisierten Gesellschaft spüren dessen Protagonisten insgeheim, dass sie nicht für sich allein leben können, und versichern sich ihrer Überlebensmöglichkeit durch Gegen-Geschichten.

Das Unterrichtsgespräch über diesen Film (wie über Filme überhaupt) kann eine Erfahrung von In-der-Situation-Aufgehen („Flusserfahrung") und intensiver Begegnung mit dem Ich und den Anderen („Communitas-Erfahrung") auslösen, wenn eine Haltung von Wertschätzung, von unbedingtem Interesse an den Fragen und Meinungen des anderen und der Suche nach möglichst genauen sprachlichen Bildern für eigene Gedanken und Gefühle von dem/der Unterrichtenden unterstützt wird. Die Interpretation von *About a boy* kann vor allem zur Entwicklung der Kompetenz beitragen, selbstreflexiv und wahrnehmungsoffen gegenüber Beziehungen zur Lebenswelt und Lebensführung der Schülerinnen und Schüler beizutragen. Was ermöglicht, was verhindert Beziehungen aufzunehmen und zu leben? Welche Sehnsüchte und welche Ängste verbinden sich mit der Aufnahme, der alltäglichen Gestaltung von vertrauten und verbindlichen Beziehungen? Und vor allem: Welchen Risiken setzen sich Menschen aus, die um ihrer inneren und äußeren Unabhängigkeit willen sich gegenüber intensiven Beziehungen verweigern?

Okay: alltägliche Ambivalenzen des Lebensglücks in einer dänischen Tragikomödie

Der dänische Film *Okay*, der im August 2003 in die deutschen Kinos kam, ist ein komisches Familiendrama oder eine dramatische Familienkomödie. Die Beziehung zwischen der selbstbewussten, schlagfertigen und ein wenig übereifrigen Nete (Paprika Steen), ihrem Mann Kristian – einem erfolglosen Autor und leicht distanzlosen Hochschullehrer – und der Zahnklammer-geplagten Tochter Kathrine wäre für sich schon in aller Alltäglichkeit aufregend, schwierig und konfliktbelastet genug. Jetzt wird auch noch Netes Vater, zu dem sie ein herzliches Verhältnis hat, todkrank. Was wird aus dieser Familie werden, wenn Nete nicht lockerlässt, ihren Vater in die Wohnung zu holen, ihn mit ihrem Bruder Martin auszusöhnen, der mit dem Vater seit acht Jahren nicht mehr gesprochen hat und der als schwuler Mann zu allem Überfluss im Begriff ist, Vater zu werden?

Okay, ein Film des dänischen Regisseurs Jesper W. Nielsen mit aus vielen Dogma-Filmen bekannten Darstellern und Darstellerinnen, vor allem der wunderbaren Paprika Steen, ist selbst kein Dogma-Film. Aber er ist der Dogma-Tradition insofern verhaftet, als sein genauer Blick auf Beziehungsmuster ohne Voyeurismus gegenüber Gewalt oder Sexualität auskommt, dafür aber eine sehr präzise Wahrnehmung auch für die kleinen Gesten hat, an denen sich die Wahrheit im zwischenmenschlichen Leben auf allen Ebenen zeigt.

Und zugleich ist dieser Film eine unverstellte und realitätsgerechte Perspektive auf die Familie in der spätmodernen Gesellschaft. Dies gilt für die Familienstruktur: Neuere familiensoziologische Untersuchungen zeigen die spätmoderne Familie als einen generationsübergreifenden multilokalen Verband. Charakteristisch ist, dass mit dem Älterwerden der Menschen die Beziehungen *zwischen* den Generationen immer wichtiger werden, wichtiger bisweilen als die Beziehungen auf der gleichen Generationsebene. Menschen haben heute, ganz anders als noch vor 100 Jahren, die Chance, noch ihre Enkel und Urenkel groß werden zu sehen. Unter dem Dach einer gemeinsamen Herkunftsfamilie können ganz unterschiedliche Familienformen existieren: Kleinfamilien mit und ohne Kinder, verheiratete und nicht verheiratete Liebespaare, gleichgeschlechtliche und heterosexuellen Liebes- und Lebensgemeinschaften, Single-Haushalte. All diese Lebensformen können über unterschiedliche Regionen, ja Erdteile verstreut seien. Ihr Zusammenhalt besteht durch die Verbindung zur gemeinsamen Herkunftsfamilie. Zugleich werden ältere Menschen für die alltägliche Kommunikation und Haushaltsorganisation immer wichtiger. Viele Familien mit kleinen Kindern könnten heute nicht existieren, wenn nicht die Großeltern bereit und in der Lage wären, immer wieder einzuspringen – mit Zeit, mit Geld, mit jeder Art von Hilfe.

All dies hat auch krisenhafte und konfliktbelastete Seiten.

Und diese zeigt der Film *Okay* in aller Intensität. Was geschieht, wenn sich Großeltern in die Erziehung ihrer Enkelkinder einmischen? Was, wenn sie sehr genau Entwicklungen in der Liebesbeziehung ihrer erwachsen gewordenen Kinder wahrnehmen, die diese voreinander und vor sich selbst verleugnen wollen? Und was geschieht, wenn ihre Hilfe schließlich zur Einmischung wird und vielleicht sogar den Zusammenhalt und das Zusammenleben der Familie bedroht?

In all dem wird *Okay* mit genauen Wahrnehmungen und seiner präzisen, obgleich unspektakulären Erzählweise unter der Hand zu einem großen Film über die kleinen Chancen des Glücks. Gegenüber allzu großen Sehnsüchten nach Harmonie und Konfliktfreiheit zeigt der Film sehr realistisch, einfühlsam und mit der nötigen Brutalität: Der große Harmonietraum ist ohne Konfliktbereitschaft eine zerstörerische Fantasie. Konflikte gehören zum Leben, sie müssen durchgestanden werden, gerade wenn man sich dem Geschenk der Liebe und des Lebens nicht verschließen will.

Davon erzählt in anderer Weise auch die Jesusgeschichte. Nähe und Zugewandtheit, Solidarität und Vertrautheit müssen den Blick auf das Dunkle, das Konfliktbelastete, auch das Elend des Lebens einschließen, wenn sie nicht zu einer süßlichen Sauce über zerstörerischen Verhältnissen geraten sollen. Die Geschichte, die mit Weihnachten beginnt, führt nach vielen Stationen des Heilwerdens, der Feier des Lebens und des getröstet Werdens zum Kreuz. Aber sie bleibt nicht im Elend, sondern endet mit dem großen Versprechen: dem Kommen der Neuen Welt Gottes, in der kein Schmerz und kein Leid, keine Schuld und kein Tod mehr sein werden.

Okay ist kein ausdrücklich religiöser, sondern ein sehr profaner Film. Auch darin teilt er wichtige Dimensionen der Jesusgeschichte: Es ist das alltägliche Leben, das Jesus mit seinen Freunden und Freundinnen geteilt hat, es sind alltägliche Geschichten, die Jesus in seinen Gleichnissen vom Kommen des Gottes Reiches erzählt hat.

Babettes Fest: das Geschenk, das Fest, der Traum

Babettes Fest (Dänemark 1987, Regie Gabriel Axel) ist mit einem Oscar für den besten ausländischen Film gekrönt worden.[2] Zur Filmerzählung nur so viel: Nach dem Tod ihres Vaters, eines Sektengründers in einem einsamen dänischen Dorf, haben die beiden unverheiratet gebliebenen Töchter die Leitung der Gemeinde übernommen, die längst den Geist ihrer Ursprungszeit verloren hat und sich in Streitritualen der alt gewordenen Mitglieder verliert. Die Schwestern nehmen eine junge französische Frau als ihre Haushälterin bei sich auf, die in Paris eine der fähigsten und begehrtesten Köchinnen gewesen ist, aber wegen des Krieges nicht dorthin zurückkehren kann und für viele Jahre bei den Schwestern bleibt. Eines Tages erhält sie per Post die Nachricht, dass sie einen sehr großen Lottogewinn erzielt hat. Babette beschließt, als Dank ein Essen für die Schwestern und ihre Gemeinde zu bereiten, und die Schwestern entscheiden, selbst wenn ihnen das ein bisschen unheimlich ist – sie haben sich bisher nur Brotsuppen kochen lassen und sind dem Alkohol abhold – dieses Geschenk anzunehmen. Aber sie verabreden mit den übrigen Gästen, den alternden Mitgliedern ihrer

---

2 Vgl. zu Folgendem auch: Hans-Martin Gutmann, Das Geschenk, das die Gewalt verschlingt. Über Krimis, Kino und Gott oder Geld, Wuppertal 2001.

Gemeinde: Ganz gleich, was auch geschieht, wir wollen nichts zum Essen sagen.

Babettes Fest ist eine intensive Filmerzählung zur Ambivalenz des Glücks, ablesbar vor allem an diesen Dimensionen: „Schenken", „Fest" und „Traum".

Schenken ist eine ambivalente Sache, das ist beispielsweise in der Vorweihnachtszeit oder in der Vorbereitung eines Geburtstagsbesuches intensiv zu erfahren. Schenken will Freude machen, will überraschen, Verbundenheit stärken, Liebe zeigen. Aber da ist auch die Kehrseite: Manche werden von einem Verpflichtungsgefühl bestimmt („Wer hat mir letztes Mal eigentlich was, wie viel, von welchem Wert geschenkt?" – „Muss ich mit einem Geschenk etwas wiedergutmachen?"). Hier basieren spätbürgerliche Gesellschaften zu Weihnachten, aber beispielsweise auch zur Konfirmation an auf einer uralten Ökonomie des Gabentausches mit den drei Verpflichtungen: Gaben (Geschenke, aber auch Einladungen, Hilfeleistungen, Freundlichkeiten usw.) müssen gegeben, angenommen und erwidert werden.[3] Wo diese Form von Ökonomie vorherrscht (und sie herrscht auch in modernen Gesellschaften noch in intimen Beziehungen, in Familien, unter Freunden vor), wird durch Geschenke die wechselseitige Verbundenheit ausgedrückt und verstärkt. Diese Ökonomie der Verpflichtung kann sich zu „Geschenkschlachten" steigern, beispielsweise im indianischen „Potlatch", einem zyklisch wiederkehrenden Fest, in dem sich Clans bzw. ihre Häuptlinge darin überbieten, wer die größten und wertvollsten Geschenke machen oder – als Zeichen seines Reichtums und seines Großmuts – zerstören kann. Wer am meisten gibt, ist Sieger, wer nicht mehr zurückgeben kann oder eine Einladung abweisen muss, hat ein „verfaultes Gesicht", wie es heißt, und wird das nächste Mal nicht mehr eingeladen.

Kehren wir zu unseren heutigen Geschenkritualen zurück. Geschenke müssen möglichst kunstvoll eingepackt sein; was nicht eingepackt ist und – mit den Gesten und Ausrufen von Überraschung und Freude – vom Beschenkten ausgepackt werden kann, zählt per definitionem nicht als Geschenk.[4] Geschenke müssen genau kalkuliert sein, um tatsächlich Verbundenheit zu stärken und nicht umgekehrt gerade die Beziehung zu stören. Wem kann ich was schenken? Eine Flasche Sekt ist zu Weihnachten nicht recht passend für die Geliebte, eher für den Gärtner oder die Postbotin. Geschenke zeigen den Grad an Intimität und Distanz in der Beziehung. Dessous können bei einer Adressatin Rührung und Liebesbeteuerungen

---

3 Marcel Mauss, Die Gabe. Form und Funktion des Austausches in archaischen Gesellschaften. Zit. nach W. Lepenies u. a. (Hg.), Soziologie und Anthropologie Band 2, Frankfurt/M. 1978.
4 Helmuth Berking, Schenken. Zur Anthropologie des Gebens. Frankfurt/New York 1996.

auslösen und wäre anderswo völlig fehl am Platz. Umgekehrt sind Bücher – die neue Harry-Potter-Ausgabe beispielsweise – eher etwas für die Nichte, wenn sie denn in den Geschenktauschzirkel eingebunden ist. Entscheidend für die Akzeptanz von Geschenken ist auch der Zeitpunkt in einer Beziehungsgeschichte, vor allem bei einer Liebesbeziehung. In der Phase der Beziehungsanbahnung werden andere Geschenke erwartet als in der Phase, in der eine Beziehung schon gesichert ist. Wer zu früh beispielsweise Schmuck schenkt, kann das Gegenteil von dem erreichen, was er möchte. Also: Geschenke sind eine ziemlich komplizierte Angelegenheit. Alle, die in der Vorweihnachtszeit oder vor dem Geburtstag eines lieben Menschen schon einmal durch die Geschäfte irrten, werden ein Lied davon singen können.

In der biblischen Großerzählung des Alten und Neuen Testaments wird erzählt: Gott schenkt das Leben, er schenkt sein Gesetz und seine Verheißung und in der Menschwerdung schenkt er sich selbst. Ein unüberbietbar großes Geschenk, das mit einer wunderbaren Verheißung verbunden ist: Dieses Geschenk muss und kann von uns Menschen, denen es gilt, nicht „wiedergutgemacht" werden. Schon der Versuch wäre zerstörerischer Größenwahn. Dieses Geschenk Gottes will nicht eine Gegengabe herausfordern, sondern eine Lebensänderung: Gottes Geschenk kann im Glauben angenommen werden, wir können Gott dafür danken und ihn loben, wir können ihn und sein Geschenk feiern.

Im Fest treten wir für eine Zeit aus unseren Alltagsverpflichtungen heraus, wir sehen den anderen Menschen nicht mehr mit den Augen des Kunden oder der Arbeitskollegin oder des Mitschülers, sondern als offenes Angesicht. Gott danken und das Leben feiern: In der Zeit des Festes ist, wenn es gelingt, der gute Anfang wieder da, so wie das Leben gemeint war. Im Fest wird die Fülle, der Reichtum, der Überfluss des Lebens sichtbar. Ein Fest misslingt, wenn es in der Haltung des Sparens, der Knappheit, des Bei-sich-behalten-Wollens angefangen wird. Deshalb passt zum Fest auch die Haltung, den geschenkten Überfluss weiterzugeben. In biblischer Perspektive gehören Feiern und Solidarität mit den Armen auf die gleiche Seite. Martin Luther hat das in seiner Freiheitsschrift von 1520 so gesagt:

Sieh, so müssen Gottes Güter von einem zum anderen fließen und gemeinsames Eigentum werden, dass jeder sich so um seinen Nächsten annimmt, als handele es sich um ihn selber. Von Christus her fließt sie zu uns; denn er hat sich in seinem Leben unser angenommen, als wäre er das gewesen, was wir sind. Von uns aus sollen sie denen zufließen, die sie brauchen, und zwar ebenso völlig.

Der Wunsch, jemanden wirklich zu beschenken, ist im Innersten von einem großen Traum erfüllt; nämlich sich vom Überfluss des Geschenks Gottes beschenken zu lassen ohne die Phantasie, es wiedergutmachen zu müssen.

Aus lauter Lebensfreude weiterschenken. Und frei schenken: nicht weil man rechnet und kalkuliert, auf ein Geschenk zu antworten oder eine Beziehung zu stärken hat. Selbst schenken ohne Phantasie, dass es mir zurückgezahlt werden muss. Schenken als Dank für das Leben, das Gott schenkt und in das er sich selber hineinschenkt. Schenken aus Lebenslust. Ein Traum, der das Leben neu machen kann.

STEFAN GEIL

Torture Porn – Die Renaissance des Folterns

Einleitung

> „Nichts reißt uns so unwiderstehlich
> zur lebhaftesten Teilnahme hin wie
> fremde Lebensgefahr: Nichts ist ent-
> setzlicher als eine Hinrichtung."[1] –
> *Arthur Schopenhauer*
>
> „I feel irrational […] so confronta-
> tional […] to tell the truth I am get-
> ting away with murder."[2]
> *Papa Roach*

Mit dem Begriff *Torture Porn* (übersetzt: Folter-Porno) wird eine neue Welle von Filmen bezeichnet, die explizite Gewaltdarstellungen wie Verstümmelungen, Erniedrigungen, Folter oder Ähnliches beinhalten.[3]

Man kann diese Entwicklung hin zu immer härter werdenden Filmen durchaus zeitbedingt verstehen.[4]

Bei Torture Porn-Filmen geht es um die Angst vor körperlicher Versehrtheit, Schmerzen und letztendlich vor den Tod. Diese Entwicklung scheint sich zum einen durch den fortschreitenden Schönheits- und Gesundheitswahn und zum anderen durch die immer größer werdende Medienpräsenz des Themas Folter zu ergeben.

Spätestens durch die Ereignisse des elften September und die jüngsten Skandale in Guantanamo und Abu Ghraib ist das Thema Folter wieder mit festen Assoziationen und Bildern verknüpft, die schwer abzuschütteln sind.

---

1 Arthur Schopenhauer, Die Welt als Wille und Vorstellung, Bd. II, Frankfurt/M. 1986, S. 593.
2 Aus dem Lied *Getting away with murder* der Band Papa Roach.
3 Die Definitionen variieren. Der Begriff wird im deutschsprachigen Raum inflationär verwendet, ohne dass seine Bedeutung ausreichend geklärt wäre. Der einzige Artikel, der eine m.E. gute Definition gibt, findet sich auf der englischen Wikipedia-Website: http://en.wikipedia.org/wiki/Torture_porn#.22Torture_porn.22.
4 So war zum Beispiel der amerikanische Horrorfilm der 50er Jahre ein Spiegel der gesellschaftlichen Angst vor den neuen nuklearen Technologien.

Außerdem stellt sich auch die schwierige Frage, ob man gerade eine reale Berichterstattung oder nur eine zeitgeistorientierte Fiktion zu Gesicht bekommt, wenn man den Fernseher einschaltet.

Denn je eifriger die Nachrichtenmagazine immer wieder neue Vorfälle von Folter in inländischen oder ausländischen Haftanstalten oder in anderen Zusammenhängen behandeln, desto emsiger nehmen Filme und TV-Serien sich des heiklen Themas an und produzieren mediale Klone von Lynndie England und Co. Nur operieren diese Folterknechte bedenklicherweise nicht mehr in jedem Fall auf der falschen Seite des Gesetzes, sondern gehen teilweise ihrem blutigem Handwerk mit so guten Gründen nach, dass man ihnen vor allen Dingen emotional kaum etwas entgegenzusetzen hat.

Ob im Bond-Abenteuer *Casino Royale*, im Polit-Thriller *Syriana* oder auch in Serien-Formaten wie *24, Prison Break* oder *C. S. I.*: Die Folter spukt als Thema in diversen Hollywoodproduktionen herum und sogar *Harry Potter* muss sich mittlerweile mit dem Cruciatus-Fluch auseinandersetzen und im Film *Der Orden des Phoenix* mit einer speziellen Schreibfeder selbst verstümmeln.

Doch während in den oben genannten Formaten das Foltern ein Nebenschauplatz ist, wird es in Torture Porn-Filmen als Aufhänger benutzt und ist zumeist die bestimmende Thematik.

Auch der Folterbegriff an sich wird in diesem Sub-Genre des Horrorfilms seiner landläufigen Bedeutung entrückt: Folter hat in Torture Porn-Filmen fast nie die Erzwingung eines Geständnisses oder die Beschaffung von Informationen zum Ziel. Sie ist losgelöst von solchen Zwecken: Es wird gefoltert um des Folterns willen.

Der Ursprung des heutigen Torture Porn-Films liegt in den 70er und 80er Jahren begründet. Zu dieser Zeit waren Filme mit ähnlicher Thematik ein absolutes Nischenprodukt. Als Sub-Genre des Grindhouse-Films (*to grind* – schleifen, leiern; bezieht sich auf die Filmrollen, die in einem Kino so oft abgespielt werden, dass sie anfangen zu leiern), wurden sie wegen ihrer Altersfreigabe ab 18 nur in Bahnhofs- oder Pornokinos gezeigt oder überschwemmten später den Videomarkt.

Handlung, Darsteller und Ausstattung waren zumeist billig und die Titel machten reißerische Versprechungen. Rückwirkend kann man auch diese Filme anachronistisch als Torture Porn-Filme bezeichnen.

Das Nischendasein ist ab dem Jahr 2000 durch einen festen Wirtschaftsfaktor im Mainstream abgelöst worden. Die Vorteile der damaligen Produktionen haben sich nicht verändert: Torture Porn-Filme sind heute immer noch in der Produktion relativ billig und spielen im Schnitt das Fünf- bis Zehnfache ihrer Kosten wieder ein.

Seit dem Jahre 2003 startete eine neue Welle solcher ganz besonders harter und grausamer Produktionen. Mit dem Remake *The Texas Chainsaw*

Massacre (2003), welches bis jetzt ein Prequel nach sich zog (*Texas Chainsaw Massacre: The Beginning*, 2006) begann es und wurde in den darauf folgenden Jahren fortgesetzt mit Filmen wie Rob Zombies *House of 1000 Corpses* (2004), dem Sequel *TDR – The Devil's Rejects* (2005), James Wans *Saw* (2004), der es mittlerweile auf zwei Sequels (*Saw II* 2005, *Saw III* 2006) und ein Prequel (Saw IV, 2007) gebracht hat, Eli Roths *Hostel* (2005) mit dem Sequel *Hostel Part II* (2007) und Alexandre Ajas *The Hills have Eyes* (2006), welcher auch ein Sequel nach sich zog (*The Hills have Eyes II*, 2007).[5]

Erstaunlicherweise waren alle genannten Filme für die große Leinwand erdacht und liefen recht erfolgreich den konkurrierenden „Brüdern und Schwestern aus Hollywood" den Rang ab.

Und durchaus finden sich in Struktur und Darstellung der Gewalt Parallelen zu anderen erfolgreichen und skandalträchtigen Filmen. So kann man problemlos auch einen Film wie Mel Gibsons *Passion of the Christ* in das Torture Porn-Genre einordnen, denn formal erfüllt er durch seine schwer verdaulichen Gewaltszenen diese Klassifizierung. Sogar der Film *Funny Games* (Österreich 1997) des deutschen Regisseurs Michael Haneke, der ausdrücklich als Plädoyer gegen Gewaltdarstellung gedacht war, kann als Torture Porn-Film angesehen werden.[6]

Die fortlaufend härter werdenden Filme bereiten der freiwilligen Selbstkontrolle immer größere Probleme. Allen Filmen kann man eine gewisse Jugendgefährdung nicht absprechen. Dennoch werden Torture Porn-Filme gerade von Jugendlichen und jungen Erwachsenen konsumiert.

Sind diese Filme tatsächlich daran interessiert, dem Zuschauer traurige Realitäten zu vermitteln oder sorgen sie nur für den drastischen Nervenkitzel zwischendurch?

Folter, Tod und Auferstehung

Do you want to play a game? It's time to pay for what you've done. Because what you're and what I am is the sickness I've become now. I cut you up and down and inside out and rip you limb from limb. There will be bloodshed, there will be nightmares, there will be slicing up the skin.[7]

---

5 Diese Auswahl ist keineswegs vollständig und umfasst nur die erfolgreichsten Filme der letzten Jahre.

6 Auch zu *Funny Games* wird es dieses Jahr noch ein Hollywood-Remake vom selben Regisseur geben.

7 Aus dem Lied *Do you want to play a game?* der Band Oxygen aus dem Soundtrack von *Saw IV*.

Saw (James Wan, USA 2004)

Zwei Männer, der junge Fotodetektiv Adam Faulkner (Leigh Whannell) und der Arzt Lawrence Gordon (Cary Elwes) erwachen in einem gefliesten Raum. Jeder ist mit einer massiven Kette an ein Rohr gefesselt. In der Mitte liegt eine Leiche mit einem Revolver in der Hand. Durch ein Tonbandgerät, welches sie in der anderen Hand hält, erfahren die beiden, dass sie sich in einem bestimmten Zeitraum befreien müssen, sonst werden sie nicht mehr aus dem Raum herauskommen bzw. werden Dr. Gordons Frau und Tochter sterben.

Doch birgt die Befreiung noch das unschöne Detail, dass sie sich den Fuß abschneiden müssen, um die Kette loszuwerden. Die Säge, die ihnen beiden dafür zu Verfügung steht gibt dem Film den Titel: Saw.

Die Figur, die den beiden dies antut, ist der so genannte Jigsaw-Killer (Tobin Bell), der auf den Körpern seiner Opfer immer eine puzzleteilartige Schnittwunde hinterlässt.

Obwohl dieser mysteriöse Unbekannte im Film kaum zu sehen ist, erhält man durch diverse Tonbandaufnahmen und Rückblenden nach und nach Informationen über ihn. Jigsaw bringt seine Opfer vorsätzlich in lebensgefährliche Situationen, aus denen sie sich nur befreien können, indem sie sich selbst oder einem anderen Menschen Schaden zufügen. Technisch gesehen ist dies laut Aussage Dr. Gordons nicht einmal Mord, da Jigsaw es immer so einrichtet, dass die Opfer sich selbst töten.

Erst im Verlauf der Saw-Reihe, die mittlerweile vier Filme von unterschiedlicher Qualität umfasst, wird klar, dass Jigsaw gar nicht möchte, dass seine Opfer scheitern, sondern dass sie durch seine „Spiele" ihr sündhaftes Leben überwinden und wieder zu einer sinnvolleren und dankbareren Existenz finden. Jigsaw wirft Dr. Gordon vor, kranken Menschen immer wieder die Todes-Nachricht überbracht zu haben, nun soll Dr. Gordon selbst den Tod bringen, um sich zu befreien. Adam wird zur Last gelegt ein Voyeur zu sein, der apathisch und wütend ist.

Das verblüffende Ende führt alle Erzählstränge im gefliesten Raum zusammen. Durch eine Verkettung glücklicher und unglücklicher Umstände kann Dr. Gordons Familie durch die Hilfe eines Ex-Cops vor dem Tod bewahrt und befreit werden. Dr. Gordon, der davon leider nichts weiß, hat sich in seiner immer größer werdenden Verzweiflung seinen Fuß abgesägt – was in zwei sehr kurzen Einstellungen nur angedeutet wird – und vorgetäuscht, Adam mit dem Revolver der Leiche tödlich verwundet zu haben. Adam ist jedoch nur in der Schulter getroffen und kann durch das Überraschungsmoment den töten, welchen er – da er den Raum mit Schusswaffe betritt – für den Killer hält: den Krankenpfleger Zep. Dr. Gordon, durch den schweren Blutverlust geschwächt, lässt Adam im Raum zurück um

Hilfe zu holen. Adam durchsucht Zeps Leiche und findet bei ihm ein neues Tonbandgerät mit Anweisungen Jigsaws für Zep. Der Krankenpfleger wurde genauso von Jigsaw manipuliert.

Jigsaw, mit richtigem Namen John Kramer, lag die ganze Zeit geschminkt und betäubt wie tot in der Mitte des gefliesten Raums. Er ist die Leiche, die von Beginn des Films an zwischen Adam und Dr. Gordon lag.

Es handelt sich um einen todkranken Hirnkrebspatienten aus Dr. Gordons Krankenhaus. Als das Ultimatum abläuft, wacht er langsam wieder auf. Und lässt Adam allein im Dunklen zurück. Adams Schreie hallen in den Abspann hinein.

Eine düstere, in dunkelgrüne und blaue Farbfilter getauchte Optik verbunden mit schmutzigen Settings: James Wans *Saw* ist deutlich von dem ähnlich gelagerten Thriller *Sieben* (David Fincher, USA 1995) inspiriert. Die Dilemmasituationen in *Saw* erinnern sehr an einzelne Tathergänge in Finchers Film, etwa an den Habgiermord, in welchem ein Anwalt dazu gezwungen wurde, sich ein Pfund Fleisch aus seinem Körper zu schneiden.[8] Doch erreicht er bei Weitem nicht die Tiefe und das intellektuelle Level von *Sieben*. Dennoch ist er ein interessanter Vertreter des Torture Porn-Genres. Die oben genannten Vorteile einer Torture Porn-Produktion bestätigen sich bei *Saw*. Der mit etwa 1,2 Mio. Dollar Kosten für Hollywoodverhältnisse schon als Low-budget-Produktion zu bezeichnende Film, der immerhin weltweit 102 Mio. Dollar einspielte, kommt ohne wirklich große Hollywood-Schauspieler aus – auch wenn man einige Gesichter wie Danny Glover, Cary Elwes oder Shawnee Smith durchaus wiedererkennt.

Seinen Erfolg verdankt *Saw* der stylischen Inszenierung, der recht ausgeklügelten Rückblendenstruktur, die allerdings zu immer größeren Logiklöchern führt, und schließlich dem bitterbösen Ende.

Die Rahmenhandlung spielt sich nur in dem gefliesten Raum ab, in dem sich Adam und Dr. Gordon befinden. Von dort aus wird durch Erzählungen der beiden rückgeblendet und in diesen Rückblenden gibt es wieder neue kurze Rückblenden. Die ganze Struktur des Films gleicht einem Puzzle: Mit jedem Stück bekommt der Zuschauer neue Informationen, die alles wieder in einem anderen Licht dastehen lassen.

Der innovative Kern des Films sind die unterschiedlichen Spiele Jigsaws, die trotz ihrer tödlichen Konsequenzen sehr an düstere Variationen von TV-Shows erinnern, in denen es mittlerweile auch immer öfter darum geht, Grenzen zu überschreiten.

Jigsaw gibt meistens über Tonbandgeräte oder Videoaufzeichnungen einer sprechenden Puppe Anleitungen für seine Spiele: „Leben oder Sterben, Sie haben die Wahl."

---

8 Ein Zitat aus dem *Kaufmann von Venedig*.

So muss sich etwa ein Mann, der einen Selbstmordversuch hinter sich hat, so schnell wie möglich durch ein klingenbesetztes Stacheldrahtdickicht kämpfen, um nicht in dem Raum zu sterben. Die Anweisungen zu seinem Spiel bekommt er durch ein Tondbandgerät:

Hallo Paul. Sie sind ein vollkommen gesunder, vernünftiger Mann aus der Mittelschicht. Trotzdem haben Sie sich im letzten Monat mit einer Rasierklinge die Pulsadern aufgeschlitzt. Haben Sie das gemacht, weil Sie wirklich sterben wollten oder wollten Sie nur ein bisschen Aufmerksamkeit erregen? Heute Nacht werden Sie es mir zeigen. Der Witz ist, wenn Sie sterben wollen, müssen Sie einfach nur bleiben, wo Sie jetzt sind. Wenn Sie aber leben wollen, müssen Sie sich erneut aufschlitzen. […] Wie viel Blut wollen Sie vergießen, um am Leben zu bleiben?

Ein zweites männliches Opfer wacht in einem Raum, der über und über mit Zahlenkombinationen bekritzelt ist, auf. Da der Raum vollständig geschlossen ist und über keine Lichtquelle verfügt, muss der Mann mit einer Kerze nahe an den Wänden entlang leuchten. Der Haken ist, dass das Opfer mit einer hochbrennbaren Paste eingerieben ist.

Weder der Mann im Stacheldraht noch der Mann im dunklen Raum überleben. Die Spiele sind Rückblenden, die von den Tatorten zurückführen. Dennoch werden beide Spiele noch einmal gezeigt, unterbrochen von den Ausführungen der Polizisten.

Die Darstellungsweise beider Todeskämpfe ist so eindrucksvoll wie fragwürdig: Im Zeitraffer, mit schnell dazwischen geschnittenen Close-ups finden beide Leben ihr jähes Ende. Das – die Sinne fast überstrapazierende – Geschehen ist mit harten Industrial-Klängen unterlegt.

Am zweiten Tatort finden die Polizisten ein Guckloch in der Wand. Der Killer hat bei seinen Taten zugesehen, genau wie der Zuschauer gerade.

Ein drittes Opfer, die junge Frau Amanda (Shawnee Smith), welche innerhalb der *Saw*-Reihe eine zentrale Rolle einnehmen wird, muss sich aus einer Apparatur befreien, die an ihrem Kopf sitzt und droht ihren Kiefer auseinanderzuspreizen. Der Schlüssel zu ihrer Freiheit befindet sich im Magen ihres bewusstlosen Zellengenossen. Sie tötet ihren Zellengenossen, was nur angedeutet wird, entnimmt ihm den Schlüssel und befreit sich. Als ihr Spiel vorüber ist, bewegt sich eine mechanische Puppe mit einem Dreirad auf sie zu und sagt mit Jigsaws Stimme:

„Herzlichen Glückwunsch. Sie leben weiter. Die meisten Menschen sind so undankbar dafür, dass sie noch leben. Aber Sie nicht. Jetzt nicht mehr."

Amanda gibt den Polizisten zu verstehen, dass Jigsaw ihr durch seine unmenschliche Behandlung geholfen hat, ein besserer Mensch zu werden.

Jigsaw, über den man in den vier *Saw*-Teilen immer mehr erfährt, ist ein selbst ernannter Richter. War in *Sieben* noch der Kunstgriff, dass sich der Killer von seinen Urteilen nicht ausschließt, was erst im dritten Teil der *Saw*-Reihe nachgereicht wird, so ist er hier über seine eigene Schuld erhaben.

Jigsaw ist ein bösartiger Demiurg der die – seiner Meinung nach „schuldigen" – Menschen in seine Welten reißt. Andererseits ist er aber auch ein stigmatisierter Erlöser. Selbst sterbenskrank, möchte er nicht, dass seine Opfer sterben, sondern dass sie sich ihr Leben erkämpfen und zu besseren Menschen werden.

Er sieht sich als Missionar, der mit dem Allheilmittel der erzwungenen Entäußerung zu Werke geht. Die Apparaturen, die er dazu entwirft, erinnern mit ihrem archaischen Design an die Verhörinstrumente der Inquisition. Dieser Vergleich ist auch durch den ähnlichen Zweck naheliegend: Es sind nicht nur plumpe Maschinen der Zerstörung, sondern auch Werkzeuge der Läuterung und Reinigung.

Bei den ersten Opfern, die man im Verlauf des Films um ihr Leben kämpfen sieht, bekommt man nur Jigsaws Sichtweise dieser Menschen vermittelt, welche sich aus Neid und Wut ergibt.

Er fasst seine Einstellung in der Mitte des Films so zusammen: „Ja, ich bin krank. Krank an einer Krankheit, die mich von innen her auffrisst. Krank wegen der Menschen, die verachten, wie gut es ihnen geht. Krank wegen der Menschen, die das Leid anderer verhöhnen."

Dadurch, dass Jigsaw zwar der Antagonist ist, aber es immer wieder schafft, zwischen seinen Bestrafungen und den Verfehlungen der Opfer rationale Tun-Ergehens-Zusammenhänge herzustellen, wirken diese Szenen auf der einen Seite vollkommen wahnsinnig und unverhältnismäßig, auf der anderen Seite aber doch irgendwie gerechtfertigt. Man hat ja nur den Selbstmörder vor Augen oder nur die Drogensüchtige, im Falle von Dr. Gordon den Todesbotschafter oder im Falle von Adam den Voyeur, der immer nur zusieht. Aber diese Sichtweise ist schon die des Killers, mit der man sich permanent und kritisch auseinanderzusetzen hat. Sowohl das Verwerfliche als auch das Reizvolle an *Saw* ist seine Einladung zur schuldlosen Mittäterschaft des Zuschauers. Doch diese Mittäterschaft ist nicht real – schon durch die eigentümliche Inszenierung der Figuren und Bilder. Die Opfer werden durch den pathologischen Blick des Killers nur auf ihre einzelnen Sünden hin gesehen und von ihnen ausgehend zur Rechenschaft gezogen.

Das Ende von *Saw*, Jigsaws unverhofftes Erwachen und die gleichzeitige Klärung seiner Identität, wird als Auferstehung vom Tod inszeniert. Der Todgeweihte, der schon tote Jigsaw erhebt sich über die gesunden, aber undankbaren Menschen und triumphiert.

Nur bedeutet diese Auferstehung für Adam, den ersten (sein Gesicht ist das erste, was man im Film zu Gesicht bekommt) und letzten (er ist die letzte noch im Spiel befindliche Person), den sündig gewordenen Menschen, der sich nicht befreien konnte, auch gleichzeitig sein Endgericht. Die Ironie ist, dass Adam in der ersten Szene, in welcher er in einer Badewanne im gefliesten Raum zu sich kommt, den Schlüssel für die Ketten schon vor Augen hatte.

In immer schneller werdender Schnittfolge wird nun der gesamte Film in wenigen Sekunden noch einmal durchgespult, bezeichnenderweise ziemlich genau die Szenen, die dem Zuschauer nach der ersten Sichtung des Endes durch den Kopf gehen. Die ganze Geschichte muss von diesem Ende aus wieder neu gedacht werden. Jigsaw hatte immer alle Fäden in der Hand und war immer die bestimmende Kraft.

Im Verlauf der *Saw*-Reihe werden immer mehr christliche Themen in schmerzhafter Weise bearbeitet. So antworten die weiteren drei *Saw*-Teile in eigener Weise auf die Themen Nachfolge, Rache, Vergebung und Unsterblichkeit.

Die Anfangssequenz von *Saw* II zeigt einen Menschen, der eine mittelalterlich anmutende Maschine auf dem Kopf trägt. Jigsaw wirft ihm vor, immer nur zugesehen zu haben. Die Apparatur, eine Art mechanische Venusfliegenfalle, wird zuklappen, wenn das Opfer sich nicht den Schlüssel besorgt. Dieser befindet sich hinter seinem rechten Augapfel. Diese Szene kann auch als Anspielung auf das Jesuswort aus dem Matthäusevangelium angesehen werden: „Wenn dich aber dein rechtes Auge zum Abfall verführt, so reiß es aus und wirf's von dir. Es ist besser für dich, dass eins deiner Glieder verderbe und nicht der ganze Leib in die Hölle geworfen werde."[9]

Passion of the Christ (Mel Gibson, USA 2004)

Der Garten Gethsemane bei Nacht. Jesus (Jim Caviezel) steht an einem Olivenbaum. Er betet verzweifelt (die Sprache ist ein phonetisch rekonstruiertes Aramäisch, die Römer sprechen alle Latein). Zur gleichen Zeit wird Judas vor den hohen Rat geführt und erhält dreißig Silberlinge für den Verrat an Jesus.

Im Garten Gethsemane tritt derweil der Teufel auf. Er wird als ein androgyner, albinoartiger Mensch ohne Haare dargestellt, der, während Jesus weiter betet, Zweifel sät. Eine Schlange kriecht unter dem Mantel des Teufels hervor. Jesus zertritt sie. Judas führt die Wachen zu Jesus und gibt ihm den Verräterkuss. Nach einem kurzen Streit mit den Jüngern wird Jesus abgeführt.

Der Ritt durch die Instanzen der jüdischen und römischen Gerichtsbar-

---

9 Mt 5,29.

keit nimmt bis zum bitteren Ende seinen Lauf. Vom hohen Rat, vor dem Jesus schon nicht zimperlich behandelt wird, geht es zu Pontius Pilatus, welcher keine Schuld an ihm finden kann. Er schickt Jesus, da er Galiläer ist, zu Herodes Antipas. Dieser, schon nahe an der Grenze zum Wahnsinn, ist mit seinem travestieartig dekadenten Hofstaat zu keinem Urteil in der Lage, hält Jesus nur für verrückt und schickt ihn wieder zurück zu Pilatus, welcher dem Volk den Vorschlag macht, einen Gefangenen freizulassen. Er denkt an Jesus, doch das Volk entscheidet sich, aufgestachelt durch Kaiphas und den hohen Rat, für einen missgestalteten und als verrückt dargestellten Barrabas.

Pilatus, dem mittlerweile die Optionen ausgehen, lässt Jesus, um das aufgebrachte Volk zu beruhigen, von Soldaten öffentlichkeitswirksam mit Stöcken schlagen, um zu verhindern, dass an ihm ein Todesurteil vollstreckt werden muss.

Diese Bestrafung jedoch, an welcher die römischen Vollstrecker eine erstaunliche Freude entwickeln, eskaliert. Als die zwei ebenfalls ausgesucht hässlich dargestellten römischen Peiniger sehen, dass Jesus die Stockschläge mit stoischer Ruhe über sich ergehen lässt, greifen sie sich Peitschen, an deren Enden sich rasierklingenartige Endstücke befinden und schlagen ihn halb tot. Man führt ihn wieder vor Pilatus und das Volk, das einstimmig die Kreuzigung fordert. Pilatus gibt nach und wäscht vor dem Volk seine Hände.

Jesus wird, beladen mit einem Kreuz und unter ständigen Schlägen, Tritten und Verhöhnungen von Jerusalem bis nach Golgatha getrieben. Dort angekommen, wird er mit zwei weiteren Männern in einer unglaublich brutalen und langwierigen Prozedur gekreuzigt.

Maria Magdalena, Maria, Jesu Mutter, und Johannes wohnen dem Geschehen bei, bis Jesus stirbt, der Himmel eine/n einzelne/n Träne/Wassertropfen vergießt, statt des Tempelvorhangs gleich der ganze Tempel entzwei bricht und der Teufel schreiend in einem tief im Abgrund liegenden Ödland seine Kopfbedeckung verliert. Die Frauen und Jünger nehmen Jesu Leichnam vom Kreuz.

Die letzte Szene, der Epilog, zeigt uns das Grab Jesu. Der Stein rollt beiseite und gibt den Blick auf ein Leichentuch frei, welches sich langsam senkt. Jesus steht bis auf die Wundmale vollkommen makellos im Licht und tritt aus dem Grab.

Mel Gibsons im Jahre 2004 erschienene *Passion Christi* steht auf Platz 36 der erfolgreichsten Filme aller Zeiten und hat bei einem Budget von 30 Mio. insgesamt über 600 Mio. US-Dollar eingespielt. Wegen seiner durchgängig expliziten Gewaltdarstellungen wird er ebenfalls in das Torture Porn-Genre eingeordnet, wenn auch freilich die Intention des Regisseurs eine andere gewesen sein mag. Die explizit antisemitische Grundstimmung des Films lässt es nicht geraten erscheinen, den Film im Religionsunterricht einzusetzen. Ihn zu kennen, ist als Hintergrundinformation für die Lehrenden aber sicher hilfreich.

Der Film widmet sich ganz den letzten zwölf Stunden des Lebens Jesu. Diese Rahmenhandlung wird – ähnlich wie in *Saw* – immer wieder durch Rückblenden unterbrochen.

Die *Passion Christi* orientiert sich lose an den Schilderungen des Johannesevangeliums, zitiert aber an manchen Stellen auch aus allen synoptischen Evangelien. Hinzu kommen noch ein paar spätere katholische Traditionen, etwa die heilige Veronica, die Jesus mit einem Tuch das Gesicht reinigt.

Der Film bietet viele übernatürliche Elemente, etwa den sehr häufig auftretenden Teufel oder die Geschehnisse rund um Jesu Tod und Auferstehung.

Doch in der ersten Stunde ist *Die Passion Christi* – von jenen Elementen einmal abgesehen – ein Gerichtsfilm. Durch Jesu Auftreten versagen alle Instanzen gleichermaßen: Hoher Rat, Statthalter, König, keiner kann ein Urteil fällen, denn ohne Zweifel hat sich Jesus keines Verbrechens schuldig gemacht und das wird auch von Pilatus und sogar vom wahnsinnigen Herodes so gesehen. Besonders hilflos ist Pontius Pilatus, die einzige wirklich ambivalent gezeichnete Figur, der seinem Untergebenen befiehlt, Jesus hart zu bestrafen. Das Strafmaß der Stockschläge geht in der lustvollen Hingabe der Folterknechte an ihre Aufgabe unter. Die Gewalt wird durch mangelnde Kontrolle Pilatus' zum Selbstläufer.

Die langsame Verwandlung von einem vollkommen unversehrten Mann bis zu einem blutigen Stück Fleisch sucht ihresgleichen: In keinem anderen Film wird ein Mensch so minutiös zerfleischt, nicht einmal bei den härtesten Vertretern des Genres.

Die direkten Peiniger Jesu sind dabei zu grobschlächtigen Abziehbildern degradiert. Man erkennt schnell, dass Gibson sein Publikum nicht durch Ambivalenz auch der Folterer verunsichern will, nein, die Menschen, die Hand an Jesus legen, sind ohne Frage zutiefst schlecht.

Dass der Film trotz solcher Klischees funktioniert, liegt vielleicht gerade in seiner vollkommen überzogenen Darstellung der Gewalt. Nicht nur die Filmfiguren, die Jesus peinigen, sind krankhaft und hässlich, sondern auch die Darstellungsweise der Gewalt. Der Zuschauer sieht mit den Augen der Folterer und somit Jesus bei seinem unvorstellbaren Todeskampf zu. Auch hier befindet er sich in einer Mittäterschaft, jedoch gestaltet sie sich anders. Waren es in *Saw* immer hektische Einstellungen, welche in Zeitraffer und pointiert verkürzt die Todeskämpfe von Jigsaws Opfern zusammenfassten, so sind es in der *Passion* immer wieder die Totalen und lange andauernde

Nahaufnahmen, die jeden Zentimeter von Jesu geschundenem Körper einfangen.

So innovativ und einfallsreich die perversen Spielchen bei *Saw* waren, so monoton ist die Gewalt hier. Und auch wenn sie anatomisch vollkommen überzogen dargestellt ist – Jesus hätte nach realen Maßstäben schon das Auspeitschen kaum überleben können und wäre spätestens danach an Blutverlust und Erschöpfung gestorben – so erzeugt sie zumindest eine bedrückende Atmosphäre.

Auch wenn der Tod Jesu schon zu Beginn des Films keine Überraschung ist, so sind es sicherlich die überlangen Folterszenen. Manche, etwa das Zusammenbrechen Jesu unter dem Kreuz oder das Einschlagen der Nägel, sind in Zeitlupe inszeniert. Ein makabres Detail bietet diese letzte Szene: Die Hände, die Jesus ans Kreuz nageln, sind die des Regisseurs.

Theologisch gibt sich der Film wenig progressiv. Das Weltbild von *Die Passion Christi* ist ein komplett biblizistisch-konservatives. Die Authentizität, die der Regisseur erreichen möchte, wird immer wieder durch die wie selbstverständlich dargestellten übersinnlichen und übernatürlichen Elemente gebrochen.

Des Teufels oder der Dämonen, die Judas heimsuchen, hätte es gar nicht bedurft, um Zweifel zu säen. Andere weniger auffällig eingestreute christliche Symbole wie eine weiße Taube nimmt man aufgrund dieser aufdringlichen Elemente kaum wahr.

Konservativ sind auch die Zeichnungen der Charaktere. Die Figur des Jesus lässt passiv alle Leiden über sich ergehen. Seine Lehre wird in den kurzen Rückblenden kaum angerissen und Geschichten wie die Austreibung aus dem Tempel, welche ihn zornig erscheinen lassen könnten, werden vollkommen ausgeblendet.

Maria Magdalena (Monica Belucci) wird durch eine Rückblende mit der Ehebrecherin[10] identifiziert, die von Jesus vor der Steinigung gerettet wird. Bei Judas reicht es nicht aus, dass er sich wegen seiner Schuldgefühle das Leben nimmt, sondern er muss durch mehrere Heimsuchungen dazu getrieben werden.

Bei den eindeutigen Negativ-Figuren scheint der Film gar Zusammenhänge zwischen ihrem Aussehen und ihrer Boshaftigkeit herzustellen, etwa bei den beiden römischen Folterern, dem Mörder Barrabas oder den schreienden, spuckenden alten Männern, den Mitgliedern des Hohen Rates.

Auf Golgatha gibt es eine Szene, in welcher Jesus von einem der anderen Gekreuzigten verhöhnt wird. Sekunden später setzt sich ein Rabe zu dem Lästerer und beginnt, ihm die Augen auszupicken; es ist geradezu zwingend, darin einen Tun-Ergehens-Zusammenhang zu sehen.

10 Vgl. Joh 8, 1–11

Die langwierigen Darstellungen von Jesu Marter scheint Mel Gibson durch den höheren Zweck, den er erzielen wollte, legitimiert zu haben.

Doch wird das Publikum nicht allein mit den Eindrücken von Jesu körperlicher Vernichtung entlassen.

Von der Auferstehung wird nicht indirekt wie in den Evangelien durch das leere Grab und eine Botenerscheinung erzählt, sondern sie spielt sich vor den Augen des Zuschauers im Grab ab.

Durch diese knapp einminütige Auferstehungsszene wird das letzte Bild wieder das eines Jesus sein, der zwar die Wundmale hat, aber ansonsten vollkommen wiederhergestellt in das Licht schreitet. Die Leiden, die ihm vor der Kreuzigung zugefügt wurden, sind vollständig zurückgenommen.

Darstellungsformen von Folter

> „I tried to walk the line. Then I saw
> there is no line. See, we here […]
> we are playing on a level the most
> will never see."[11]
> *The Devil's Rejects*
>
> „It's not like 24, this is real life."[12]
> *John McCain*

Saw und *Die Passion Christi* sind Apotheosen des Strafens und des Leidens. So wie Jigsaw der Meinung ist, nur durch seine Bestrafungen Menschen zu einem besseren Leben zu führen, so ist der Regisseur Gibson der Meinung, die unvorstellbare Geschichte Jesu auf Zelluloid bannen zu können. Unmoralisch sind beide Filme, was nicht heißen soll, dass es unmoralisch wäre sie zu goutieren. Nur unterliegen beide Filme mit ihrer Darstellungsweise einem Denkfehler: Sie glauben an die Vermittelbarkeit von Folter und Gewalt.

Im Prinzip gibt es aber keine Möglichkeit, Gewalt adäquat darzustellen. Die beste Art ist meist ihre Auslassung. Etwa in einem Film wie David Finchers *Sieben* werden die grausamen Morde des John Doe (gespielt von Kevin Spacey) als das dargestellt, was sie sind: unmittelbar und unvorstellbar. Dadurch, dass der Zuschauer nur die Tatorte sieht, ist *Sieben* sozusagen ein

---

11 William Forsythe spielt in *The Devil's Rejects* einen Sheriff, der mit diesem Satz beginnt die Mörder seines Bruders zu foltern.

12 Der republikanische Präsidentschaftskandidat John McCain äußerte sich so über Folter. http://youtube.com/watch?v=FwHd5tuneeM&feature=related.

Torture Porn-Film für den Kopf. Man hat für die nicht vorzustellenden Taten nur die Fluchtlinien ihrer Resultate zur Verfügung. Und doch wirft auch ein Film wie *Sieben* wieder die Neugier nach den Bildern auf, die dem Zuschauer vorenthalten bzw. seiner mehr oder weniger ausgeprägten Phantasie überlassen werden. Es ist ein Phänomen des menschlichen Geistes, eine Grenze, die durch Auslassung vorgegeben wird, immer schon mit dem Zur-Kenntnis-Nehmen überschritten zu haben.

Tatsächlich gibt es Strategien, Gewalt und Folter nicht nur darzustellen, sondern auch zu rechtfertigen; und je mehr man davon zeigt, desto mehr normalisiert man sie auch.

Die gerechtfertigte Folter ist ein filmisches Mittel, welches viel öfter außerhalb des Torture Porn-Genres zu finden ist. Die Argumente zu ihrer Rechtfertigung sind dabei immer dieselben. Entweder ist die Begründung ideologischer, emotionaler oder zeitlicher Natur. Alle drei Argumentationsweisen finden sich immer wieder in Kino- oder Serienformaten.

Und erstaunlicherweise scheinen sie in diesen Zusammenhängen gut zu funktionieren, was aber an den Grundkonstellationen liegt, in welchen sie eingesetzt werden.

Ein ebenso einleuchtendes wie erschreckendes Beispiel von gerechtfertigter Folter liefert die amerikanische TV-Serie *24*. Die Serie handelt von dem Antiterroragenten Jack Bauer (Kiefer Sutherland), welcher jeweils 24 Stunden Zeit hat, eine Bedrohung der nationalen Sicherheit, sei es das Attentat auf den zukünftigen Präsidenten oder einen Atomschlag gegen die USA, größtenteils im Alleingang zu verhindern.

Obwohl Jack Bauer recht unverhohlen gegen sämtliche Rechte und Gesetze verstößt, ist er niemals unsympathisch, sondern geht seinem Handwerk stets für das „höhere Ziel" nach. Ganz gleich, ob er jemanden mit einem Strom führenden Kabel foltert oder damit droht, die beiden Söhne und die Frau eines Verdächtigen töten zu lassen.[13] Natürlich droht er letztere Aktion nur an und bekräftigt im Nachhinein, dass er so etwas niemals tun würde, doch bleibt das Ergebnis dasselbe. Jack Bauers Vorgehensweise erzielt immer die gewünschten Erfolge. Niemals wird er mit der Frage konfrontiert, den Falschen verdächtigt zu haben oder die gewünschten Informationen nicht bekommen zu haben. Die Folter wird quasi rückwirkend durch die Ergebnisse begründet, welche man natürlich nur so und nicht anders hatte erzielen können.

Ein Film, der sich gar nicht erst auf die Visualisierung der Gewalt einlässt, ist Michael Hanekes *Funny Games*. Eine bürgerliche Familie, Vater, Mutter und Kind, wird von zwei mit weißen Handschuhen bekleideten

---

13 Ersteres geschieht in der vierten Staffel in Folge 11, letzteres in der zweiten Staffel in Folge 12.

jungen Männer immer schlimmer werdenden Zerreißproben und Psycho-
spielen unterzogen. Immer wenn es in *Funny Games* zur Gewalt kommt, ist
der Zuschauer gerade in einer Position, in der er gar nicht verfolgen kann,
was gerade geschieht. Man hört nur die Schmerzenschreie, hat aber gerade
den anderen Peiniger im Bild, der beispielsweise in der Küche steht und
sich gelangweilt ein Brot schmiert. Was den Film noch unerträglicher
macht, ist der hin und wieder direkt mit dem Publikum kommunizierende
Peiniger. Er nimmt den Zuschauer immer wieder ins Vertrauen, unter-
bricht ein Gespräch, wendet sich plötzlich der Kamera zu und fragt, ob uns
das gefällt.

Der einzige wirklich sichtbare Gewaltakt ist der Mord an einem der beiden Peiniger. Und diese Handlung ist für das Publikum wie eine Befreiung.
Doch ist sie von sehr kurzer Dauer, da der verbleibende Peiniger sich einfach eine Fernbedienung schnappt und den Film zurückspult. Dieser Aus-
weg wird dem Zuschauer nicht gegönnt und als etwas entlarvt, dass man
nur im Film hat: eine Erlösung von der Gewalt durch die Gewalt. Doch
Funny Games endet anders. Die Familie findet den Tod, während die Peiniger die nächste Familie aussuchen. Die Katharsis wird verweigert.

Auch *Saw* verweigert sich der Katharsis. Die Schreie des Gequälten be-
gleiten uns noch während des Abspanns und führen aus dem Film hinaus.
Und dies ist gleichzeitig eine Frage an den Zuschauer: Auf wessen Seite
schlage ich mich jetzt? Auf die des verängstigten Kaninchens in der Falle
oder auf die der triumphierenden Schlange. Letzteres wird überdeutlich
angeboten und vollkommen ungeahndet bleiben – es ist ja nur ein Film.

Man ist als Zuschauer nur ein Besucher in einer fremden Welt und wohnt
zwar sehr unangenehmen Dingen bei, ist aber weder Subjekt noch Objekt
des Gewaltaktes – auch wenn einem dieser glaubhaft suggeriert wird.

Die (Ver-)Mittelbarkeit der Folter ist jedoch ein Trugschluss. Folter ist
unmittelbar, unvorstellbar und dennoch sehr trivial. Das nicht viel dazu
gehören muss, einen anderen Menschen in Todesangst zu versetzen oder
psychisch und physisch zu destabilisieren, wird in der BBC-Dokumentation
Taxi to the Dark Side (Alex Gibney, USA 2007) dargestellt. Nüchtern erör-
tert der Film, welche Praktiken die U.S.-Streitkräfte in Krisengebieten einsetzen, um ihre Gefangenen „unter Kontrolle" zu halten und ihren Willen
zu brechen. Die Vorgänge, die dort beschrieben werden, haben mit der in
den oben genannten Filmen gezeigten Folter nichts gemein. Es geht kaum
um handfeste körperliche Angriffe wie Schläge, sondern stattdessen hat
man sich auf die so genannte „weiße Folter" verlegt. Sie wird so genannt,
weil sie keine physischen Spuren hinterlässt, aber genauso lebensgefährliche
Folgen haben kann. Die Rede ist von tagelangem Schlafentzug, Scheinexe-
kutionen, Lärmterror, stundenlangem Stehen, kurzzeitiger Unterbrechung
der Luftzufuhr oder dem so genannten „waterboarding", in welchem dem

Opfer das Ertrinken so glaubhaft simuliert wird, dass der Wille schon nach ein bis zwei Minuten gebrochen ist.

Torture Porn-Filme vermitteln weder ein ‚realistisches‘ Bild von Folter noch scheinen sie daran wirklich interessiert zu sein. Brutal und blutig sind die Darstellungen komplett ausdefiniert und überlassen als fertige Bilder nichts der Phantasie der Zuschauer; es sind Bilder, die man jederzeit als „nicht echt" abtun und vergessen kann.

Die Gleichung „noch brutaler + noch detailreicher + noch minutiöser ergibt den größtmöglichen Ekel" wird nicht dauerhaft aufgehen.

Die furchtbaren Folterpraktiken an real existierenden Orten sind in ihrer Tragweite und ihren Konsequenzen, die sie für ein Individuum haben, nicht darzustellen. Gewalt ist weder akzeptabel noch konsumierbar, auch wenn man ihren Phänotyp vollkommen überzeugend medial nachzeichnet. Was ich sehe, wird mir nicht ohne meine eigene Denkleistung und mein Empathie- und Ekelgefühl wehtun können.

THOMAS HELLER / MICHAEL WERMKE

The Beach. Reise, Glück, Tod und der Einblick in eine nahezu unbeachtete jugendliche Subkultur

Die Story ist mitreißend: In einem heruntergekommenen Hostel in Bangkok gerät der englische Rucksackreisende Richard (Leonardo di Caprio) an einen drogenverwirrten Zimmernachbarn und wenig später in den Besitz einer hastig gezeichneten Karte. Ein X markiert eine Stelle im Golf von Thailand: eine Insel mit wahrscheinlich eben dem traumhaften Strand, von dem der Zimmernachbar gerade noch berichtete. Doch der hat unterdessen Suizid begangen und so macht sich Richard ohne ihn, allerdings zusammen mit Françoise und Etienne, einem flüchtig bekannten französischen Pärchen, auf die Suche nach „dem Strand". Diese führt schnell zu Erfolg: Nach einer Reise entlang den thailändischen Touristenburgen, einer illegalen Bootsfahrt in einem Nationalpark, einer Marathonschwimmstrecke und einem Sprung in die Tiefen eines Wasserfalls finden sie eine Kommune mit rund vierzig Mitgliedern unter der Leitung der charismatischen Sal, die in provisorischen Hütten und Zelten am Rande eines traumhaften Strandes leben. Schnell werden die drei aufgenommen: Gemeinsam wird gefischt, gebaut, geliebt (so Françoise und Richard) und insgesamt dank der umliegenden Haschischfelder (die von schwer bewaffneten thailändischen Drogenbauern betrieben werden) eine Menge an nachts heimlich „geerntetem" Dope geraucht. Doch das Paradies ist nicht von Dauer: Ein Haiangriff dezimiert die Gemeinschaft und hinterlässt einen schwer verwundeten Kommunarden, die umliegenden Drogenbauern werden zunehmend brutal. Letztlich zerbricht die Gemeinschaft von innen heraus: Durch die Beziehung von Françoise und Richard entstehen Brüche in der diffizilen Beziehungsstruktur, durch Richards Verrat der Koordinaten der Insel an Rucksackreisende auf dem Festland wird er erpressbar und flüchtet sich bald in beängstigende Allmachtsphantasien. Schließlich eskaliert die Gewalt: Die in ihrer Tätigkeit durch die Weitergabe der Koordinaten gefährdeten Drogenbauern stürmen die Gemeinschaft und stellen Sal vor die Wahl, entweder Richard per „Russisch Roulette" zu erschießen oder aber die Insel zu verlassen. Um das Paradies zu retten drückt Sal ab, Richard überlebt. Dennoch ist damit alles verloren: Erschüttert und zu Tode verängstigt fliehen die Mitglieder der Gemeinschaft auf einem hastig improvisierten Floß. Am Ende findet sich Richard in einem Internetcafé wieder: Eine Mail von Françoise samt angehängtem Bild zeigt ein Gruppenfoto und ein letztes Mal den Strand, als er noch Paradies war.

Aus der Perspektive des evangelischen Theologen und unter Nutzung einiger Fachtermini lässt sich das, ironisch zugespitzt und unter Nutzung einiger recht unscharfer Analogien, schnell nacherzählen: Ein sündiger Mensch erhält unerwartet und vollkommen unabhängig von seinen Werken Zugang zum Paradies bzw. Gottesreich, wohlgemerkt zu einem immanenten Gottesreich liberal-theologischer Prägung. Doch der vorauslaufende Akt der Rechtfertigung (forensische Rechtfertigung) hat aus dem Sünder keinen besseren Menschen gemacht (effektive Rechtfertigung, *sanctificatio* gemäß Mt 7,16–20): Die „Arbeit am Reich Gottes" (Albrecht Ritschl) misslingt und unter dem Einfluss äußerer Kräfte („Welt", Versuchung) und innerer Sünden (Hochmut, Egoismus, Triebhaftigkeit) wandelt sich das Paradies zum läuternden Zerrbild der eigentlich schon verlassenen Welt. Am Ende bleibt nur noch Buße und die vage Hoffnung auf ein Weiterbestehen des Paradieses: irgendwo, irgendwann.

All diese Themen, besonders aber die Themen „Paradies und / oder Gottesreich" und „Anthropologie" lassen sich anhand von *The Beach* behandeln bzw. finden hierin einen vorzüglichen Einstieg. Einige didaktischmethodische Anregungen seien gegeben. So kann zuerst einmal grundlegend davon ausgegangen werden, dass die meisten Schüler der oberen Sekundarstufe I und der Sek. II-Klassen den Film kennen: Entweder haben sie ihn gesehen oder zumindest von ihm gehört, jedenfalls werden sie sich über diesen Film ihre Meinung gebildet haben. Ein Einstieg für den Religionsunterricht (z.B. im Zusammenhang mit einem Anthropologie-Kurs) lässt sich damit über eine Diskussion über die Erwartungen zu diesem Film eröffnen. Welche Bilder vom Leben im Paradies erhoffen wir uns? Werden diese Paradiesvorstellungen im Film enttäuscht oder verstärkt? Welche Vorstellungen vom Paradies werden durch die Filmwerbung, Plakate usw. erzeugt? Vergleiche mit Werbeanzeigen der Tourismusbranche bieten sich an.

Den Gründen der negativen („A movie only for die-hard Leo fans") und positiven Bewertungen des Films („Possibly the most misunderstood film about what paradise is really like!!") lässt sich auch im Internet nachspüren (vgl. z.B. die Nutzerkommentare zu *The Beach*: www.german.imdb.com). Die ‚offiziellen' Werbeslogans zum Film („Innocence never lasts forever", „Somewhere on this planet it must exist", „Paradise Found – Innocence Lost") eröffnen weitere Erschließungsmöglichkeiten des Paradies-Themas.

In einem zweiten Schritt könnte dann die Filmhandlung stärker in den Blick genommen werden. Welche Motive treiben Richard in die Ferne? Welche Sinnerfüllung erhofft er sich von seiner Reise? Die Ursachen des Scheiterns im Paradies können zusammengetragen werden: Welchen Preis sind die Strandbewohner bereit zu zahlen, um „ihr" Paradies zu bewahren? Sind die Menschen „von Natur aus böse", so dass sie jedes Paradies nur zerstören können? Ist das Paradies lediglich als uneinholbare Utopie vorstellbar? Und schließlich gilt es, die Paradiesvorstellung des Films mit den Paradiesbildern aus der jüdisch-christlichen Tradition ins Verhältnis zu setzen. Inwieweit bedient sich der Film biblischer Paradiesbilder? Wie könnte ein Film aussehen, der vom „himmlischen Jerusalem" erzählt?[1]

The Beach bietet einen ausgezeichneten Zugang zu diesen Themen. Doch es sei nochmals einen Schritt hinter die didaktisch-methodische Konkretisierung zurück getan: Sind die aus der „theologischen Nacherzählung" resultierenden Themen „Paradies bzw. Gottesreich" sowie „Anthropologie" nun eigentlich seine beiden einzigen großen Themen? Bei genauerem Hinsehen lässt sich noch ein weiteres, für die religionspädagogische Arbeit überaus wertvolles und insgesamt nur sehr bedingt zugängliches Thema entdecken, auf das hier der weitere Akzent gelegt werden soll. Es lässt sich in seiner Besonderheit wie folgt formulieren: Während eine ganze Reihe von Filmen in verschiedenster Weise vom Finden und Verlieren des Paradieses und/oder Gottesreiches handeln (*Notting Hill, 1492 – Conquest of Paradise, Herr der Fliegen, Star Trek V, Robinson Crusoe* usw.) sowie Filme über anthropologische Themen verschiedenster Art Legion sind, ist *The Beach* nahezu der einzige Film, der zusätzlich Einblick in eine (nicht nur) von Religionspädagogen fast gänzlich unbeachtete, dabei deutlich religiös ausgerichtete jugendliche Subkultur bietet: die Subkultur der „Rucksackreisenden" (engl. „backpackers").

Das überrascht. Zum einen: Sind die Abertausende von deutschen, aber auch japanischen oder kanadischen Jugendlichen, die Jahr für Jahr mit nichts als einem Rucksack und einem Rückflugticket in die Welt ziehen, in der Tat eine jugendliche „Subkultur"? Da Subkultur gemäß gängiger Definitionen eine Untermenge der sozialen Akteure einer Gesamtkultur beschreibt, welche sich unter anderem im Hinblick auf Normen und Lebensziele, Riten, Symbole oder zentrale sinnstiftende Texte deutlich von der „herrschenden" Kultur abgrenzt,[2] kann dies hier durchaus bejaht werden: Auch die Rucksackreisenden haben bei allen Unterschieden im Einzelnen durchaus einige eigene, dabei global einheitliche Normen[3] und Lebensziele

---

1   Vgl. weiterführend zu diesen Anregungen Michael Wermke, „The Beach" und die Sehnsucht nach dem Paradies, in: Loccumer Pelikan 2/2000, 91 ff.; zum Thema Gewalt und Selbstüberwindung Ders., Mythos, Gewalt und Religion. Ein Beitrag zur mythentheoretischen Analyse des populären Kinofilms, in: BThZ 23 (2006), S. 199–213.

2   Vgl. Gertrud Pfister, Art. Subkultur, in: Gerd Reinhold, Soziologie-Lexikon, 3. Aufl. München 1997, S. 661–664.

3   Vgl. Alex Garland, Der Strand, München 2005, S. 128: „Unter den zehn Geboten der Rucksackreisenden ist dies das erste. Man latscht nicht in einen Hindu-Tempel und fragt:

(Spaß, Weltoffenheit, Selbsterkenntnis), Riten und Symbole (spezielle Erkennungsgesten und Kleidung). Es gibt zentrale Texte (Reisehandbuch *Lonely Planet*, in der Südostasienausgabe gar als „Yellow Bible" bezeichnet), die sie überall auf der Welt (zum Teil sehr bewusst) einsetzen und die sie als „Reisende" gegen „Touristen", aber auch gegen „Marktwirtschaft", „Erfolgsorientierung" usw. abgrenzen.[4] Problematisch ist es schon eher, diese Subkultur als „jugendlich" zu charakterisieren – doch gesetzt den Fall, dass „Jugend" nicht schon mit dem Erreichen der Volljährigkeit oder dem Auszug aus dem elterlichen Haushalt, sondern erst mit Beginn der Berufstätigkeit bzw. der Gründung einer eigenen Familie endet, kann auch dies durchaus bejaht werden: „Rucksackreisende" vollziehen ihre Reisen größtenteils zwischen Beendigung der Schule und dauerhafter Berufstätigkeit. Alex Garland, der Autor des Buches *Der Strand*, gibt einen Einblick in Lebenssituation und sozialen Hintergrund sowie die Motive.

Das Schlupfloch
Es ist ein typisches Mittelschichtphänomen.
Zwar kommt es auch bei ehemaligen Eton-Schülern vor, aber das scheinen eher die Bohemien-Typen zu sein – diejenigen, die mit Oxford und Cambridge nichts im Sinn haben und die eine Welt kennenlernen möchten, die ihnen durch ihre Herkunft verschlossen ist. Was die Arbeiterklasse angeht – vergessen Sie's. Rucksackreisen ist eine Sache der Mittelschicht, und von zehn Leuten, die's tun, ist vielleicht einer ein Arbeiter. Das lässt sich mit Zeit und Geld erklären, und mit dem freien Jahr, das man zwischen Schule und Universität einlegen kann. Während dieser Zeit macht man ein paar Monate lang irgendeinen Job, und dann fährt man noch eine Weile in die dritte Welt, um sich selbst zu entdecken. Sich selbst entdecken, den Horizont erweitern – das sind die Einfälle, die aus der Muße geboren sind. Typisch für die Mittelschicht und bestimmt kein Zufall.
Als ich das erste Mal auf Reisen ging, war ich siebzehn Jahre und zwei Monate. Meine Schule veranstaltete einen sechswöchigen Trip nach Nordindien, im Sommer zwischen den Prüfungen, und wir nahmen zu elft daran teil (einschließlich der beiden Lehrer, die ein Auge auf uns haben sollten). Ich erinnere mich, dass das Erste, was wir nach der Ankunft in Srinagar unternahmen, war, Stoff zu besorgen. Ziemlich dämlich, dass uns dies so wichtig war. Aber man muss auch bedenken, unter welchem Druck wir standen. Ein paar von uns hatten ältere Geschwister, die bereits in Indien gewesen waren und Geschichten von Marihuana erzählt hatten, das am Straßenrand wächst, und von Haschisch, so weich, dass man Figuren daraus kneten kann. Wir wollten auch mit Geschichten zurückkommen, und wir hatten nicht vor, Zeit zu verschwenden.

,Wieso betet ihr eine Kuh an?' Man schaut sich um, nimmt zur Kenntnis, passt sich an, akzeptiert."
4 Ebd., 109: „Aber an einem Unterschied konnte ich mich immer noch festhalten: Touristen machten Ferien, und Rucksackfreaks machten etwas anderes. Sie reisten."

Heute sehe ich das alles anders. Diese Geschichten, einst die Belohnung fürs Reisen, haben auch ihren Preis. Es sind großartige Geschichten, die sich in einem winden und darum betteln, erzählt zu werden – und niemand will sie hören. Ich für meinen Teil will nicht zuhören, weil mein Kopf voll ist von meiner eigenen Geschichte, und ich glaube, den meisten anderen Rucksackreisenden geht es genauso.

Deshalb sind wir uns auch im Stillen einig, meine Freunde und ich: Wir erzählen unsere Erlebnisse nicht. Nie. Wir halten den Mund und tun so, als wären wir zu verschiedenen Zeiten unseres Lebens abhanden gekommen – einfach verschwunden aus London und ein paar Monate später wieder aufgetaucht, wundersam sonnengebräunt, aber ansonsten unverändert.

Gelegentlich verstößt einer gegen diese Regel, vielleicht, weil ihm unsere Etikette fremd ist. Dann fängt er an, von einer gefährlichen Busfahrt in Katmandu zu berichten, und wir hören höflich zu und wechseln Blicke. Am Ende wird dem Erzähler dann zu verstehen gegeben, dass er indiskret war; durch eine kühle Reaktion, aber häufiger noch durch eine Bemerkung, die alles untergräbt. „Hm, ich hatte einen Freund, der auf derselben Straße zu Tode gekommen ist." Damit ist die Geschichte fachmännisch erledigt: Schuss in den Hinterkopf mit einer Schalldämpferpistole.

Aber wie bei jedem Kodex gibt es auch hier ein Schlupfloch – eine Möglichkeit, unsere Geschichten auf akzeptable Weise an den Mann zu bringen. Und passenderweise ist es ein Schlupfloch, das zu nutzen die Mittelschicht wie geschaffen ist.

Romane. Schreib die Geschichte auf, ändere die Namen, nenn es Literatur.

Und da ich sehe, dass ich meinen Roman bereits angefangen habe, bleibt mir nur noch, einen Namen für mich auszuwählen.

Ich nehme Richard.

Mein Name ist Richard. Ich bin 1974 geboren, und es braucht nicht viel, um mich auf Reisen gehen zu lassen.[5]

Bleibt noch eine wichtige Frage: Warum sollte die in *The Beach* zugängliche Subkultur der „Rucksackreisenden" nun letztlich für den Religionspädagogen von Interesse sein? Vier Argumente lassen sich anführen:

a) Die Subkultur der „Rucksackreisenden" hat einen deutlich religiösen Akzent. Wohin auch geblickt wird: Rucksackreisende finden sich bei *retreats* in thailändischen Klostern, unterziehen sich indianischen Schwitzhüttenzeremonien im australischen *outback*, nehmen an Voodoo-Zeremonien in den Vorstädten von Harare teil, spüren den Göttern der Mayas in den Tempelruinen von Yucatan nach, suchen Kontakt zu den spirituellen Führern der Navajos usw. Sie deuten ihre Reise in religiöser Sprache, berichten von Visionen und Wundern und kommen mitunter zur Gänze verändert zurück in ihr Heimatland.[6] Auch wenn es sicher falsch wäre, dies christlich zu vereinnahmen: In ihrem „Aussteigen auf Zeit" und der darin

---

5 Ebd., S. 5–7.
6 Vgl. zu diesen Punkten Claudia Metz u. a., Abgefahren, Köln 2001, S. 173.

enthaltenen „Sehnsucht nach dem Paradies"[7] dürften sich zum Beispiel durchaus Elemente der christlichen Pilgerfahrt widerspiegeln.

b) Die Subkultur der „Rucksackreisenden" ist nahezu unerforscht. Während über andere jugendliche Subkulturen, Jugendbewegungen und -organisationen vom CVJM bis hin zu den „Roten Falken", von der „Neuen Harzburger Front" bis hin zu den JuSos zahlreiche Publikationen existieren, läuft der interessierte Forscher hier schnell ins Leere.[8] Dies hat insbesondere mit drei Punkten zu tun: Erstens hat die Subkultur der „Rucksackreisenden" nur wenige Primärquellen hervorgebracht, zweitens sie ist bei weitem nicht so stark verfestigt, organisiert und damit greifbar wie die oben stehenden Organisationen und drittens ist sie letztlich schlicht nicht mehr in ichrem jeweiligen „Heimatland" existent und damit für den „einheimischen" Forscher noch weniger greifbar. Aber diese Leerstelle ist nun zugleich auch Gewinn: Ein Religionskurs, der sich zum Beispiel im Rahmen des von vielen Oberstufenlehrplänen geforderten Themas „Auf der Suche nach religiösen Ausdrucksformen"[9] mit den „Rucksackreisenden" beschäftigt, kann hier viel neues Land entdecken.

c) Damit ist zugleich die Überleitung zum nächsten Argument gegeben: Je nach Blickrichtung bietet die Subkultur der „Rucksackreisenden" Stoff für zahlreiche im Religionsunterricht interessierende und von den Lehrplänen geforderte Themen: natürlich „Anthropologie", aber auch „Leben in Beziehungen", „Ist der Mensch wert, was er leistet?" oder „Fundamentalismus":[10] Warum nicht einmal diese Themen anhand der „Rucksackreisenden" behandeln bzw. zumindest so in sie einsteigen?

d) Schließlich: Die Subkultur der „Rucksackreisenden" bietet Anknüpfungspunkte an die eigene, genauer die zukünftige Lebenswirklichkeit zumindest einiger Schüler. Es wird sich kaum ein Kurs finden, in dem nicht zumindest ein Schüler nach dem Schulabschluss eine kleinere oder größere Reise plant. Hinzu tritt, dass der eine oder andere sicherlich schon eine ältere Schwester, einen älteren Cousin usw. hat, der gerade „mit dem Rucksack" unterwegs ist. Warum sollte das ignoriert werden? Wieso sollten im Religionsunterricht immer nur die Mitglieder von „New-Age […], Psychogruppen, Esoterik, Okkultismus, gnostische[n] Bewegungen [und] Anthro-

---

7 Vgl. den Titel der Broschüre von Johan-Till Broer, Die Sehnsucht nach dem Paradies – am Beispiel der Backpacker, München 2005.

8 Als Sekundärliteratur ist einzig zu erwähnen: Jana Binder, Globality. Eine Ethnographie über Backpacker, Münster 2005, sowie Jessica Deakin, Finding herself. Examining Identity Formation in Female Canadian Backpackers, Toronto 2008.

9 Thüringer Kultusministerium, Lehrplan für das Gymnasium. Evangelische Religionslehre, Erfurt 1999, S. 85.

10 Vgl. ebd. (stellvertretend für andere Bundewsländer), S. 75 f., S. 79 f., S. 83, S. 85 f., S. 90 f.

posophie"[11] beachtet werden, wo doch kaum ein Schüler jemals ein „New-Age"-Buch gelesen hat und „Satanisten" zwar gern in aller Munde sind, sie aber letztlich in der Lebenswirklichkeit der Schüler nur eine verschwindend geringe Rolle spielen? Warum also nicht einmal eine jugendliche Subkultur heranziehen, die in beachtlicher Größe wirklich existent ist und die für den einen oder anderen Oberstufenschüler in der Tat eine ernsthafte Perspektive darstellen könnte?

Ist dies besprochen, stellt sich die Frage nach der konkreten Umsetzung. Ein Beispiel für eine mögliche Unterrichtseinheit sei angeführt: So empfehlen Oberstufenlehrpläne die Beschäftigung mit „religiöse[n] Bewegungen".[12] Gesetzt den Fall, dass diese als kritische, aber auch inspirierende Gegenüber bei der Suche nach eigenen religiösen Ausdrucksformen behilflich sein sollen: Warum sollte dann nicht auch einmal in einer geeigneten Unterrichtseinheit (mindestens acht Stunden) in gemeinsamer Arbeit und unter Betonung des hier zu beschreitenden Neulandes ein religiöses Profil, ein Weltanschauungsbild, eine Dogmatik der „Rucksackreisenden" erstellt und schriftlich festgehalten werden?[13]

Ein solches Vorhaben könnte wie folgt ablaufen: In den ersten beiden Stunden wird der Film in seiner Gesamtheit gesehen, wobei sich die Schüler geeignete Szenen, die Einblick in das religiöse Profil der Rucksackreisenden bieten, notieren bzw. ihren Inhalt kurz festhalten. Alternativ könnten in Lerngruppen, denen der Film weitgehend nicht bekannt ist, mögliche Fortsetzungen der Reise ins Paradies verfasst werden.

Filmszenen

Szene 1: 0:00:00–0:02:58
Richard ist gerade in Bangkok angekommen und sinniert über Ziel und Zweck des Reisens. Er sucht dabei nach „Aufregung". Das Angebot eines jungen Thailänders Schlangenblut zu trinken, nimmt er an, nachdem der Thailänder ihm vorwirft, genauso wie die anderen Touristen zu sein.

Szene 3: 0:03:47–0:08:30
Im Zimmer seines Hostels hört Richard seinen drogenverwirrten Zimmernachbarn Selbstgespräche führen. Anschließend erzählt dieser ihm bei einem Joint von einem „Strand", der die wahre „Vollkommenheit", das

---

11 Ebd., S. 83.
12 Ebd., S. 83.
13 Dabei bleibt von Beginn an vor Verallgemeinerung zu warnen: Die Suche nach einheitlichen Grundzügen verkürzt notwendigerweise auch immer individuelle Elemente.

„einzig Wahre" sei. Dieser Strand sei dabei „total geheim, verboten" und „nie kam jemals einer dorthin" – bis auf „wenige Menschen mit Idealen". Alle anderen seien nur „verdammte Parasiten und fette Riesengeschwulste", die es zu heilen gelte. Er selbst sei dabei der Mittler des Heils.

Szene 7: 0:12:07–0:15:09
Richard kann Etienne und Françoise für die gemeinsame Suche nach dem „großen Unbekannten" gewinnen. Etienne organisiert die Fahrt und die Drei reisen entlang der Hochburgen des thailändischen Tourismus gen Süden.

Szene 8: 0:15:10–0:17:56
Spätabends lernt Richard die beiden Rucksackreisenden Zeph und Sammy kennen, die auch schon vom „Mythos Strand" gehört haben und dies mit ihm beim Joint ausführlich besprechen.

Szene 9: 0:17:57–0:19:39
Am nächsten Morgen fertigt Richard für Zeph und Sammy eine Kopie der Karte an mit der Begründung, dass man als Rucksackreisender „Nachrichten" hinterlässt. Schnell wird er sich dabei jedoch bewusst, dass er „wie jeder andere Rucksacktourist auch Angst vor dem Unbekannten" hat. Die Drei brechen schließlich auf und gelangen bis zu Nachbarinsel ihres Zielortes.

Ein zweiter Schritt (Stunde drei) könnte dann in einer genaueren Analyse ausgewählter Filmszenen bestehen. Hier ist besonders die erste Szene zu erwähnen, deren Kommentierung durch Richard unmittelbar die ersten Informationen zu dem zu bearbeitenden Thema enthält und zum Vergleich mit der Selbstvorstellung des Helden aus Garlands Roman einlädt.

Mein Name ist Richard
Mein Name ist Richard – tja, was müssen Sie sonst noch wissen? Irgendwas über meine Familie oder wo ich herkomme? Das spielt alles keine Rolle. Nicht, wenn man erst mal den Ozean überquert und sich frei gemacht hat von allem und auf der Suche ist nach etwas Schönerem, etwas Aufregendem und – okay, ich geb's zu – etwas Gefährlicherem. Nach achtzehn Stunden im hinteren Teil eines Flugzeugs, drei dämlichen Spielfilmen und zwei Plastikmahlzeiten bin ich endlich gelandet. […] Bangkok. […] Schlag niemals eine Einladung aus, sei offen für alles, was du nicht kennst. […] Bleibe nie länger als nötig. Sei für alles aufgeschlossen und suche die Erfahrung; und wenn sie weh tut, dann ist sie es wahrscheinlich wert. […] Der einzige Nachteil ist, dass wir alle die gleiche Idee haben. Wir reisen tausend Meilen, bloß um fernzusehen und irgendwo einzuchecken, wo wir es genau so komfortabel haben wie zu Hause und du fragst dich: Was hat das alles für einen Sinn?[14]

---

14 Aus: *The Beach*, Danny Boyle USA (1999).

Der nächste Schritt könnte dann in einer Recherche bestehen, die größtenteils als Hausarbeit, aber auch in der Schule (Schulbibliothek, Internet) zu erledigen wäre: Welche weiteren Primärquellen geben Einblick in das religiöse Profil der Rucksackreisenden? Hier ist natürlich wieder in erster Hinsicht das Buch *Der Strand* von Alex Garland von Interesse, aber auch weitere Bücher und zahlreiche Websites.[15]

Schließlich müssten die hier erlangten Informationen in geeigneter Weise zusammengetragen, diskutiert und systematisiert werden (Stunden sechs bis acht). Nach Sichtung aller Informationen empfiehlt sich die Arbeit in Kleingruppen, die je für sich eine Struktur des religiösen Profils der Rucksackreisenden erstellen und diese anschließend im Plenum zur Diskussion stellen. Wenn sich das Plenum auf eine Struktur einigt (zum Beispiel: I. Gottesbild, II. Weltbild, III. Menschenbild, IV. Normen, V. Eschatologie), kann diese schließlich in einer Mappe mit Material gefüllt werden. Am Ende entsteht so ein Material, das zumindest in der Schule, aber vielleicht auch darüber hinaus seine Leser finden dürfte und als kritisch zu lesendes, aber auch inspirierendes Gegenüber die Schüler bei ihrer Suche nach religiösen Ausdrucksformen ein Stück weit begleitet.

---

15 Benedikt Geulen, Mit Rückenwind. Eine literarische Rucksackreise, Stuttgart 2005; Thomas Heller, Overland, 2. Aufl. Hamburg 2007; Claudia Metz/Klaus Schubert, Abgefahren, Köln 2001; Burkhardt Rothe u.a., Autoren ohne Grenzen, Hamburg 2006; Sylvia Schramm, Sylvias Dream. Als Backpacker in Australien, Mannheim 2008. www.rastlos.com; www.traveldiary.de; www.backpackers.com; www.backpacker-network.de; www.fernwehforum.de; www.forum.weltreise-info.de.

JÖRG HERRMANN

Der Kult der Freiheit

Easy Rider und die Religion

Was hat der Film *Easy Rider* mit Religion zu tun? Was haben diese vergnügungssüchtigen Motorrad-Hippies, die kiffen, Trips schmeißen, vom Drogenhandel leben und auf dem Weg zum Karneval in New Orleans sind, mit einer so ernsten Sache wie Religion zu tun? Eine Menge, so meine These. Diese wird im Folgenden erhärtet und dabei werden auch einige filmhistorische Bemerkungen über *Easy Rider* eingeflochten.

Einen ersten Hinweis auf die religiöse Dimension dieses Road-Movie erhält der Zuschauer gleich zu Beginn. Peter Fonda alias Captain America entledigt sich seiner Armbanduhr und wirft sie weg. Diese Geste markiert den Aufbruch in einen Erfahrungsraum jenseits der Normalzeit, in einen ekstatischen Raum. Dafür steht auch das Ziel der Reise: der Karneval. Dafür stehen die Drogen, der mythische Ort New Orleans, die ekstatischen Naturerfahrungen.

Doch bevor diese religiösen Spuren weiter verfolgt werden, sind noch ein paar religionshermeneutische Vorbemerkungen notwendig. Das Thema der Religion ist mehrdimensional. Elementar ist zunächst die Unterscheidung zwischen kulturell objektivierter und subjektiv gelebter Religion, zwischen den religionshermeneutisch aufweisbaren religiösen Sinnstrukturen in kulturellen Texten auf der einen Seite also und der Rezeption und Aneignung dieser Sinnstrukturen durch die Rezipienten auf der anderen Seite: ihrer Aufführung gewissermaßen. Was diese Rezeptionsseite angeht, so ist *Easy Rider* ein exponiertes Beispiel. Der Film gilt als „der Kultfilm einer ganzen Generation", wie es auf der Hülle der Kaufvideokassette heißt. So wird meine religionshermeneutische Betrachtung mit einigen Beobachtungen und Überlegungen zu diesem Kultstatus des Films beginnen. Zunächst: Was ist eigentlich ein Kultfilm?

Kultfilme lassen sich – so viel ist klar – nicht planen, produzieren, vorhersehen. Sie werden ganz allein vom Publikum gemacht. Es sind oft Kassenerfolge, aber nicht jeder Kassenerfolg ist schon ein Kultfilm. Was ist also das Geheimnis?

Kultfilme treffen einen Nerv des Publikums. Eine Äußerung von Wim Wenders zeigt, wie weit das gehen kann. Wenders beschreibt, was er fühlte und dachte, als er 1969 aus einer Vorstellung von *Easy Rider* kam:

Ich habe vor dem Columbia-Haus gestanden und gemerkt, dass ich tatsächlich so aussehe wie die Leute in dem Film, dass ich die Musik von Jimi Hendrix mag, dass ich in vielen Lokalen nicht bedient werde, dass auch ich wegen Nichts im Gefängnis gesessen habe. Irgendwann werden die Leute auch schießen, habe ich gedacht.

Aber Kultfilme bringen nicht nur eine Zeit und ein Lebensgefühl auf den Punkt. Ihre Wirkung geht weiter. Sie schaffen es, ihre Zuschauer in bestimmter Weise zu aktivieren, ihre Kreativität zu mobilisieren. Sie erreichen eine solche Nähe zum Lebensgefühl ihrer Zuschauer, sie verkörpern so treffend ihre Sehnsüchte und Werte, ihre Ideale und ihren Geschmack, dass die Zuschauer sie immer wieder sehen wollen, sie sozusagen immer wieder an sich drücken wollen – wie ein Kind seinen geliebten Teddybären. Die Liebe der Kultisten zu ihrem Film äußert sich dabei in vielfältiger Weise: Dialoge werden mitgesprochen, Szenen durch Jauchzen oder Johlen kommentiert, manchmal nachgespielt. Oft spielen Requisiten eine wichtige Rolle in der Praxis der Kultisten: Gegenstände aus dem Film oder die Kleidung der Protagonisten. Der Film wird so zum Drehbuch für das eigene Leben. Er löst kreative Nachahmung aus.

Kultfilme müssen also vor allem Identifikationsmöglichkeiten bieten. Das ist ein wesentliches Kriterium. Ein anderes scheint die Abweichung von der Norm zu sein. Normgerechtes Verhalten schafft keinen Kult. Aber das Anderssein fasziniert. Es schockiert die Mehrheit und fasziniert die Minderheit der Kultisten. Kultfilme markieren darum oft kulturelle Umbrüche. So auch *Easy Rider*.

Filmkulte haben dabei immer Züge einer neuen Religion. Die Nähe zum Religiösen wird schon durch den Begriff Kult angezeigt. Denn der Begriff stammt ja aus der Sphäre des Religiösen. Er bezeichnet die geregelte Form des Umgangs mit dem Göttlichen, die Pflege und Verehrung des Heiligen: den Gottesdienst, könnte man auch sagen. Zwei Gesichtspunkte sind dabei wichtig: die rituelle Praxis, also das Moment der Wiederholung, und die zentrale Stellung der Gottheit, die Orientierung an einem Heiligen also, das im Mittelpunkt der Kulthandlung steht.

Beim Filmkult nimmt der Film diesen zentralen Platz ein. Ihm wird gehuldigt und nachgelebt, er steht für letzte Werte und Sinnstrukturen. Dabei ist die Wirkung eines Kultfilms in der Regel zeitlich begrenzt. Manchmal ist der Hype Jahre später kaum noch nachvollziehbar. „Tut mir leid, aber ich weiß echt nicht, was an diesem Film so toll sein soll", schreibt eine junge Frau auf den Internetseiten von film.de über *Easy Rider*. Ihr sei der Film einfach zu langweilig. Doch ihre Stimme ist eher eine Ausnahme. *Easy Rider* hat sich gut gehalten. Verbreiteter ist auch heute noch das ebenfalls auf den film.de-Seiten zu findende Urteil: „Einfach Kult – muss man gesehen haben." Sogar im Olymp der Lieblingsfilme heutiger Jugendlicher ist *Easy Rider* noch anzutreffen. Das zeigt u. a. die Medienbiographie eines im Rahmen einer empirischen Studie von 2001 befragten 19-jährigen Abiturienten. Für ihn verkörpert *Easy Rider* das Gefühl des Aufbruchs in ein eigenes Leben.

Die Kultwirkung reicht bei *Easy Rider* so weit, dass im Frühjahr 2003 – 34 Jahre nach dem amerikanischen Kinostart im Juli 1969 – mit der Arbeit an einer Fortsetzung begonnen wurde. Dieses Vorhaben ist sicher auch im Zusammenhang einer gewissen Konjunktur der 1960er und 1970er Jahre zu sehen.

Der Film verkörpert zentrale Elemente des Lebensgefühls der 68er Generation. Er kam unter chaotischen Bedingungen zustande, wurde der US-Einspielhit des Jahres 1969 (Kosten etwa 500.000 Dollar, knapp 20 Millionen Dollar eingespielt) und markierte eine Zäsur in der amerikanischen Filmgeschichte. *Easy Rider* bildete nämlich den Auftakt für das so genannte „New Hollywood"-Kino, für die gegenkulturelle Erneuerung Hollywoods. Der Film half den Weg zu bahnen für Regisseure wie Coppola, Scorsese, Altman, Spielberg und Lucas, für Filme wie *Der Exorzist*, *Der weiße Hai*, *Taxi Driver*, *Krieg der Sterne*, *Apocalypse Now* und *Wie ein wilder Stier*.

Dennis Hopper wurde 1969 in Cannes als der beste Debütregisseur ausgezeichnet. Jack Nicholson wurde für einen Oscar nominiert. Dennis Hopper und Peter Fonda (zweiter Hauptdarsteller, Mitautor und Mitproduzent) konnten nie wieder an diesen Erfolg anknüpfen. Für Nicholson hingegen brachte die Oscarnominierung einen Karriereschub. Für ihn ging es jetzt erst richtig los. Dabei war seine Mitwirkung zunächst gar nicht vorgesehen. Er kam erst später hinzu, als Hopper meinte, eine massenkompatible Identifikationsfigur integrieren zu müssen.

Viele Elemente des Films wurden erst „on the road" erdacht, Teile der Geschichte, Figuren, Dialoge. Dabei gab es immer wieder Streit und viel Haschisch und Alkohol. Peter Biskind, Autor eines filmhistorischen Mammutwerkes über die New Hollywood-Ära, schreibt:

Auf gewisse Weise war „Easy Rider", wie Buck Henry meint, ein Werk ohne Autor, eine Art Écriture automatique der Gegenkultur. Er (Henry) sagt: „Niemand wusste, wer der Autor, wer der Regisseur und wer der Cutter des Films war. Erst sollte Rip mitspielen, doch dann wurde er durch Jack ersetzt. Der Streifen sieht aus, als sei er aus Hunderten von Schnittresten diverser Filme zusammengestückelt, die durch einen Soundtrack aus der besten Musik der Sixties verbunden werden. Doch er schlug eine Bresche. Von da an saßen die Kinder von Dylan an den Schalthebeln."[1]

Über die Arbeit am Schnitt berichtet einer der Produzenten: „Wir hatten jeden Tag ein Screening. Dabei wurden Unmengen von Dope geraucht, doch es gab kaum einen Fortschritt im Sinne von ‚Dies wird herausgenom-

---

1 Peter Biskind, Easy Riders, Raging Bulls. Wie die Sex & Drugs & Rock'n'Roll-Generation Hollywood rettete, 2. Aufl. Frankfurt/M. 2000, S. 119.

men, und das wird noch mal überarbeitet'. Dennis liebte den Film, so wie er war, in seiner ganzen Länge." Diese Fassung dauerte viereinhalb Stunden. Nach einem Jahr ohne Ergebnis schickten die Produzenten Dennis Hopper in einen verlängerten Weihnachtsurlaub und ließen den Film auf 94 Minuten schneiden. Hopper tobte. Schließlich akzeptierte er.

Zur Premiere in Cannes erschien Fonda in der Uniform eines Kavalleriegenerals der Unionstruppen und mit einem falschen Vollbart. Niemand konnte sich darauf einen Reim machen. Fonda wollte mit seiner Maskerade ausdrücken, dass er sich und seine Generation mitten in einem Bürgerkrieg sah.

Easy Rider ist also auf jeden Fall ein Dokument der Zeitgeschichte. Aber welche Bezüge hat der Film zum Religiösen? Sein Kultfilmcharakter ist zumindest schon einmal ein Indiz für seine Religionshaltigkeit. Doch welcher Kult wird gefeiert? Welche Religion wird verkündet?

Um diese Frage genauer zu beantworten, will ich eine weitere religionshermeneutische Unterscheidung machen. Es handelt sich um die Differenzierung zwischen expliziter und impliziter Religion. Dabei geht es zum einen darum, sich ein Bild davon zu machen, wie religiöse Traditionen und Motive in Filmen explizit aufgegriffen und verarbeitet werden. Gibt es Zitate aus dem Bereich religiöser Traditionen in Form von Texten oder Bildern? Zum anderen geht es um das Herausarbeiten der impliziten Religion, man könnte auch sagen: der unsichtbaren Religion des Kinos. Gemeint sind damit diejenigen Sinnstrukturen, die erst auf der Basis eines spezifischen Religionsbegriffes als religiös erscheinen.

Ein solcher Religionsbegriff muss von den konkreten Gestalten der Religionskultur abstrahieren. Er muss eine gewisse Weite haben, darf aber auch nicht so weit sein, dass er mit dem Kulturbegriff zusammenfällt, keinen Differenzierungsgewinn mehr erbringt und das Spezifische des Religiösen so ganz aus den Augen verliert. Substanzielle Begriffe von Religion sind für diesen Zweck zu eng gefasst. Geeignet ist ein funktionaler Begriff von Religion, der für substanzielle Näherbestimmungen offen ist. In der Praktischen Theologie hat man sich in dieser Frage an religionssoziologischen und religionsphilosophischen Konzepten orientiert. Wilhelm Gräb hat vor diesem Hintergrund den Vorschlag gemacht, Religion als „die Kultur der Symbolisierung letztinstanzlicher Sinnhorizonte" zu verstehen.[2]

Religion ist, mit etwas anderen Worten, die Kultur der symbolischen und poetischen Auseinandersetzung mit der Rätselhaftigkeit und den letzten Fragen des Daseins. Diese Auseinandersetzung findet in unterschiedlichen Medien statt: in der Bibel, in der Philosophie, im Roman, im Film. Wenn

---

2 Wilhelm Gräb, Lebensgeschichten – Lebensentwürfe – Sinndeutungen. Eine praktische Theologie gelebter Religion, Gütersloh 1998, S. 51.

letzte Fragen berührt werden, wenn es um einen letzten Sinn, einen letzten Gedanken geht, lässt sich in dieser Perspektive von Religion sprechen. In einem weiten Sinne.

Die Begriffe implizite und explizite Religion markieren dabei ein Spektrum, das natürlich nicht übergangslos ist. Im Grenzbereich liegen zum Beispiel strukturelle Parallelen. Eine den Evangelien verwandte narrative Struktur mag aus der Sicht unseres umgangssprachlichen Religionsverständnisses und unseres normalen Zuschauerblicks nicht unbedingt an Christliches erinnern. Auf den zweiten Blick kann sie jedoch als ein wichtiges Merkmal im Ensemble der Verwandtschaften zwischen traditioneller Religionskultur und heutiger Filmkultur erscheinen. Auch *Easy Rider* lässt sich in dieser Hinsicht in den Blick nehmen. So könnte man auch hier fragen, ob die narrative Grundstruktur von Hoppers Film nicht manche Ähnlichkeit mit der biblischen Erzählung vom Leben und Sterben Jesu hat. Sind nicht beide Geschichten Passionsgeschichten mit langer Einleitung, wie der Theologe Rudolf Bultmann die Evangelien einmal genannt hat? Stehen nicht Billy und Captain America wie Jesus für eine Revolte gegen leere Traditionen und überkommene Machtverhältnisse und für ein neues, anderes und freieres Leben? Und sind sich die Biker und Jesus nicht auch im Tod ähnlich? Darin, dass das Neue, das sie verkörpern, als bedrohlich erfahren wird und ausgelöscht werden muss?

Eindeutiger als auf dieser strukturellen Ebene lassen sich die Bezüge im Bereich der expliziten Religion aufweisen. Es gibt allerlei Gebete und christliche Texte in dem Film. Ich nenne die Stellen der Reihe nach: Da ist zunächst das Tischgebet des Familienvaters, bei dem die Gruppe einen Reifen wechselt; ein weiteres Gebet spricht ein Mitglied der Landkommune, die sie später aufsuchen. Interessant ist, dass bei diesem Gebet offen bleibt, an wen es sich richtet. Es wird um das Aufgehen der Saat gebetet und für die Kraft gedankt. Ein weiteres Versatzstück der Tradition ist das gesungene *Kyrie Eleison*, das während des Essens nach dem Tod Hensons eingespielt wird. Im Anschluss wird der Bordellbesuch wie ein letzter Wille des Verstorbenen vollstreckt. Und ausgerechnet in diesem Bordell findet sich der Satz installiert: „Wenn es Gott nicht gäbe, müsste man ihn erfinden." Der christliche Soundtrack setzt sich fort, als die Protagonisten sich dem Mardi Gras-Umzug anschließen – wenn ich es richtig im Ohr habe, mit *When the Saints go marching in*. Ein ganzes Feuerwerk an christlicher Tradition wird schließlich in der darauf folgenden Friedhofsszene abgebrannt: Eine der Prostituierten rezitiert das Glaubensbekenntnis, immer wieder sind Kreuze im Bild, später ist dann auch das Gebet *Gegrüßet seist du Maria* zu hören und darauf das Vaterunser. Der LSD-Trip, der biographische Krisen auslöst (eine der Prostituierten möchte Mutter werden, Fonda hingegen rechnet mit seiner Mutter ab), wird mit religiöser Semantik aufgeladen. Hier verwirbelt sich alles: Drogenvisionen, Generationskonflikte und Religion. Man kann diese Szene als Vorausdeutung auf den nahen Tod der Hauptfiguren lesen, als letzte Leidensankündigung, will man das Augenmerk weiterhin auf die Parallelität zur Jesusgeschichte legen. Aber auch ohne so weit zu gehen, verstärken die vielen christlichen Zitate den Eindruck der Nähe der Protagonisten zur Figur Jesu.

In welcher Mission sind sie unterwegs auf ihrem Trip durch Amerika? Welches Evangelium verkündet *Easy Rider*? Um es gleich und deutlich zu sagen: Das Evangelium der Freiheit. Diese frohe Botschaft, diese implizite und unsichtbare Religion wird zu großen Teilen audiovisuell vermittelt. Ich denke dabei vor allem an die Bilder der Freiheit, die dieser Film immer wieder zeigt: das Fahren durch die Weite der Landschaft, durch Canons, Täler, Berge. Der Blick, der immer wieder in den Himmel geht, die Musik, die das wilde, das freie Leben beschwört. Diese Freiheitsbilder haben natur-religiöse Akzente. Es ist ja schließlich ein Sich-Bewegen in der freien Natur, ein Verschmelzen (Transzendieren), wie es zum Beispiel deutlich wird, wenn die Protagonisten zu dritt losfahren und Henson alias Nicholson hinten auf dem Motorrad sitzend mit den Armen Flügelbewegungen nach-ahmt oder als die Kamera sich immer wieder in einen sonnendurchfluteten Baum richtet, ein Motiv, das flashartig wiederkehrt, die Sonne immer näher bringend und sich zum Schluss in Unschärfe auflösend. Es geht um „An-schauung des Universums", könnte man mit Schleiermacher auch sagen. Auch das Baden im Natursteinbad am Fluss hat naturreligiöse Qualitäten, erinnert an Paradiesmotive. Eschatologisch-apokalyptisch kommentiert und unterfüttert wird diese naturreligiös konnotierte Freiheitsreligion durch Hensons erste Lagerfeuerrede: Er spricht über Außerirdische, die angeblich unter uns seien und die von einem Planeten unseres Sonnensystems kämen, auf dem es keine Kriege mehr gibt, kein Geldsystem und keine Regierung. Diese Venusmenschen (Naturreligion!) seien unter uns, um die Menschheit auf ihrem Weg zur Gottesebenbildlichkeit zu beraten. Ziel seien Verhältnis-se, in denen sich jeder frei entfalten könne. Die Bezüge zum 21. Kapitel in der Offenbarung des Johannes liegen auf der Hand. Aber klar ist auch: Es gibt kein richtiges Leben im falschen, jedenfalls nicht auf Dauer. An ihrem letzten Abend fahren die beiden Biker in den Sonnenuntergang hinein.

Insbesondere im Blick auf das nun folgende Ende fiel mir auf, dass der Film nicht nur viel mit Religion, sondern auch einiges mit einem anderen Film zu tun hat, in dem es ebenfalls um Amerika geht und der unlängst in unseren Kinos lief: Ich meine den Dokumentarfilm *Bowling for Columbine* von Michael Moore. Erlauben Sie mir einige spekulative Bemerkungen zu diesen intermedialen Bezügen. So wie Moores Film in mancher Hinsicht als prophetische Vorausdeutung auf den Irak-Krieg gelesen werden konnte, könnte man auch *Easy Rider* als Vorausdeutung auf spätere Entwicklungen interpretieren. Viele werden heute jedenfalls der Äußerung von Jack Nicholson in der Rolle des versoffenen Anwalts Henson zustimmen, der am Abend vor seinem Tod am Lagerfeuer zu den beiden Bikern über Amerika sagt: „Wisst ihr, das war mal ein ganz herrliches Land, ich kann gar nicht verstehen, was auf einmal damit los ist." Hopper in der Rolle des Billy antwortet: „Tja Mann, alle haben sie Schiss, das ist, was los ist. Wir kommen nicht mal in ein zweitklassiges Motel. Sie denken, wir schneiden ihnen die Kehle durch." Es lohnt sich, diesen Lagerfeuerdialog über Angst und Freiheit noch etwas ausführlicher in Erinnerung zu bringen. Henson fährt fort: „Sie haben keine Angst vor dir. Sie haben Angst vor dem, was du für sie repräsentierst." Billy: „Alles, was wir für sie repräsentieren, ist nur jemand, der sich nicht die Haare schneidet." Henson: „Oh nein, was du repräsentierst, ist Freiheit." Billy: „Was haben sie denn gegen Freiheit? Darum dreht sich doch alles."

In der Nacht, die auf diesen Dialog folgt, werden die drei überfallen. Henson wird dabei zu Tode geprügelt. Wenig später werden auch die beiden Übriggebliebenen getötet, vom Motorrad geschossen. Vor dem Hintergrund des oben zitierten Dialoges interpretiert der Film diese Gewalttaten als Reflex einer unbestimmten Angst vor dem Anderen. An der Wurzel der Gewalt diagnostiziert er Angst. Zu einem ähnlichen Schluss kommt auch *Bowling for Columbine*: eine in die amerikanische Kultur eingeschriebene Paranoia, ein ständiges unterschwelliges Sich-bedroht-Fühlen macht den Unterschied, führt dazu, dass den Amerikanern die Waffe so locker sitzt – weit lockerer eben als den Kanadiern zum Beispiel, die Moore bei seinen Recherchen über Feuerwaffen und ihren Gebrauch zum Vergleich heranzieht.

In *Easy Rider* siegt die Angst, der Hass. Aber natürlich nur, um dem Plädoyer für die Freiheit umso mehr Nachdruck zu verleihen. Der oberste Wert, der letzte Sinn ist Freiheit. Die Freiheit zur individuellen Entfaltung, die individuelle Freiheit, man selbst zu sein. „Ich wollte noch niemals jemand anders sein", bekennt Captain America so ziemlich zu Beginn ihrer Reise. Man kann dieses Freiheitspathos des Films auch als einen spezifischen Ausdruck der Zivilreligion Amerikas und diese wiederum als Transformationsgestalt eines besonders freiheitssensiblen Protestantismus deuten. Wie breit das Spektrum dieser Civil Religion allerdings auch ist, zeigt die ebenfalls religiös konnotierte Freiheitsrhetorik der Bush-Administration. Religion ist eben nicht gleich Religion. Man muss auch hier kritisch urteilen. „An ihren Früchten sollt ihr sie erkennen", empfiehlt das Neue Testament. Ist die 68er-Revolte – ein globales Phänomen übrigens – auch politisch weitgehend gescheitert, kulturell hat sie sich als Befreiungsimpuls erwiesen. Daran hat *Easy Rider* Anteil.

INGE KIRSNER

„Gnade ist überall": Reise als Neuanfang in „Der Mann ohne Vergangenheit"

Orgelvorspiel[1]

Gruß und Begrüßung
„Wer nicht verlässt ... der kann mir nicht folgen ..." (Mt 19, 29)

Wir begrüßen Sie und euch ganz herzlich zum Filmgottesdienst. Sie werden miterleben, was der Film *Der Mann ohne Vergangenheit* des finnischen Regisseurs Aki Kaurismäki aus dem Jahr 2002 mit einer christlichen Existenz heute zu tun haben könnte.

Wir werden aus dem Film während des Gottesdienstes zwei Ausschnitte sehen, nach dem Gottesdienst wird er in voller Länge gezeigt.

Der Vers 29 aus dem Matthäusevangelium Kap. 19 „Wer Häuser oder Brüder oder Schwestern oder Vater oder Mutter oder Kinder oder Äcker verlässt um meines Namens willen, der wird's hundertfach empfangen und das ewige Leben ererben" führt uns nun in die Geschichte ein, in der ein Mann dies alles nicht unbedingt freiwillig und auch nicht aus religiösen Motiven verlässt. Dennoch könnte man ihn als eine Art Christus Inkognito bezeichnen, da sein Leben für einige Menschen seiner neuen Umgebung Umkehr und Heil bedeutet.

Meditation zur Imitatio
Verlassen, um aufbrechen zu können. Hergeben, um zu empfangen. Sterben, um aufzuerstehen. Wie das Leitmotiv der Freiheit zieht sich diese Denk- und Lebensfigur durch die Geschichte des Christentums. „Folge mir nach." Zuerst in den Dörfern und auf den Hügeln Galiläas – und dann immer wieder. Dieser Eine – und dann die vielen, die in seiner Folge sind: Die Jünger, die ihr Fischerdasein hergeben. Franziskus, der das Geld zum Misthaufen tragen lässt, Petrus Waldus, der seinen Besitz unter den Armen Lyons verteilt, John Woolman, der lieber zu Fuß geht, als Bedienstete auszuplündern, Simone Weil, die unter Industriearbeitern lebt. In all diesen

---

1 Film-Gottesdienst zu *Der Mann ohne Vergangenheit* (Aki Kaurismäki, Finnland/D/F 2002) am 15.1.2006 in der Hospitalkirche Stuttgart; Mitwirkende waren Pfr. Eberhard Schwarz und Inge Kirsner; an der Orgel Jürgen Schwab.

Lebensgeschichten findet sich eine Bewegung der Freiheit, die man theologisch unter dem Begriff der ‚Imitatio Christi' fasst. Es ist mehr als eine Nachahmung, mehr als Nachfolge, es ist eine Nachgestaltung des Nazareners. Immer wieder geht es dabei um ein Loslassen vom Ich, von Besitz, von Gewalt, von Selbstbildern. In dieser Bewegung des Lassens liegt die Wurzel von Kreativität, von Veränderung, liegt die Chance neuen Lebens.

Lied EG 66,1–2+6–7: Jesus ist kommen, Grund ewiger Freude

Der Hymnus aus dem Philipperbrief (EG 764) im Wechsel gesprochen.

Gebet
Jetzt ist Zeit,
himmlischer Vater,
um loszulassen,
um abzulegen:
unsere Gedanken über uns selber,
manche Bilder, mit denen wir durchs Leben gehen:
von einander,
von der Wirklichkeit,
von Dir.

Jetzt ist Zeit zu Hören,
und zu sehen,
Zeit, zu empfangen
Botschaften wie:
Steh auf und wandle.
Oder: Deine Sünden sind dir vergeben.
Oder: Du sollst sehend sein.

Du selber sprichst uns an,
Gott im Himmel und auf Erden,
um uns zu bewegen
und zu befreien
durch deine Kraft und Gnade,
die vom Tod ins Leben ruft.

Dich, Gott, loben wir und danken dir
für unser Leben.

Lasst uns beten in der Stille
miteinander und füreinander. Amen.

Stilles Gebet

Votum
Christus spricht: Den Frieden lasse ich euch, meinen Frieden gebe ich euch.
Nicht gebe ich euch, wie die Welt gibt. Euer Herz erschrecke nicht und
fürchte sich nicht. (Johannes 14,27)

Der Mann ohne Vergangenheit – Hinführung
Die Hauptfigur in Aki Kaurismäkis Film *Der Mann ohne Vergangenheit* aus
dem Jahr 2002 hat keine Vergangenheit – oder wenigstens keine, an die er
sich erinnert.

Der Traum, noch einmal zum (fiktiven) Punkt zu gelangen, als die Bilder
noch so unschuldig waren wie die unbeschriebenen Figuren, die sie zeigen,
gewinnt Gestalt in diesem Film, der Geschichte eines Widergängers der
anderen Art.

Bei einem Raubüberfall verliert ein Mann sein Gedächtnis und stirbt
kurz darauf; im Krankenhaus sehen wir ihn auferstehen und mit ihm, mit
dieser Neugeburt, geht auch das Kino wieder auf Anfang und folgt dem
Weg des Auferstandenen.

„Das Leben geht immer vorwärts, nicht rückwärts", sagt Nieminen, der
Mann jener Frau, die den angeschlagenen Wiedergänger aufgenommen hat
in ihr Containerhäuschen, das in einem finnischen Slum errichtet ist, zu
ihm. Die Hoffnung, die sich in diesem vorsichtigen Zukunftsoptimismus
auftut, kommt immer wieder in den Bildern der ersten Filmhälfte zum
Ausdruck. Die Kamera zeigt uns die Personen, die sich meist im Freien
aufhalten, leicht von unten; und so kommt in jedem Bild der Himmel in
den Blick. Es ist ein wechselhafter, wolkiger, bewegter Himmel, vor dem
sich jene Kinder des Olymp abzeichnen, die sich schick anziehen, wenn sie
mal zum „Essen auswärts" gehen und damit die Essensausgabe der Heilsarmee meinen. Dort trifft M, der Mann ohne Vergangenheit, auf die Heils-
soldatin Irma.

Sie, die sich keine Illusionen macht, sagt zu ihm: „Mit Gottes Erbarmen
können wir im Himmel rechnen, aber hier auf Erden müssen wir uns auf
uns selbst verlassen."

Wir sehen nun eine Sequenz aus dem ersten Drittel des Films, die
uns zeigt, wie schwer es ist, in einer Gesellschaft zurechtzukommen, in der
man nur mit einem Namen und einer Sozialversicherungsnummer weiter-
kommt.

Filmsequenz I: 0.30.15–0.36.35 Arbeitsamt – Restaurant – Heilsarmee

Orgel – Zwischenspiel

Meditation 1: Wer seine Hand an den Pflug legt und sieht zurück
Wir …
auferstanden
aus dem Nichts,
…
Wir reden
leise
mit auferstandenen
Schwestern und Brüdern.
…
Wir reden leise mit auferstandenen Schwestern und Brüdern!
Aus einem Gedicht von Rose Ausländer

Die Bilder Kaurismäkis – wir finden sie wieder in den ältesten Jesus-Traditionen. Das Milieu Jesu von Nazareth ist das von Menschen mit verpfuschter Identität. Es sind Leute mit Vergangenheit – meistens mit einer üblen – und ohne Zukunft: Zöllner, Arme, schwere Jungs und leichte Mädchen. Jesus in schlechter Gesellschaft.

Aber in seiner Gegenwart verändern sich die Dinge; die Vergangenheit ist wahrhaft vergangen. Zukunft kommt und Menschen werden berührt von einem neuen Sein, das leicht daherkommt wie in diesem Film; Aufbrüche voller kleiner Wunder. Habenichtse essen, teilen und entwickeln Perspektiven; da ist ein Boden, auf dem die Liebe wachsen kann. Himmel und Erde rücken zueinander.

Thomas Hürlimann, der Schriftsteller, hat gemeint, dies sei das ungeheuerliche Geschehen, das unlösbare Rätsel, das er Verwandlung nenne; etwas, das den Gang der Dinge sowohl im Alten als auch im Neuen Testament immer wieder durchbricht, verstörend manchmal, oft erschreckend. Saulus trifft ein strahlendes Licht, er stürzt zu Boden, er ist verwandelt. Das gleiche gilt für den Aussätzigen, der nicht etwa gesundet, nein plötzlich ist er ein neuer, ein verwandelter Mensch. Und auf einmal sei eine Jungfrau Mutter, das Wasser Wein, der Wein Blut, Gott tot, und der Tote stehe auf.

Auferstehung. Ein neuer Raum des Lebendigseins. Im Verlust des alten Ich das Geschenk eines Neuen. Und eine Freiheit, in der die Vergangenheit vergangen ist. Die einzige wirkliche Herausforderung an den Menschen ist: dass er den Aufbruch wagt und nicht zurückweicht. „Wer seine Hand an den Pflug legt und sieht zurück, der ist nicht geschickt für das Reich Gottes."

Lesung: Lukas 9,57–62

57 Und als sie auf dem Wege waren, sprach einer zu ihm: Ich will dir folgen, wohin du gehst.

58 Und Jesus sprach zu ihm: Die Füchse haben Gruben und die Vögel unter dem Himmel haben Nester; aber der Menschensohn hat nichts, wo er sein Haupt hinlege.

59 Und er sprach zu einem andern: Folge mir nach! Der sprach aber: Herr, erlaube mir, dass ich zuvor hingehe und meinen Vater begrabe.

60 Aber Jesus sprach zu ihm: Lass die Toten ihre Toten begraben; du aber geh hin und verkündige das Reich Gottes!

61 Und ein andrer sprach: Herr, ich will dir nachfolgen; aber erlaube mir zuvor, dass ich Abschied nehme von denen, die in meinem Haus sind.

62 Jesus aber sprach zu ihm: Wer seine Hand an den Pflug legt und sieht zurück, der ist nicht geschickt für das Reich Gottes.

Wir …
auferstanden
aus dem Nichts,
…
Wir reden
leise
mit auferstandenen
Schwestern und Brüdern.

Lied EG 428,1–3: Komm in unsre stolze Welt

Meditation 2:
Wer von der Welt am wenigsten besitzt, empfängt von ihr das meiste.
Wer von der Welt am wenigsten besitzt, empfängt von ihr das meiste. Ein Wort des mittelalterlichen Mystikers Meister Eckhart. Gemeint ist, dass wir erst im Freiwerden des Herzens, im inneren Lassen, offen werden für das Wirken und die Gnade Gottes, ja für das Leben selber.

Gemeint ist, dass wir in dieser Gelassenheit, in diesem Lassen offen werden für die Zukunft. Auch in den Armutsbewegungen des Mittelalters ist dies der entscheidende Gedanke. Es geht nicht um Askese, es geht um Freiheit. Wir finden das bei Franziskus, bei Dominikus, bei den Laienbettelorden, bei einzelnen Frauen und Männern. Freiheit in diesem Sinne lebt aus der Erfahrung des Geschenks; sie lebt zugleich davon, dass wir ihr Raum geben. Es ist ein Paradox, das uns in Kaurismäkis Film und in der Bibel begegnet: Wir können nichts dafür, dass uns das Geschenk des Lebens widerfährt. Zugleich aber sucht dieses Gnadengeschenk im Menschsein einen Raum der Freiheit.

Simone Weil war die wohl radikalste Vertreterin der Imitatio Christi im 20. Jahrhundert. Aus einer wohlhabenden jüdischen, in Paris lebenden Familie kommend, hochbegabt, areligiös in ihrer Jugend, und dann gerade über ihren Atheismus in die Nachfolge Christi bewegt, zog es sie zu den Armen, in die Arbeiterschaft der Fabriken, schließlich in den Widerstand gegen Hitler. In Assisi hatte sie ihre entscheidende Begegnung mit dem Christentum. Sie sagt: „Es gibt im menschlichen Leben nur zwei Augenblicke vollkommener Nacktheit und Reinheit: das sind Geburt und Tod." Dorthin werden wir im Glauben immer wieder geführt, um uns aus Christus neu zu empfangen.

Lesung: Markus 10,28–31
28 Da fing Petrus an und sagte zu ihm: Siehe, wir haben alles verlassen und sind dir nachgefolgt.
29 Jesus sprach: Wahrlich, ich sage euch: Es ist niemand, der Haus oder Brüder oder Schwestern oder Mutter oder Vater oder Kinder oder Äcker verlässt um meinetwillen und um des Evangeliums willen,
30 der nicht hundertfach empfange: jetzt in dieser Zeit Häuser und Brüder und Schwestern und Mütter und Kinder und Äcker mitten unter Verfolgungen – und in der zukünftigen Welt das ewige Leben.
31 Viele aber werden die Letzten sein, die die Ersten sind, und die Ersten sein, die die Letzten sind.

Lied EG 428,4–5: Komm in unsre stolze Welt

Schluss
Die Geschichte beginnt noch einmal ganz vorne, die Geschichte einer ersten Liebe: Irma hat noch nie geliebt, und M, der Mann ohne Vergangenheit, erinnert sich an keine Liebe vor ihr. Er wird durch sie, erfährt sich als einen Mann, der weiß, was zu tun ist; sie, die Herbe, Ängstliche, überwindet ihre Vorsicht. Geredet wird wenig, die Blicke sagen alles, und Kaurismäki weiß jedes Mal rechtzeitig auszublenden.

Im Kino ist alles (noch einmal) möglich. Die Frage nach der Identität wird wie folgt beantwortet: Lass dich nicht knechten durch deine Vergangenheit, lass dich durch kein Zukunftsbild einschränken. Sei da und handle, wie die Gegenwart es erfordert. Dann kann auch das Leben in einem Container ein Stück Himmel auf der Erde sein. Denn Gnade, das sagt Irma ihm, ist überall.

Filmsequenz II: 0.48.30–0.52.38: „Gnade ist überall"

Meditation 3:
Ist jemand in Christus, so ist er eine neue Kreatur (2. Kor. 5,17–20)
Das Glück, das der Mann ohne Vergangenheit findet, liegt jenseits aller Glücksverheißungen der Konsumgesellschaft. „Wir haben einfach Glück gehabt", sagt die Frau, die ihn aufgenommen hat, zu ihm: „Wir haben eine Wohnung und Nieminen hat Arbeit." Wie in den anderen Filmen Kaurismäkis stehen die Verlierer des Kapitalismus vor den Toren des Glücksversprechens, aber diesmal erhalten sie in gewisser Weise Einlass.

In letzter Konsequenz wird der Wohn-Container zum Kino, in dem nahezu alle Glücksversprechen, die das Kino zu bieten hat, Platz finden.

Er sei so pessimistisch, sagte Kaurismäki in einem Interview, dass Optimismus seine einzige Chance sei. Dass das Leben gelingt, eine Liebe sich erfüllt, unter existenziellen Minimalbedingungen, das scheint nach der Sichtung seines Films keine Utopie, sondern eine reale Möglichkeit zu sein.

Und es ist auch die Möglichkeit eines Glaubens, der die reale Möglichkeit der Gnade in dem verwirklicht sieht, der auferstanden ist und uns teilhaben lässt an einem neuen Leben, das jeder und jedem von uns offen steht. Reset und Neuanfang – wie beim Mann ohne Vergangenheit, für den die Gegenwart sich neu füllt.

In der frühchristlichen Tradition wird diese reale Möglichkeit der Teilhabe definiert als ein Raum, in den wir uns hineinbegeben können. Oder noch besser: als eine Person, die so etwas ist wie ein Raum. Oder noch einmal anders: Wir sind der Raum für diese Person. Die Metaphern kommen hier an ihre Grenze. Eine neue Schöpfung nennt es Paulus. Als einen fröhlichen Wechsel beschreibt es Luther: Er nimmt unser Ich – und wir sind er. *Er:* Das ist Christus, der uns Anteil gibt an seiner Identität. Konkret wird das in kleinen Gesten; im geteilten Brot und Wein, im Untertauchen und Auferstehen in der Taufe, in der vergebenen Schuld, im Fest. Eine Versöhnung also mit dem Leben.

Lesung: 2.Kor 5,17–20
17 Darum: Ist jemand in Christus, so ist er eine neue Kreatur; das Alte ist vergangen, siehe, Neues ist geworden.
18 Aber das alles von Gott, der uns mit sich selber versöhnt hat durch Christus und uns das Amt gegeben, das die Versöhnung predigt.
19 Denn Gott war in Christus und versöhnte die Welt mit sich selber und rechnete ihnen ihre Sünden nicht zu und hat unter uns aufgerichtet das Wort von der Versöhnung.
20 So sind wir nun Botschafter an Christi statt, denn Gott ermahnt durch uns; so bitten wir nun an Christi statt: Lasst euch versöhnen mit Gott!

Orgel – Zwischenspiel

Gebet: Renovabis pacem terrae
Du Gott, erneuerst das Gesicht der Erde.
Erneuere auch unser Herz
Und gib uns den Geist der Klarheit
Und des Mutes.
Denn das Gesetz des Geistes,
der uns lebendig macht in Christus,
hat uns befreit
von dem Gesetz der Resignation.
Lehre uns,
wie wir mit der Kraft des Windes und der Sonne leben
und andere Geschöpfe leben lassen.

Lehre uns die Kraft der kleinen Leute zu spüren
Und keine Angst mehr zu haben.
Wenn wir widersprechen und widerhandeln
Dem Luxus auf Kosten aller anderen Geschöpfe
Lehre uns die immer größere Freude beim Lebendigwerden in deiner le-
bendigen Welt,
weil wir unser Ende nicht fürchten.

Gott, du erneuerst das Gesicht der Erde.
Erneuere auch unser Herz
Lass uns wieder miteinander leben.
Lehre uns zu teilen, statt zu resignieren.
Das Wasser und die Luft,
die Energie und die Vorräte.
Zeig uns, dass die Erde dir gehört
Und darum schön ist. (Dorothee Sölle)
Vaterunser
Vater unser im Himmel!
Geheiligt werde dein Name.
Dein Reich komme.
Dein Wille geschehe wie im Himmel so auf Erden.
Unser tägliches Brot gib uns heute.
Und vergib uns unsere Schuld,
wie auch wir vergeben unseren Schuldigern.
Und führe uns nicht in Versuchung,
sondern erlöse uns von dem Bösen.
Denn dein ist das Reich und die Kraft und die Herrlichkeit in Ewigkeit.
Amen.

Lied EG 182,1–5+7–8: Suchet zuerst Gottes Reich in dieser Welt

Segen
Der Herr segne euch und behüte euch.
Der Herr lasse sein Angesicht leuchten über euch und sei euch gnädig.
Der Herr erhebe sein Angesicht auf euch und gebe euch Frieden.

Orgelnachspiel

INGE KIRSNER

„Götter auf der Durchreise": *K-Pax* oder:
Ein Alien als Erlöser?

Prolog: Filmsequenz (Vorspann von *K-Pax)*[1]

Orgel

Gruß
Im Namen Gottes des Vaters und des Sohnes und des Heiligen Geistes.
Amen.

Wie man Geschichten erzählen soll? Antwort: So, dass sie einem selber
helfen. Willkommen an diesem Abend zu einer filmischen Erzählung, die
ihrerseits so etwas das ein Echo einer biblischen Erzählung ist.

Beiden Erzählungen möchten wir jetzt mit Ihnen nachspüren – weil wir
glauben, dass sie hilfreich sind, dass sie unseren Horizont und unsere Hoffnung weiten.

Den Film *K-Pax* werden wir im Anschluss an den Gottesdienst dann gemeinsam sehen können.

Begrüßung
„Er muss wachsen, ich aber muss abnehmen ..." heißt es bei Johannes Kap.
3, V.30. Wie Gott in Jesus Fleisch geworden ist, wird Jesus nun Fleisch im
Menschen und wächst dort, wo ich bin. Eine filmische Form der Inkarnati-
on lernen wir mit Prot im Film *K-Pax* aus dem Jahr 2001 kennen, dessen
Vorspann wir eben gemeinsam gesehen haben.

Lied EG 589,1–4: Meine engen Grenzen

Der Johannesprolog – im Wechsel gesprochen (EG 763)

Annäherung
Sein Auftritt gleicht einer Erscheinung – gerade noch schweben wir mit der
Kamera in der Luft, sind Teil der Sternschnuppen, der Federn und Staub-

---

1 Film-Gottesdienst zu *K-Pax* (Iain Softley, USA 2001) gehalten am 16.1.2005 in der Hospitalkirche Stuttgart von Pfr. Eberhard Schwarz und Inge Kirsner, an der Orgel Jürgen Schwab.

partikel, gerade haben wir die grauen, undeutlichen Schemen als Bewegungen menschlicher Gestalten erfasst – da sind wir angekommen, in der Central Station in New York, und sehen: zunächst einen älteren schwarzen Mann, Rollstuhlfahrer, Bettler. Er gibt seine Kommentare an die Vorübereilenden ab, da wird sein Blick gelenkt: Auf eine Stelle, die von der Sonne bestrahlt wird und wo nichts zu sehen ist. Oder doch? Er wird abgelenkt, richtet seinen Blick erneut dahin, und sieht: einen Mann, der von einem Augenblick auf den anderen da ist. Er ist der Einzige, der nicht eilig hastet, er steht da und schaut. Das erste, was er sieht, ist ein Überfall auf eine Frau, sie wird beraubt und niedergeschlagen. Als er zu ihr geht, sich bückt, ihr aufzuhelfen, ist auch schon die Polizei da und nimmt ihn als mutmaßlichen Täter fest.

Wo er herkomme? Er sei gerade erst angekommen. Fahrkarte? So reise er nicht. Ob er seine Sonnenbrille abnehmen könne? Nur ungern; er habe vergessen, wie hell der Planet Erde sei.

Alles klar, meint die Polizistin und veranlasst seine Einweisung in eine psychiatrische Anstalt.

Die ersten Filmminuten von *K-Pax* zeigen bereits alle Motive, die sich im weiteren Film um den jesuanischen Außerirdischen, der sich Prot nennt und von Kevin Spacey gespielt wird, entfalten werden: Da ist zunächst die Herkunft von oben und das wunderbare Licht. Prot erblickt das Licht der Welt, doch in eigenartiger Umkehrung des gnostischen Motivs im Johannesevangelium vom Licht, das die Dunkelheit erhellt, ist ihm die Welt zu hell, er muss sich schützen. Er wendet sich den Ärmsten der Gesellschaft zu, jenen Opfern des *survival of the fittest*, welches Amerika mit dem Römischen Reich von damals verbindet.

Seine phänomenale Erscheinung wird zuerst von einem Bettler wahrgenommen, der wie Johannes eine Zeugenfunktion hat: Während Johannes jedoch auf Jesus weist – er ist es! – sagt der Schwarze für ihn aus: Er war es nicht!

Er wird, kaum dass er in der Öffentlichkeit beginnt zu wirken, von den Hütern des Gesetzes als gefährlich erkannt und festgenommen. Hier, in der Psychiatrie, werden wir zu Augenzeugen eines außergewöhnlichen Inkarnationsgeschehens.

Meditation 1
Mein Zeitleib
von Zeitrastern überlagert
gestaltet Uhr-Zeit
Mein Herz
hält Umschau
Gottes Zeit gehe

in mich ein:
Gefasste Zeit
in der Fassungslosigkeit Zeit
Geheilte Zeit
in der Heillosigkeit Zeit
Angekommene Zeit
versiegelte
Ewigkeit
Christa-Maria Schröter

Nirgends wird der Gedanke der Menschwerdung Gottes so radikal gedacht wie im vierten Evangelium, also bei Johannes: Der Ewige Gott, der schöpferische Logos, fließt ein in Raum und Zeit, nimmt Menschengestalt an, lehrt, berührt, verwandelt, heilt, offenbart das Wesen Gottes.

Das ist die Mission Jesu. Er ist Licht vom ewigen Licht; nicht aus dem Stoff jener grellen irdischen Lichter, die nichts anderes sind als die vergebliche menschliche Sehnsucht, gegen die Nacht des Todes anzukämpfen – angstkranke Welt im grellen Licht; Jesus kommt aus einer anderen Zone des Seins. Jesus kommt, um Raum und Zeit so zu öffnen, dass dort Vergangenes, Gegenwärtiges, Zukünftiges heilsam zusammenfinden. Finitum capax infinitum: Ein Zeitlicher wird Offenbarer des Ewigen.

Da gibt es bei Johannes ein Nachtgespräch zwischen Jesus und einem der Oberen der Pharisäer: Nikodemus. Nikodemus ist einer von denen, die wirklich und aufrichtig fragen; einer, der spürt, dass da einer anders ist. Nikodemus stellt die Fragen, die im Lauf des Films der Psychiater Dr. Mark Powell auf seine Weise immer intensiver stellt.

Wie gehen Zeit und Ewigkeit zusammen? Wie wird ein Mensch von Neuem geboren? Was ist das Heil der Welt?

Lesung: Johannes 3,1ff.
1 Es war aber ein Mensch unter den Pharisäern mit Namen Nikodemus, einer von den Oberen der Juden.
2 Der kam zu Jesus bei Nacht und sprach zu ihm: Meister, wir wissen, du bist ein Lehrer, von Gott gekommen; denn niemand kann die Zeichen tun, die du tust, es sei denn Gott wäre mit ihm.
3 Jesus antwortete und sprach zu ihm: Wahrlich, wahrlich, ich sage dir: Es sei denn, dass jemand von Neuem geboren werde, so kann er das Reich Gottes nicht sehen.
4 Nikodemus spricht zu ihm: Wie kann ein Mensch geboren werden, wenn er alt ist? Kann er denn wieder in seiner Mutter Leib gehen und geboren werden?
…

Und Jesus sprach:

6 Was vom Fleisch geboren ist, das ist Fleisch; und was vom Geist geboren ist, das ist Geist.

7 Wundere dich nicht, dass ich dir gesagt habe: Ihr müsst von Neuem geboren werden.

8 Der Wind bläst, wo er will, und du hörst sein Sausen wohl; aber du weißt nicht, woher er kommt und wohin er fährt. So ist es bei jedem, der aus dem Geist geboren ist.

9 Nikodemus antwortete und sprach zu ihm: Wie kann dies geschehen?

10 Jesus antwortete und sprach zu ihm: Bist du Israels Lehrer und weißt das nicht?

11 Wahrlich, wahrlich, ich sage dir: Wir reden, was wir wissen, und bezeugen, was wir gesehen haben; ihr aber nehmt unser Zeugnis nicht an.

12 Glaubt ihr nicht, wenn ich euch von irdischen Dingen sage, wie werdet ihr glauben, wenn ich euch von himmlischen Dingen sage?

13 Und niemand ist gen Himmel aufgefahren außer dem, der vom Himmel herabgekommen ist, nämlich der Menschensohn.

Lied EG 656,1–3: Wir haben Gottes Spuren festgestellt

Heilungen

Der Psychiater Dr. Mark Powell (Jeff Briges) nimmt Prot zunächst als Routinefall auf, aber seine Einschätzung ändert sich bald. Prot erweist sich als überaus kluger Gesprächspartner, der jeden Versuch, ihn in Widersprüche zu verwickeln, lächelnd aufnimmt und scheitern lässt. Die Frage, wieso er, da die Wesen auf seinem Heimatplaneten K-Pax so ganz anders seien, hier in menschlicher Gestalt auftrete, weiß er sofort zu beantworten: Auf jedem Planeten, den er besuche, nehme er die kompatibelste Gestalt ein. Die günstigste Lebensform auf Erden sei eben die des Menschen. Welche Konsequenzen seine Inkarnation hat, beginnt Powell langsam zu erahnen, als er Prot mithilfe von Hypnose an dessen Trauma heranführen will, auf das er Prots Persönlichkeitsspaltung zurückführt.

Doch zuvor macht er noch einige Entdeckungen, die ihn an seiner Diagnose zweifeln lassen. Die Äußerungen Prots sind in sich schlüssig, machen Sinn; und er scheint ein enormes, geradezu außerirdisches Wissen in Bezug auf Astrophysik und Religionsmystik zu besitzen. Powell beschließt, dieses einigen Wissenschaftlern zwecks Prüfung vorzuführen.

Wie der zwölfjährige Jesus im Tempel lehrt Prot nun diese zunächst ungläubigen, dann immer erstaunteren Wissenschaftler in einem astronomischen Zentrum, wo er ungelöste Fragen im Handumdrehen beantwortet und ihnen den Himmel auslegt.

Prot ist nicht nur klug, er liebt auch die Menschen. So beginnt er, seine

Mitpatienten, die der Arzt längst ,abgeschrieben' hat, zu heilen. Er fühlt sich
in sein Gegenüber völlig ein und entwickelt für jede/n eine individuelle und
völlig unorthodoxe Therapie, die zur seelischen Gesundung führt. Er, der
von außen kommt und für die Psychiatrisierten bald ein neuer Messias
wird, nimmt auch den Arzt unter seine Fittiche. Dieser muss erkennen, dass
er sich mit seiner Berufsroutine längst seinen Patienten und seiner Familie
entfremdet hat und viel einsamer ist als die Menschen, die er betreut. Prot
wird Powell zum Bruder, zum Spiegel-Ich (dies sehen wir auch in einem der
ersten Filmbilder in der Psychiatrie, wenn sich das Gesicht von Powell
durch eine Glasscheibe hindurch mit dem von Prot ,überlagert').

Prot wird, im Gegensatz zu den Menschen seiner Umgebung, als absolut
souveränes Wesen gezeigt. Er ist ein Reisender, der Halt und Sicherheit in
sich selbst findet und sich deshalb auf andere Orte und Menschen vollkommen einlassen kann. Hier erweist er sich als wahrer Mensch, der den
anderen für ihr jeweiliges Leben zeigen kann, was wirkliches Menschsein
bedeutet. Er, der Reisende, ist wie ein ruhender Pol in einer ,ruhig gestell-
ten' Umgebung, welche die Dynamik des Lebens gegen eine bequeme Statik
eingetauscht hat.

Doch in seiner unerschütterlichen Selbstgewissheit und -bestimmtheit ist
Prot auch ein Leidender, ein Mitleidender. Er benutzt seine Überlegenheit
nicht, um sich von den – gescheiterten – Menschen abzuheben, sondern um
ihnen gleich zu werden, sich mit ihnen zu verbinden und so zu verwandeln.
Seine Heilkunst besteht aus vollkommener Empathie mit dem Menschen,
dem er sich zugleich als distanziertes Gegenüber darstellt.

Meditation 2 (Orgelimprovisation Anfang)
  Aufrecht sitzen
  Den Rücken gerade
  Die Beine sind verbunden mit der Erde
  Die Hände ruhen
  Leicht geht der Atem
  Er fließt
  In alle Winkel meines Körpers

  Mich einfinden
  sehen, spüren,
  wer ich bin
  Langsam
  Behutsam
  Freundlich

wahrnehmen
Was in mir heil ist
Und meine Verletztheit
Das Gesunde
Und wo Leib und Seele kranken.

In all dem:
Der schöpferischen Energie Gottes trauen.
Altes verwandeln lassen.
Neu geboren werden.

Orgelimprovisation Ende

Mit einiger Deutlichkeit lässt sich sagen, dass Menschen in der Begegnung mit Jesus von Krankheiten mit oft psychosomatischem Charakter befreit und dass sie in ihren Beziehungen zu sich selbst, zu den Mitmenschen und zu Gott heil wurden. In allen Heilungen spielt der Glaube an die göttliche Kraft Jesu eine Rolle. Immer wieder berührt er die Menschen mit großer Souveränität und Empathie. Stets gibt es aber auch eine aktive Seite des Kranken. Anders als viele Therapeuten seiner Zeit heilt er umsonst. Aussätzige, Besessene, Blinde, Taube, Gelähmte, sie strömen zu ihm hin.

Lesung 2: Johannes 9,1–7
1 Und Jesus ging vorüber und sah einen Menschen, der blind geboren war.
2 Und seine Jünger fragten ihn und sprachen: Meister, wer hat gesündigt, dieser oder seine Eltern, dass er blind geboren ist?
3 Jesus antwortete: Es hat weder dieser gesündigt noch seine Eltern, sondern es sollen die Werke Gottes offenbar werden an ihm.
4 Wir müssen die Werke dessen wirken, der mich gesandt hat, solange es Tag ist; es kommt die Nacht, da niemand wirken kann.
5 Solange ich in der Welt bin, bin ich das Licht der Welt.
6 Als er das gesagt hatte, spuckte er auf die Erde, machte daraus einen Brei und strich den Brei auf die Augen des Blinden.
7 Und er sprach zu ihm: Geh zum Teich Siloah – das heißt übersetzt: gesandt – und wasche dich! Da ging er hin und wusch sich und kam sehend wieder.

Lied EG 126,1–4: Komm, Gott Schöpfer, Heiliger Geist

Erlöser
Prot, der Prototyp, der wahre Mensch ist zugleich etwas anderes als ein Mensch. Ist er (ein) Gott, ein Außerirdischer, ein Engel oder einfach nur ein

weiser Tor? Dies bleibt ein Geheimnis, deutlich wird nur, auf welche Weise
er erlöst, wie er die Selbstheilungskräfte der Menschen aktiviert. Er bezeichnet sich selbst als K-Paxianer, und jener Planet, der das Wort „Pax" für
Frieden in seinem Namen enthält und auch tatsächlich keinen Krieg kennt,
keine Regierung und keine Gerichtsbarkeit, wird umkreist von den zwei
Sonnen „Agape" und „Satori". Agape bedeutet die Liebe Gottes zum Menschen und die Liebe der Menschen untereinander durch die Kraft Gottes;
„Satori" ist die Bezeichnung des Zustands der Erleuchtung im Zen-
Buddhismus. Prot stellt Jesus und Buddha als Erleuchtete vor, deren Lehre
von der Gewaltlosigkeit allerdings von den Menschen bisher kaum verwirklicht wurde. Wie Jesus und Buddha schart er Jünger um sich, die sich darum
streiten, später einmal zu seiner Rechten sitzen zu dürfen, nach seiner
Himmelfahrt. Für die Menschen seiner unmittelbaren Umgebung ist es
klar: Er ist gekommen, um sie zu erlösen.

Meditation 3
Zerreiß die Fruchthaut. / Hol uns. Bind unsre / Nabelschnur ab. / Schlag uns
auf.
Dass wir vollströmen / mit Lebensatem / und schreien, / endlich geboren.
Dass wir vollströmen / mit Lebensatem / und lachen, / endlich geboren.
Dass wir vollströmen / mit Lebensatem / und wissen, / endlich geboren.

Auf kunstvolle Weise bietet der Film *K-Pax* Erlösungsmotive, wie sie auch
im Johannesevangelium begegnen. Bei Johannes ist Christus gekommen,
um das Wesen Gottes zu offenbaren. Die in ihrer Angst und Selbstbezogen-
heit verschlossene Welt ist aufgebrochen wie eine Blüte. Menschen sind aus
ihren Kerkern frei geworden. Vieles kann entstehen. Nun wird Jesus die
Welt verlassen und zurückkehren zu seinem Ursprung. Aber die Menschen
werden nicht verlassen sein.
     Sie werden beschenkt mit dem Geist der Wahrheit. Und sie haben das
Gebot – die Lebensregel – empfangen, die ihnen hilft zu leben: die Liebe.

Beginn Orgelimprovisation zu „Gehe ein in deinen Frieden"
Und dann …
dann werden sie sich in dem, der die Liebe und das Leben ist, wieder finden
… und sie werden heil sein.

Lesung: Johannes 14,19ff.
19 Es ist noch eine kleine Zeit, dann wird mich die Welt nicht mehr sehen.
Ihr aber sollt mich sehen, denn ich lebe und ihr sollt auch leben.
20 An jenem Tage werdet ihr erkennen, dass ich in meinem Vater bin und
ihr in mir und ich in euch.

21 Wer meine Gebote hat und hält sie, der ist's, der mich liebt. Wer mich aber liebt, der wird von meinem Vater geliebt werden, und ich werde ihn lieben und mich ihm offenbaren.

…

25 Das habe ich zu euch geredet, solange ich bei euch gewesen bin.

26 Aber der Tröster, der Heilige Geist, den mein Vater senden wird in meinem Namen, der wird euch alles lehren und euch an alles erinnern, was ich euch gesagt habe.

27 Den Frieden lasse ich euch, meinen Frieden gebe ich euch. Nicht gebe ich euch, wie die Welt gibt. Euer Herz erschrecke nicht und fürchte sich nicht.

Gehe ein in deinen Frieden

Lied EG 489,1–2: Gehe ein in deinen Frieden

Vaterunser

Segen

Orgelnachspiel

Filmverzeichnis

Titel	Regisseur	Land	Jahr	Beitrag
About a boy oder: Der Tag der toten Ente	Chris und Paul Weitz	England	2002	Gutmann 110–120
Apocalypse Now	Francis Ford Coppola	USA	1979	Herrmann 145–151
Babettes Fest	Gabriel Axel	Dänemark	1987	Gutmann 110–120
Blue	Derek Jarman	England	1993	Kirsner/Wermke 9–43
Bonnie and Clyde	Arthur Penn	USA	1967	Schäfer-Bossert 79–98
Bowling for Columbine	Michael Moore	USA/ Kanada/ Deutschland	2002	Hermann 145–151
Brüder III – Auf dem Jakobsweg	Wolfgang Murnberger	Österreich	2006	Kirsner/Wermke 9–43
Casino Royale	Martin Campbell	USA/ England	2006	Geil 121–135
Children of Nature	Fridrik Thor Fridriksson	Island/ Norwegen/ Deutschland	1991	Kirsner/Wermke 9–43
Chocolat	Lasse Hallström	USA/ England	2003	Sistermann/ Schmitter 44–61
Cinema Paradiso	Guiseppe Tornatore	Italien/ Frankreich	1988	Kirsner/Wermke 9–43
City of God	Fernando Mereilles/ Kátja Lund	Brasilien/ Frankreich/ USA	2002	Vom Scheidt 69–78
Darjeeling Limited	Wes Anderson	USA	2007	Kirsner/Wermke 9–43
Das Cabinet des Dr. Caligari	Robert Wiener	Deutschland	1920	Kirsner/Wermke 9–43

Titel	Regisseur	Land	Jahr	Beitrag
Das indische Grabmal	Joe May	Deutschland	1921	Kirsner/Wermke 9–43
Das siebente Siegel	Ingmar Bergman	Schweden	1957	Mertin 99–109
Dem Tod ins Angesicht sehen	Stefan Haupt	Schweiz	2002	Kirsner/Wermke 9–43
Der Exorzist	William Friedkin	USA	1973	Herrmann 145–151
Der Himmel über Berlin	Wim Wenders	Deutschland	1987	Kirsner/Wermke 9–43
Der König der Löwen	Rob Minkof/ Roger Allers	USA	1994	Sistermann/ Schmitter 44–61
Der müde Tod	Fritz Lang	Deutschland	1921	Kirsner/Wermke 9–43
Der Pate	Francis Ford Coppola	USA	1972	Mertin 99–109
Der Schwarzfahrer	Pepe Danquardt	Deutschland	1992	Vom Scheidt 69 –78
Der weiße Hai	Steven Spielberg	USA	1975	Herrmann 145–151
Die große Reise	Ismael Ferroukhi	Frankreich/ Marokko	2004	Kirsner/Kirsner/ Wermke 9–43
Die Truman Show	Peter Weir	USA	1998	Kirsner/Wermke 9–43
Easy Rider	Dennis Hopper	USA	1969	Herrmann 145–151
Funny Games	Michael Haneke	Österreich	1997	Geil 121–135
Harry Potter und der Feuerkelch	Mike Nevell	USA/ England	2005	Geil 62–68
Harry Potter und der Gefangene von Askaban	Alfonso Curaón	USA	2004	Geil 62–68
Harry Potter und der Orden des Phoenix	David Yates	USA	2007	Geil 62–68 Geil 121–135
Harry Potter und die Kammer des Schreckens	Chris Columbus	USA	2002	Geil 62–68

Titel	Regisseur	Land	Jahr	Beitrag
Hellsing	Kota Hirano	Japan	1997	Schäfer-Bossert 79–98
Herr der Fliegen	Harry Hook	USA	1990	Heller/Wermke 136–144
House of 1000 Corpes	Rob Zombie	USA	2003	Geil 121–135
Hostel	Elie Roth	USA	2005	Geil 121–135
Hostel Part II	Elie Roth	USA	2007	Geil 121–135
Krieg der Sterne	George Lucas	USA	1977	Herrmann145–151
L. A. CRASH	Paul Hagis	USA/ Deutschland	2004	Vom Scheidt 69–78
Magnolia	Paul Thomas Anderson	USA	1999	Vom Scheidt 69–78
Matrix	Larry + Andy Wachowski	USA/ Australien	1999	Kirsner/Wermke 9–43 Sistermann/ Schmitter 44–61
Million Dollar Baby	Clint Eastwood	USA	2004	Vom Scheidt 69–78
Notting Hill	Robert Mitchell	USA/ England	1999	Heller/Wermke 136–144
Okay	Jesper W. Nielsen	Dänemark	2003	Gutmann 110–120
Orphée	Jean Cocteau	Frankreich	1949	Kirsner/Wermke 9–43
Passion of the Christ	Mel Gibson	USA	2004	Geil 121–135
Robinson Crusoe	Jean Sacha	Frankreich/ Deutschland	1964	Heller/Wermke 136–144
Saint Jacques – Pilgern auf Französisch	Coline Serreau	Frankreich	2005	Kirsner/Wermke 9–43
SAW	James Wan	USA	2004	Geil 121–135
SAW II	Daeen Lynn Bousemann	USA	2005	Geil 121–135
SAW III	Daeen Lynn Bousemann	USA	2006	Geil 121–135

Titel	Regisseur	Land	Jahr	Beitrag
SAW IV	Daeen Lynn Bousemann	USA	2007	Geil 121–135
Short Cuts	Robert Altmann	USA	1993	Vom Scheidt 69–78
Sieben	David Fincher	USA	1995	Geil 121–135
Stadt der Engel	Brad Silberling	USA	1998	Kirsner/Wermke 9–43
Star Trek V	William Shatner	USA	1989	Heller/Wermke 136–144
Star Wars	George Lucas	USA	1977–2005	Kirsner/Wermke 9–43
Syriana	Stephen Gaghan	USA	2005	Geil 121–135
Taxi Driver	Martin Scorsese	USA	1976	Herrmann 145–151
Taxi to the Dark Side	Alex Gibney	USA	2007	Geil 121–135
Texas Chainsaw Massacre: The Beginning	Jonathan Liebesman	USA	2006	Geil 121–135
The Beach	Danny Boyle	USA	2000	Sistermann/ Schmitter 44–61
The Green Mile	Frank Darabond	USA	1999	Sistermann/ Schmitter 44–61
The Hills have Eyes	Alexandre Aja	USA	2006	Geil 121–135
The Hills have Eyes II	Martin Weisz	USA/Italien	2007	Geil 121–135
The Hours	Stephen Daldry	USA	2002	Kirsner/Wermke 9–43
The Shawshank Redemption	Frank Darabond	USA	1972	Mertin 99–109
The Texas Chain-saw Massacre	Marcus Nispel	USA	2003	Geil 121–135
The Truman Show	Peter Weir	USA	1998	Kirsner/Wermke 9–43
Titanic	James Cameron	USA	1997	Mertin 99–109

Titel	Regisseur	Land	Jahr	Beitrag
TRD – The Devil's Rejects	Rob Zombie	USA	2005	Geil 121–135
Troja	Wolfgang Petersen	USA	2004	Sistermann/ Schmitter 44–61
Wie ein wilder Stier	Martin Scorsese	USA	1980	Herrmann 145–151
1492 – The Conquest of Paradise	Ridley Scott	USA/ England/ Frankreich	1992	Sistermann/ Schmitter 44–61
2001 – A Space Odyssey	Stanley Kubrick	England	1968	Kirsner/Wermke 9–43

Die Autorinnen und Autoren

Stefan Geil, geb. 1981, Studium der ev. Theologie auf Pfarramt in Marburg und Heidelberg. Seit dem Wintersemester 2007/08 wieder in Marburg.

Martin Gutmann, geb. 1953, 1994–2001 Professor für Didaktik der Evangelischen Religionslehre und Kirchengeschichte an der Universität Paderborn, seit Sommersemester 2001 Professor für Praktische Theologie mit dem Schwerpunkt Homiletik an der Universität Hamburg.

Thomas Heller, geb. 1979, Dipl.-Theologe; Doktorand an der Theologischen Fakultät der Friedrich-Schiller-Universität Jena (Fachbereich Religionspädagogik) und Referendar am staatl. Studienseminar Erfurt, Rucksackreisender.

Jörg Herrmann, geb. 1958 in Schleswig. Studium der evangelischen Theologie und der Literaturwissenschaften in Marburg und Rom. Leiter der Evangelischen Akademie der Nordelbischen Kirche und Privatdozent für Praktische Theologie an der Theologischen Fakultät der Humboldt-Universität zu Berlin.

Inge Kirsner, geb. 1963, seit Wintersemester 2006/07 Juniorprofessorin für Praktische Theologie am Fachbereich ev. Theologie der Universität Hamburg mit dem Schwerpunkt Kybernetik, Kirche und Öffentlichkeit, Kirche und Medien an der Universität Hamburg. Davor Referentin für Erwachsenenbildung, Pfarrerin und Religionslehrerin in Stuttgart.

Andreas Mertin, geb. 1958 in Hagen. Studium der Theologie, Philosophie und Kunstgeschichte in Bochum, Berlin, Marburg. 1983–88 Arbeit am Institut für Kirchenbau und kirchliche Kunst der Gegenwart an der Philipps-Universität Marburg; seitdem freiberuflich tätig als Kulturwissenschaftler, Publizist und Ausstellungskurator. Seit 1998 verantwortlicher Herausgeber der Internet-Zeitschrift *tà katoptrizómena – Magazin für Kunst, Kultur, Theologie und Ästhetik*. 1997, 2002 und 2007 Kurator der Begleitausstellung zur documenta, Kassel. 005 Verleihung des Ehrendoktors (Dr. phil. H.c.) durch die kulturwissenschaftliche Fakultät und das Institut für Ev. Theologie der Universität Paderborn. Zahlreiche Veröffentlichungen im Bereich Kultur, Kunst, Theologie, Neue Medien.

Stefanie Schäfer-Bossert, Pfarrerin i.R., geb. 1963, verh., eine Tochter. Studium der Ev. Theologie, Ägyptologie und Religionswissenschaften; 1993–2001 (Autounfall) im kirchlichen Dienst der Evangelischen Landeskirche in Württemberg: wissenschaftliche und pädagogische Museumsarbeit und Gemeindepfarramt; seit 1990 „Forschungsprojekt Hedwig Jahnow – Feministische Forschung zu Methodik und Hermeneutik im Fachgebiet ‚Altes Testament'" (Philipps-Universität Marburg); zahlreiche Veranstaltungen und Veröffentlichungen quer durch Theologie und Feminismus.

Thomas vom Scheidt, Studium der Ev. Theologie und Germanistik in Bielefeld, Hamburg und Wuppertal; 1996–2002 Vikariat und Pfarrdienst in verschiedenen Kölner Kirchengemeinden, 2003–2005 Referent für Medienpädagogik und Medienethik an der Melanchthon-Akademie Köln, seit 2005 Religionslehrer am Gymnasium und Referent des Stadtsuperintendenten in Köln.

Jörg Schmitter, Studium 1993–1998 in Köln und Bonn; Oberstudienrat für Katholische Religionslehre und Latein in einem Gymnasium in Bergisch-Gladbach.

Rolf Sistermann, geb. 1943; Studium 1963–1969 in Bonn, Marburg, Heidelberg und Köln; Studiendirektor für Ev. Religionslehre, Philosophie, Deutsch und Politik am Rheingymnasium in Köln und Fachseminarleiter am Studienseminar in Leverkusen.

Michael Wermke, geb. 1958 in Salzgitter, seit 2003 Professor für Religionspädagogik an der Friedrich-Schiller-Universität Jena, davor Studienleiter am Religionspädagogischen Institut in Loccum und Fachberater für ev. Religion an Gymnasien.